외로움 벗어나기 프로젝트

고립을 넘어
타인과 세상에
나를 연결하는 법

PROJECT UNLONELY

Copyright © 2023 by Jeremy Nobel

All rights reserved including the rights of reproduction in whole or in part in any form.

This edition published by arrangement with Avery, an imprint of Penguin Publishing Group, a division of Penguin Random House LLC

Korean Translation Copyright © 2025 by Wisdom House, Inc.

이 책의 한국어판 저작권은 알렉스리 에이전시 ALA를 통해 Avery, an imprint of Penguin Publishing Group, a division of Penguin Random House LLC와 독점 계약한 ㈜위즈덤하우스에 있습니다.

저작권법에 의해 한국 내에서 보호를 받는 저작물이므로 무단전재와 무단복제를 금합니다.

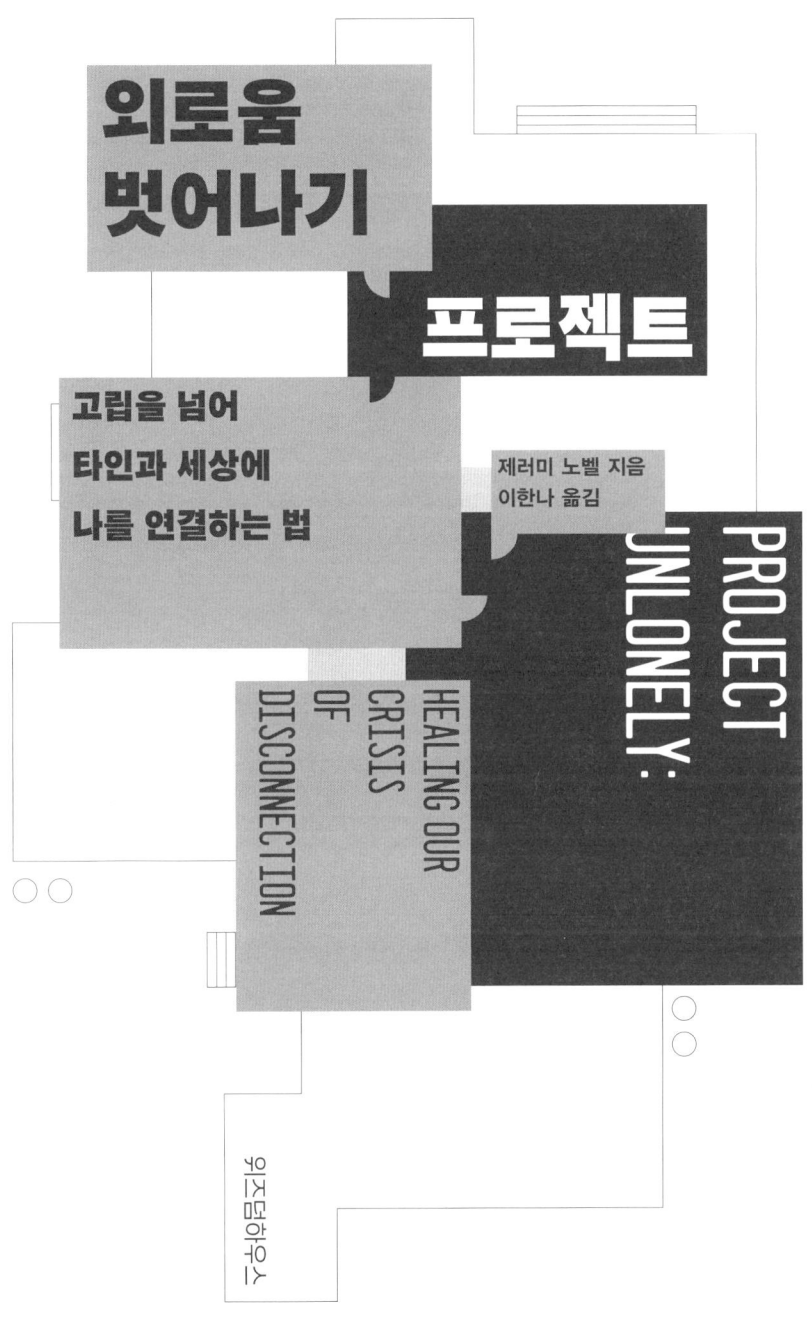

고립을 넘어 타인과 세상에 나를 연결하는 법
외로움 벗어나기 프로젝트

초판 1쇄 인쇄 2025년 8월 11일
초판 1쇄 발행 2025년 8월 20일

지은이 제러미 노벨
옮긴이 이한나
펴낸이 최순영

출판2 본부장 박태근
경제경영 팀장 류혜정
편집 류혜정
교정교열 장윤정
디자인 김태수

펴낸곳 ㈜위즈덤하우스   **출판등록** 2000년 5월 23일 제13-1071호
주소 서울특별시 마포구 양화로 19 합정오피스빌딩 17층
전화 02) 2179-5600   **홈페이지** www.wisdomhouse.co.kr

ISBN 979-11-7171-474-2 03810

- 이 책의 전부 또는 일부 내용을 재사용하려면 반드시 사전에 저작권자와 ㈜위즈덤하우스의 동의를 받아야 합니다.
- 인쇄·제작 및 유통상의 파본 도서는 구입하신 서점에서 바꿔드립니다.
- 책값은 뒤표지에 있습니다.

외롭다는 사실에 스스로를 책망하는 모든 이에게,
외로움이란 가장 인간다운 감정임을 깨닫고
창의적으로 자신을 표현하며
타인과 유대하길 바라는 마음으로 이 책을 바친다.

차례

1장 외로움이라는 인류의 새로운 위기 · 9
- 외로움 팬데믹 시대 · 13
- 제아무리 지독한 팬데믹에도 한 줄기 빛은 있다 · 17
- 외로움이 우리 몸에 미치는 영향 · 21
- 외로움의 가치 · 25

2장 창의적 표현활동이 지닌 힘 · 35
- 외로움 벗어나기 프로젝트의 시작 · 46
- 외로운 내면의 자기와 다시 만나기 · 50

3장 외로움, 인류의 유산 · 57
- 진화론적 관점에서 본 외로움 · 75
- 토크빌의 저주 · 80
- 창의적 표현의 필요성 · 84
- 내 외로움의 기원 · 95

4장 첫 번째 구역, 트라우마 · 101
- 상처 입은 용사들의 경험에서 배울 수 있는 것 · 106
- 복합 PTSD와 외로움의 상호작용 · 117
- 외로움에 대한 취약성 피라미드 모형 · 125
- 전 세계에 트라우마를 남긴 팬데믹 · 129

5장 두 번째 구역, 질병 · 135
- 곁에 아무도 없는 환경의 위험성 · 141
- 나와 같은 상황에 처한 사람들과의 유대 · 150
- 세상에서 가장 외로운 병 · 162
- 삶의 끝자락에서 전하는 마음 · 167

6장 세 번째 구역, 노화 · 173

- 폭염 속에서 외롭게 죽는 노인들 · 182
- 성공적으로 나이 들어가기 위한 방법 · 189
- 다가가기 힘든 남자 · 199
- 치매에서 구출해준 드럼 연주 · 202
- 가족을 간병하지만 스스로는 돌보지 못하는 사람들 · 205
- 사랑하는 사람을 먼저 떠나보낸 뒤 · 210

7장 네 번째 구역, 다름 · 215

- 남들과 다르다는 것의 고충 · 223
- 현지 말을 한마디도 할 줄 모르는 타국 생활 같은 기분 · 231
- 교차하는 정체성 · 239
- 대학생들을 위한 교내 워크숍 · 245
- 경계하되 내치지 말기를 · 248

8장 다섯 번째 구역, 현대성 · 255

- 언제 어디에서나 스마트폰과 함께 · 268
- 선택의 자유와 제약 · 282
- 파편화되는 우리 존재의 기반 · 286
- 총기난사 사건을 막는 방법 · 294
- 경외심의 힘 · 301

9장 외로움 그리고 유대 · 309

- '헬퍼스 하이'를 찾아서 · 317
- 공중보건이 마주한 과제와 해결법 · 320
- 외로움이라는 문제 앞의 과학자와 시인 · 335

- 감사의 글 · 344
- 주 · 356

1장

외로움이라는
인류의 새로운 위기

원래 내가 쓰려던 책의 주제는 이것이 아니었다.

2020년 새해가 밝았을 때만 해도 나는 점차 커져가는 만성적 외로움 문제를 해결하기 위해 2016년에 착수한 비영리 프로젝트, 일명 '외로움 벗어나기 프로젝트Project Unlonely'를 통해 위대한 일들을 이루어낼 수 있으리라는 기대에 한껏 부풀어 있었다. 우리가 현대사를 통틀어 가장 외로운 한 해에 막 접어들었다는 사실은 당시 '외로움 벗어나기 프로젝트'에 참가했던 누구도 미처 알지 못했다.

그해 3월, 나는 텍사스주 오스틴에서 개최된 사우스바이사우스웨스트South by Southwest, SXSW라는 연례학회에 패널로 참가할 계획이었다. 근래 친해진 외로움 연구의 선구자이자 나와 함께 공중보건 전도사 역할을 하고 있는 줄리안 홀트룬스타드Julianne Hold-Lunstad도 패널 중 한 사람으로 참석할 예정이었다. 우리는 매체가 이 긴급한 사안에 관심을 가지도록 주의를 끌 만한 여러 이벤트와 발표를 다른 패널들과 함께 몇 개월이나 공들여 준비했다. 아울러 나는 오스틴에 다시 방문해 그곳의 생동감 넘치는 음악계에 몸담고 있는 대학 시절 친구들과

회포를 풀고, 어쩌면 매년 SXSW학회에서 마주치는 수많은 선도적 사상가들 중에서 우리 프로젝트에 동참해줄 새로운 인물을 찾을 수 있을지도 모른다는 생각에 들떠 있었다. 게다가 3월의 텍사스는 내가 사는 보스턴의 교외지역보다 훨씬 따뜻하다. 그 점도 무척 기대가 되었다.

4월에는 '외로움 벗어나기 프로젝트'의 중요 이정표가 될 새로운 일정이 몇 가지 있었다. 감사하게도 미국은퇴자협회재단AARP Foundation과 미국유대인협회뉴욕연맹UJA-Federation of New York이 지원해준 덕분에 일리노이주, 뉴욕주, 메인주의 총 9개 시에서 노인들을 대상으로 '창의활동 모임Creativity Circle' 워크숍을 진행하려고 준비 중이었다. 이 세 주의 지역사회에 기반을 둔 다양한 조직들과 손잡고 최초로 예술과 대화에는 사람들이 서로 유대감을 형성하고 이를 유지하도록 북돋아주는 힘이 있음을 대대적으로 보여주는 것이 목표였다. 또한 그달에는 하버드대학교 보건지원센터의 원장과 만나 캠퍼스 구성원들의 소속감 및 유대감과 관련된 문제를 논의하고, 애틀랜타에서 열리는 미국노화협회American Society on Aging 연례학회에서 외로움을 주제로 기조연설을 하기로 되어 있었다.

이 모든 계획들이 2020년 3월, 팬데믹이 터지고 한 주도 채 지나지 않아 몽땅 어그러지기 시작했다. 2월 29일 워싱턴주에서 공중보건 비상사태가 발효한 것을 기점으로 시애틀에 본사를 둔 아마존을 비롯해 SXSW학회의 주요 참가자들이 참가를 취소했다. '현실 세계에서 관계 맺기: 외로움 문제의 해법Connecting IRL: The Antidote to Loneliness'이라는 제목으로 진행될 예정이었던 우리의 패널 토론도 다른 대부분의 행사와 함께 취소되었다. 마침내 3월 6일, 오스틴시 차원에서 SXSW 학회 행사 자체를 취소한다고 발표했다. 그해 오스틴에서는 어느 누구도 현실 세계에서 관계를 맺을 수 없었다.

미국노화협회는 애틀랜타 학회를 취소했으며, 하버드대학교 보건지원센터 방문 일정도 연기되었다. 이후에는 9개 시를 돌며 진행할 예정이었던 창의활동 모임 워크숍도 모두 와해되었다. 하나씩 하나씩, 프로젝트에 참여하기로 했던 다양한 조직들에서 대면 프로그램 일정을 중단한다고 알려왔다. 처음에는 뉴욕이었고 다음은 메인, 마지막은 일리노이였다. 4월만 해도 우리는 이 모두가 그저 일정을 잠시 미루는 것에 그치겠거니 희망했다. 그러나 코로나19가 전국, 나아가 전 세계에서 폭발적으로 발생하면서부터는 차차 남들처럼 새롭고도 낯선 어떤 개념을 바탕에 두고 생각하는 법을 배우기 시작했다. 바로 철저한 불확실성이라는 개념이었다.

외로움 팬데믹 시대

팬데믹 위기에 직면해 있던 것도 옛날 일이다. 이제 우리는 팬데믹 이후의 시대를 살고 있다. 2020년 이후 세계는 불확실성과 외로움의 세상이 되었다. 이 둘은 늘 붙어 다닌다. 정서의 자연스러운 전개 특성상 불확실성은 외로움을 낳는다. 앞으로 무엇이 닥칠지 모르면 그에 대처할 수 있을지 없을지조차 알 수 없으므로, 어느 영역에서든 불확실성을 경험하면 우리는 스스로가 취약한 존재라는 느낌을 받는다. 이렇듯 자신이 취약하다고 느끼면 위협에 대한 생물학적 반응으로 불안을 느끼게 된다. 불안은 우리 몸에게 투쟁 혹은 도피에 대비하도록 빠르게 호흡하고, 더 많은 산소가 포함된 혈액을 근육들에 전달하라는 신호를 보낸다.

신체가 이 같은 상태에 있는 동안 정신에는 생존을 최우선으로 하는 데만 초점을 맞추라는 지시가 내려진다. 그러나 우리는 본래 불안이 끝없이 지속되는 상황을 견뎌내게끔 진화하지 못했다. 불안에 지배당해 생존 모드에 갇힌 마음은 다른 사람들과 관계를 맺기보다는 스스로를 보호하는 것에 집중하게 된다. 위험을 회피하려다 보니 남들과의 접촉을 최대한 피하게 되는 것이다. 이처럼 불확실성에서 비롯된 자기취약감은 불안을 낳으며, 불안은 우리가 주변 사람들로부터 몸을 사리고 방어적으로 웅크리게 만들면서 결국 외로움을 낳는다.

지금은 불확실성과 외로움이 만연한 시대다. 코로나19는 직업을 잃고, 평범했던 관계를 잃고, 치명적인 바이러스로 소중한 사람들을 잃게 만들어 수백만 명의 사람들에게 광범위한 트라우마를 안겼다. 물론 우리 모두는 같은 풍랑을 헤쳐 나가는 중이지만 흔히 말하는 것처럼 모두가 한 배에 탄 것은 아니다. 우리는 각기 다른 배에 타 있으며, 배에 따라 풍랑에 버틸 수 있는 정도도 다 다르다. 외로움이라는 경험은 몹시 개인적이고 주관적이어서, 팬데믹의 현실과 마주하고도 어떤 사람은 무사히 안전한 항구를 찾아가는 반면 어떤 사람들의 경우엔 서서히 배에 물이 들어차거나 아예 파도에 집어삼켜지기도 한다.

전보다 늘어난 고독의 시간이 오히려 집에서 가장 가까운 사람들과의 관계에 더욱 전념할 수 있는 계기를 마련해주었다는 사람도 있을 것이다. 하지만 그 외의 많은 사람들은 어느 때보다도 외롭고 불행해지고 말았다. 이들에게 삶의 의미와도 같았던 활동이나 사교 행사는 전부 사라져버렸다. 소중한 사람들과 만나지도, 삶에 사회적 요소를 더해주었던 일상적 친목 활동들을 하지도 못하는 고통스러운 나날을 수많은 인구가 억지로 견뎌야 했다. 가족 모임에서, 교회에서, 생일파티에서, 결혼식에서, 장례식에서 주고받던 포근한 포옹도 돌연 불가능해져버렸다.

같은 풍랑과 마주하고 있다는 현실에도 사람들은 하나가 되지 못했다. 사망자를 낳을 정도로 무자비한 경찰의 폭압, 사회적 불평등, 인종차별 문제를 진지하게 고민해줄 지도자가 부재한 상황을 둘러싸고 오랜 시간 부글부글 끓었던 불만은 결국 2020년, 시위와 행진과 폭동으로 폭발했다. 다양한 이유로 2020년 이후의 세상에선 불평등이 크게 확대되었고, 이처럼 사회심리학 실험에서나 볼 법한 끔찍한 상황이 실제로 펼쳐진 결과, 미국 전체 인구의 40퍼센트는 정신건강 문제를 겪게 되었다.[1]

외로움은 2020년 이전에도 이미 공중보건 위기 사안으로 부상하고 있었다. 그러던 것이 이제는 아주 새로운 차원으로 진화해버렸다. 내가 하버드대학교 공중보건학과에서 학생들을 가르친 25년 동안에도 선진국 대부분에서는 외로움 문제가 무서운 기세로 증가하며 일종의 공중보건 재난으로 여겨지고 있었다. 외로움은 조기사망 위험률을 최대 30퍼센트까지 높이며, 이는 매일 담배를 열다섯 개비씩 피우는 것과 같은 수준의 위험률이라는 의학연구 결과도 널리 알려졌다.[2] 사회적 고립과 외로움은 우울증, 자살, 약물남용의 위험요인 가운데 가장 예방 가능성이 높은 것이라는 인식 역시 차츰 커지고 있다.[3] 장기적 외로움은 암, 치매, 당뇨병뿐만 아니라 심혈관계, 호흡기계, 위장관계 질환과도 상관관계가 있는 것으로 밝혀졌다. 외로움이 전 세계의 선진국에서 확산됨에 따라 미국, 영국, 호주 그리고 유럽과 아시아 국가 다수에서 진행된 연구들에서도 유사한 결과가 보고되었다.[4]

미국 내 중년 백인 노동자 계급의 경우에는 자살, 약물남용, 알코올중독으로 인한 '절망사death of despair' 비율의 증가가 2021년 미국인 기대수명이 1996년 이후 최저치를 기록하게 만든 주요 원인이었다.[5] 이 현상을 연구하는 심리학자들은 외로움을 낮은 자존감, 자기연민, 잦은 걱정, 희망을 잃은 느낌, 무력감, 사랑받지 못하는 느낌과 더불어 절망 상태를 나타내는 일곱 가지 인지적 지표 중 하나로 규정했다.[6] 외로움은 단순히 사람을 비참하게만 만드는 것이 아니다. 자칫 생명까지도 앗아갈 수 있다.

소속감과 유대감을 증진시키는 것이 외로움을 포함해 절망의 일곱 가지 지표 모두를 줄일 수 있는 믿을 만한 방법이라는 사실은 이미 알려져 있다. 그럼에도 외로움은 청소년, 청년, 노인, 질환을 앓고 있는 사람, 그리고 성별·인종·계급·경제적 불안정성·종교적 신념 등으로 인해 이미 사회에서 소외된 사람들을 비롯한 특정 취약층에서 유난히 계속해서 심해지고 있다. 시그나Cigna(미국의 보험회사―옮긴이)에서 2018년에 시행한 조사연구 결과에 따르면 미국 성인의 46퍼센트는 때때로 혹은 늘 외로움을 느낀다고 보고했다.[7] 또한 18세에서

22세 사이의 청년이 가장 외로움을 많이 느끼는 등 젊은 층이 상대적으로 더 외로움을 느끼는 것으로 나타났다. 더욱이 지금과 같은 새로운 불확실성의 시대에서는 코로나19의 후유증에 시달리거나 팬데믹 기간 동안 소중한 사람을 잃고 큰 슬픔에 빠지는 경우를 비롯해 앞으로도 이들의 외로움이 훨씬 심해질 이유가 차고 넘친다. 팬데믹이 터지고 2년이 지난 시점에 진행된 조사 결과를 보면 미국 전체 인구의 약 3분의 2는 외로움을 경험했으며, 그중 3분의 1은 일시적이 아닌 지속적으로 외로움에 시달리고 있었다(다만 지위와 권력이 조금은 완충 작용을 해주는지, 의사와 CEO 중에서는 절반가량만이 외로움을 느끼고 있었다[8]).

제아무리 지독한 팬데믹에도 한 줄기 빛은 있다

이 사태가 바로 2020년 3월 11일 세계보건기구 WHO가 전 세계적 팬데믹을 선언한 시점에서 '외로움 벗어나기 프로젝트'가 나서서 돌파구를 찾아내야만 했던 먹구름이었다. 다만 외로움 문제를 완화하기 위해 기획했던 프로그램들이 건국 이래 발생한 가장 큰 외로움의 물결 와중에 정상적으로 진행할 수 없게 된 것이 아이러니였다.

그래도 새로운 상황에 적응해나가는 과정에서 우리 팀은 새롭고 흥미로운 방식으로 외로움에 대처하는 법을 배우게 되었다. 그전까지 우리의 연구들은 대개 사람들이 한 장소에 모이는 것이 중요하다고 강조해왔다. 온라인으로 의미 있는 관계를 형성할 수 있으리라는 가능성이 전혀 보이지 않았기 때문이다. 그렇지만 상황이 상황이니만큼 결국 우리도 처음으로 시도나 한번 해볼 마음을 먹기에 이르렀다.

2020년 4월 초, 우리는 스턱앳홈(투게더)Stuck at Home (Together)(집 안에 갇힌 이들의 모임이라는 뜻—옮긴이)이라는 웹사이트를 만들고 사람들을 초대해 저마다 창의적인 작품을 게시하고 다른 이들의 작품에 감상을 남김으로써 서로 이야기를 나누고 유대감을 느낄 수 있는 환경을 조성했다. 이에 더해 줌Zoom에서 초대 예술가와 참가자들이 정해진 시간 동안 각자 작품을 만들고 이에 대해 함께 의견을 나누는 자유로운 분위기의 한 시간짜리 '창의적 사교 모임Creative Social'을 진행하기 시작했다. 이러한 활동들을 통해 긍정적 경험을 한 우리는 마침내 대면 워크숍을 가상 환경의 온라인 모임으로 전환하는 것이 가능하다는 희망을 얻게 되었다.

6월에는 기존의 프로그램을 온라인 형태로 수정하기 시작하면서, 오프라인에서라면 상대적으로 쉬웠을 일들이 온라인에서는 기술적으로 몹시 까다로워지는 상황을 수없이 맞닥뜨렸다. 가령 참가자들의 피드백을 기록하는 것은 프로그램이 얼마나 효과적으로 진행되고 있는지 측정하기 위해 반드시 필요한 과정인데, 온라인 환경에서는 이 과정조차도 번거로운 작업이 되었을 뿐 아니라 참가자 개개인의 온라인 툴 친숙도에 지나치게 많은 영향을 받았다.

그렇다 보니 우리 프로그램의 주 대상층이 문제로 떠올랐다. 우리 프로그램의 참가자들은 주로 노인이었던 것이다. 과연 노인들은 컴퓨터를 얼마나 능숙하게 다룰 수 있을까? 줌을 제대로 쓸 수 있을까? 놀랍게도 노인들의 적응 능력은 우리 예상을 뛰어넘었다. 2020년 가을에 첫 번째 온라인 창의활동 모임을 개최해보니 대부분의 참가자들이 컴퓨터 활용에 몹시 능숙했으며, 그렇지 않은 참가자들도 기술적 부분을 도와줄 사람을 쉽게 구했다. 프로젝트를 진행하며 우리는 인간의 유대감이란 부서지기도 쉽지만 회복탄력성 또한 놀랍도록 뛰어나다는 사실을 깨달았다. 온라인에서 이루어지는 대화가 쌍방향적이고 진실하며 개인적 내용이 담긴 의미 있는 것이기만 하다면 유대감은 온라인으로도 **충분히** 전해질 수 있다. 아울러 프로그램 종료 후 평가 결과에 따르면 참가자들은 이처럼 스트레스가 극심하고 외로운 시기에도 예술활동을 통해 흥미와 보람을 찾을 수 있었다.

마지막으로 우리는 팬데믹 환경이 아니었다면 깨닫기까지 훨씬 오랜 시간이 걸렸을 것 같은 사실도 발견했다. 바로 대면 모임 장소까지 이동하는 데 어려움을 겪는 상당수 노인들에게는 오히려 가상 환경에서의 모임이 이상적이라는 사실이었다. 노인 중에는 직접 운전을 하지 못하는 사람이 많다. 거동이 힘든 탓에 차에 타고 내리거나 모임 장소의 불편한 의자에 오랜 시간 앉아 있기가 고통스러운 사람들, 또 몸이 편치 않은 배우자 곁을 지키느라 집을 떠나지 못하는 사람들도 있다. 팬데믹이 발생하지 않아서 계획대로 대면 워크숍을 진행했다면 이처럼 고립감과 외로움을 심화시키는 힘든 상황과 분투하고 있던 이들을 우리 프로그램에서 배제하고 말았을 것이다.

무엇보다도 팬데믹은 우리 '외로움 벗어나기 프로젝트'가 가장 중요한 목표로 삼았던, 외로움에 대한 부정적 낙인을 벗겨낼 특별한 기회가 되었다. 사회적 거리두기가 몇 달이고 이어지자 전과는 달리 사람들이 공개적으로 외로움을 토로하는 모습이 목격되기 시작했다. 기존에는 부정적 낙인 탓에 외로움을 수치스러운 비밀로 여기다 보니 점점 더 외로워지고 자칫 목숨까지 위험해지는 상황으로 몰릴 수 있었다. 하지만 전 세계인이 공통으로 겪는 문제가 된 이상, 외로움으로 인한 트라우마를 인정하는 것이 더는 수치스러운 일이 아니게 되었다. 나 혼자만이 아니라는 느낌 덕분에 외롭다는 감정을 받아들이고, 평범한 다른 개인적 욕구들과 마찬가지로 이를 해소하기 위해 노력해도 괜찮다고 여기게 된 것이다.

부끄러워하지 않고 자신의 외로움을 인정하는 태도는 우리가 서로에게 손을 내밀고 연대하게 해주는 강력한 힘이 될 수 있다. 그런데 외로운 사람들은 보통 외롭다는 사실을 인정하기 꺼리며 자기 자신조차도 속이곤 한다. 우리가 속한 문화에서는 자율성과 자족을 이상적으로 여긴다. 소셜미디어 덕에 유대감을 느낄 기회를 무한히 찾을 수 있을 것만 같은 세상이지만 정작 현실에서 자기 한 몸 소속될 곳을 찾지 못한다면 속상할 수도 있다. 그래서인지 외로움을 느끼는 것이 곧 나약하거나, 어딘가 모자라거나, 매력이 없거나, 가치가 없는 인간이라는 뜻일까 싶은 걱정이 앞선다. 게다가 2020년 팬데믹 이후 비대면으로 업무를 보고 가상 환경에서 회의를 진행하는 일이 부쩍 흔해지면서, 디지털 기술이 고도로 발전한 현대의 삶은 단절감과 불확실성이라는 불편한 감각을 더욱 부추기게 되었다. 이는 타인을 쉽사리 믿지 못하고 경계하게 되는 불안, 그리고 스스로가 취약하다는 느낌이 있는 곳이라면 어디에서든 뿌리 내리는 외로움이라는 감정이 무럭무럭 자라기에 더없이 완벽한 환경이다.

외로움은 복잡하게 엉킨 실타래다. 이를 풀기 위해 내가 취할 수 있는 유일한 방법은, 의대를 갓 졸업했을 무렵부터 지금까지 공중보건의 관점에서 외로움 문제에 대응해 해결책을 찾는 것을 삶의 중심 목표로 삼고 살아오는 동안 개인적으로 깨달았던 사실들을 되짚어보는 것이다.

외로움이 우리 몸에 미치는 영향

외로움이 건강에 해로운 영향을 미친다는 사실을 내가 처음 인식한 것은 1980년대 햇병아리 일차의료 의사로서 보스턴 소재의 베스이스라엘병원Beth Israel Hospital에서 근무할 때였다. 당시 나는 어쩐지 스스로를 제대로 돌볼 의지가 없는 것 같은 환자들을 많이 보았다. 처방 받은 약을 제때 복용하지 않는다든지 후속 처치를 받으러 오지 않는 식의 환자들이었다. 현재 앓고 있는 병을 관리하려면 어떻게 해야 하는지, 만약 그대로 따르지 않으면 어떤 무서운 결과가 발생할 수 있는지에 대해 아무리 긴 시간 동안 설명해주어도 이들은 '말을 잘 듣지 않는 환자'였다. 당뇨병으로 내원한 경우에는 혈당 관리에 소홀하면 신장 질환, 실명, 다리 절단 등 심각한 위험이 닥칠 수 있다고 주기적으로 주의를 주었고, 혈압이 높은 경우에는 꾸준히 신경을 쓰지 않으면 심근경색이나 뇌졸중이 나타날 수 있다고 경고했지만 소용이 없었다.

 대체 왜 그랬던 걸까? 당시엔 미처 깨닫지 못했지만 한 환자가 이따금 하던 말에 그 답이 숨어 있었다. 진료실에 들어서자 그 노년의 환자는 1회용 검진복을 입고 주뼛거리며 앉아 있었다. 차트를 보니 분명 약을 처방했는데도 혈압이 정상수치보다 높았다.

"약은 꼬박꼬박 챙겨 드세요?" 내가 물었다.

"아뇨, 매번 먹진 않아요." 그가 대답했다. 그러고는 변명을 덧붙였다. "별로 효과가 있는 것 같지 않던데요."

"환자분 약은 효과가 아주 좋은 거예요." 내가 설명했다. "꼬박꼬박 드시면 컨디션도 좋아지고 뇌졸중이나 심장병이나 신장 질환의 위험도 줄어들어요. 꼭 드셔야 돼요."

그는 멈칫하더니 창피한 듯 눈을 피했다. 그리고 답했다.

"어차피 나 같은 건 아무도 신경 쓰지 않아요." 그가 더듬거렸다. "그런데 내가 뭐 하러요?" 그는 외로웠다. 하지만 문제는 그뿐만이 아니었다. 그는 자신이 외롭다는 사실을 수치스러워하고 있었다. 수치심은 죄책감과 마찬가지로 자신이 잘못하거나 실패한 것에 대해 느끼는 자의식적 정서의 하나다. 그런데 수치심에는 한 가지 요소가 더 따라붙는다. 바로 남들이 비난하거나 비웃을지도 모른다는 두려움이다. 때문에 외로운 사람은 외로움을 느낀다는 이유로 자신을 혹독하게 비난하고, 다른 사람들이 비난하거나 비웃을까 두려워 도움을 청하려 하지도 않는다.

일반적으로 인간은 타인과의 유대감이 있어야 자신에게 이로운 행동을 하려는 의욕도 생기게 된다. 이러한 관계에 있는 사람들은 우리를 격려해주고, 좋은 일을 함께 축하하며, 힘든 일이 있을 때는 위로해준다. 하지만 앞서 본 것과 같은 외로운 환자들은 자신의 곁에 이런 존재가 한 명도 없다고 느꼈다. 때로는 외로움이 너무 깊은 나머지 정작 신체적 질환 자체보다도 건강에 큰 위협이 되었다.

진료를 볼 때 나는 보통 환자들에게 우울증 진단을 위해 개발된 질문들을 던지고, 결과에 따라 효과 좋은 항우울제를 처방하곤 했다. 또한 배우자, 자녀, 친인척, 반려동물 등과 관련된 질문에 환자들이 답한 내용을 바탕으로 차트에 '사회생활력social history(환자의 사회적 측면을 이해하기 위한 정보―옮긴이)'을 기록해두었다. 중증의 만성질환 환자들 가운데 상당수가 혼자 살고 있으며 다른 사람들과 일상적으로 접촉할 기회가 부족하다는 사실도 알고 있었다. 이처럼 사회적으로 고립되어 있는데도 나는 단 한 번도 이들에게 외롭지 않느냐고 물어볼 생각을 하지 못했다. 왜 그랬을까? 아마도 우울증과 달리 외로움은 질병이 아닌 데다 딱히 의학적 치료법이 있는 것도 아니었기 때문이리라. 의사로서 환자에게 외로움을 느끼는지 물어보라는 훈련을 받은 적도 없고, 물어보았다 한들 환자가 그렇다고 답했을 때 어떻게 대처해야 할지도 몰랐을 것이다. 의학 지식과 관련된 머릿속 지도에서 가까스로 이를 발견했더라도 '미지의 땅'이라는 문구가 붙어 있었을 터다.

나는 과식·흡연·약물남용·과음·운동부족과 직접 관련이 있는 만성적 건강 문제로 고통받고 있는 환자들이 얼마나 많은지 깨닫고 또 한 번 충격을 받았다. 건강하지 않은 생활습관을 피하라는 내 의학적 조언 따위는 담배, 술, 영양가 없는 고칼로리 가공식품이 주는 위안에 상대도 되지 않았다. 식습관을 개선하라거나 술을 조금 줄이라는 말을 건넸지만 환자들은 분명 그것들 때문에 고통받고 있으면서도 고집스럽게 무엇 하나 바꾸려 하지 않았다. 물론 그들도 자신이 건강해지기를 바랐지만, 이처럼 건강하지 못한 생활습관은 그들이 불안과 스트레스를 달래기 위해 반드시 필요한 것이었다. 실제로 그중 일부는 자존감 문제로 자신이 겪고 있는 불안을 토로했고, 대부분의 경우 그 불안에는 죄책감과 수치심이라는 몹시 불편한 정서가 동반되었다.

일차의료 의사로 근무를 시작할 때만 해도 나는 환자들이 의료진에게 신뢰감을 느껴 치료 효과가 커질 수 있도록 그들과 진심 어린 긴 대화를 나누는 내 모습을 상상하곤 했다. 하지만 의사와 환자 사이의 이 같은 협력관계가 실제로는 거의 불가능하다는 사실을 시간이 가면서 점차 깨달았다. 내가 바라던 유의 상호작용이 보건의료 체계에선 권장되지 않는다는 점과 더불어 이러저러한 이유로, 결국 몇 년 뒤 나는 일차의료가 내 적성에 맞지 않는다는 점을 완전히 받아들이게 되었다. 이에 나는 공중보건으로 진로를 변경했다. 그리고 일차의료에서 파트타임으로 근무하면서 공중보건학과 전염병학으로 석사학위를 받았다. 뿐만 아니라 직업 환경에서 건강을 유지하는 데 초점을 맞춘 직업의학 전공으로 예방의학학회에서 발급하는 공인자격증을 취득했다.

이 분야에 대한 이해가 깊어지자 질병을 예방하고 건강을 증진하는 것이 보건의료에서 얼마나 강력한 힘을 지닐 수 있는지가 더욱 크게 와닿았다. 1980년대에 나는 의대 학자금 대출을 갚는 데 보태고자 블루크로스블루실드미시간협회Blue Cross Blue Shield of Michigan(미국 내 초대형 의료보험사에서 파생된 비영리 보건의료협회—옮긴이)에서 축적한 어마어마한 양의 보험금 청구자료를 분석하는 아르바이트를 한 적이 있다. 크라이슬러·포드·제너럴모터스 소속 노동자들의 진찰료, 치료비, 입원비로 보험금이 지급된 내역 수백만 건을 검토한 결과 이들에게 가장 흔한 질환, 치료에 소요되는 비용, 가장 적합한 의사와 병원을 규명해낼 수 있었다. 그 과정에서 나는 건강 문제로 인한 결근, 장해, 생명보험 청구 기록 등 노동자들의 건강 악화와 사망의 원인을 알려주는 상세자료들도 볼 수 있었다. 우리 분석 팀은 가용한 자료들을 샅샅이 조사해서 예방의학 전략이 가장 효과를 발휘할 수 있는 기회를 찾아냈다.

이 모두가 당시로서는 대단한 혁신이었다. 전산화된 새로운 청구 시스템상의 자료는 그렇게 금연이나 독감 백신 접종과 같은 예방에 투자하는 것이 노동자들의 질병과 고통을 줄여줄 뿐만 아니라 기업체의 비용을 낮추고, 생산성을 개선하며, 미시간에서 가장 인기 있는 회사의 자리를 유지하는 데 도움이 된다는 것을 구체적 숫자로 입증했다.

이 경험을 통해 나는 데이터를 바탕으로 조직화된 예방 방안을 도출하는 것이 얼마나 강력한 힘을 지니고 있는지에 눈을 뜨게 되었다. 이처럼 공중보건은 의료 체계에서는 접근할 수 없는 방대한 자원을 끌어다 쓸 수 있다는 점에서 엄청난 잠재력이 있다. 직업적·금전적·문화적 자산을 십분 활용하기 때문에 기업, 대학교, 지역사회, 심지어 나라 전체의 인구가 안고 있는 건강 관련 문제들에 총체적으로 대처할 수 있게 되는 것이다.

외로움의 가치

그렇다면 외로움이 공중보건에 미치는 영향은 무엇인지 한번 살펴보

자. 지금까지 수십 년 동안 나는 공중보건의 문제이자 개개인이 행복하고, 건강하고, 사회에 기여하고, 자신의 분야에서 성공하는 삶을 사는 데 어려움을 초래하는 요인인 외로움을 해결할 방법을 찾으려 애썼다. 외로움은 당뇨병이나 우울증을 비롯한 여러 질환을 일으키는 원인으로 여겨지기는 하지만 이들과 달리 그 자체만으로는 질환이 아니다. 외로움에 대한 정식 의학적 진단 혹은 외로움 상태에 있음을 나타내주는 혈액검사나 특정 생체지표가 있는 것도 아니며, 마땅한 권고되는 치료법도 없다. 그럼 어떻게 해야 할까?

사회심리학에서 외로움은 '우리가 타인과 맺고 싶어 하는 유대감과 실제 경험하는 것 사이에 간극이 있다는 느낌'이라고 정의한다. 다시 말해 '무언가 결여되어 있다'는 느낌인데, 이는 전적으로 주관적인 감정이다. 내가 외로운지 아닌지는 나만이 알 수 있다. 내가 외롭다고 느낀다면 나는 외로운 것이다.

외로움은 정기적으로 접촉하는 사람이 얼마나 많은지 세어보는 등의 방식으로는 측정할 수 없다. 객관적으로 타인과의 교류가 거의 없는 것은 조금 다른 상황으로 흔히 사회적 고립이라 부른다. 고립이 외로움으로 이어질 수는 있지만 꼭 그런 것은 아니다. 반대로, 단순히 많은 사람들에게 둘러싸여 있다고 해서 외로움을 막을 수 있는 것도 아니다. 오히려 '군중 속의 외로움'이라는, 우리 모두 살면서 한 번쯤은 경험해보았을 느낌으로 이어질 수도 있다. 이러한 유형의 외로움은 물리적으로 한 공간 안에 아무리 많은 사람과 함께 있어도 나 자신이 파탄 난 결혼생활, 동료들과의 관계가 원만하지 못한 직장, 아는 이 하나 없는 낯선 도시에서 혼자라고 느낄 때면 경험할 수 있다.

하지만 이러한 정의들에서도 정작 우리를 좀먹는 외로움이라는 불편한 감정을 어떻게 이해하고 받아들여야 할지에 대한 답은 알아낼 수 없다. 이와 관련해 내가 찾은 가장 유용한 관점은 외로움을 배고픔이나 목마름과 같은 자연스러운 생물학적 신호라고 여기는 것이다. 말하자면 외로움은 우리 마음속 계기판에서 무언가 문제가 있음을 알리기 위해 깜박이는 경고등인 셈이다. 뱃속에서 느껴지는 옥죄는 감각이 음식을 섭취해야 한다는 사실을 알려주는 신호이듯, 외로움이라는 아픔은 타인과 유대해야 한다는 신호다. 몇 해 전 작고한 사회신경과학자 존 카시오포John Cacioppo는 2014년, 고도로 사회화된 종인 인류에게 있어 외로움은 매우 귀중한 기능을 수행한다는 견해를 제시했다.[9] 그는 "유기체가 신체의 손상을 최소화하는 행동을 취하게끔 동기를 제공하기 위해 발달한 회피 신호가 육체적 고통인 것과 마찬가지로, 외로움은 한 개인이 자신의 사회체social body가 입는 손상을 최소화하는 행동을 취할 동기를 제공하는 회피적 상태"라고 썼다.

개빈 드베커Gavin de Becker가 쓴 베스트셀러 《서늘한 신호The Gift of Fear》에서는 신체에 가해질 수 있는 위협을 피하는 데 도움이 되는 위험 신호로서 우리의 육감이 갖는 가치를 극찬한다.[10] 마찬가지로 외로움도 인간이 타고난 하나의 능력이다. 수백 년에 걸쳐 이루어진 자연선택 과정의 결과, 우리의 몸은 중요 자원이 결핍되었을 때 우리가 알아차릴 수 있게 위험 신호를 보내도록 진화했다. 여기서 말하는 중요 자원이란 음식물, 수분, 그리고 타인과의 믿을 수 있는 관계를 말한다. 생리적 욕구를 스스로 충족할 능력이 없는 갓난아기를 떠올려보

자. 아기들은 목마름·추위·배고픔·외로움을 알리는 신체 신호에 반응해 운다. 그러다 차츰 성장하면서 이러한 신호 대부분에 적절히 대응하는 법을 학습한다. 이에 물을 마시고, 겉옷을 걸치고, 무언가를 먹는다. 그러나 외로움은 사회적으로 용인되지 않는 분위기 탓에 이를 경고하는 위험 신호도 대체로 억눌린다. 마치 어둠이나 침대 밑 괴물 같은 존재를 향한 두려움처럼, 우리 사회에서 외로움은 크면서 마땅히 극복해야 하는 감정이라고 여겨진다.

목마름·추위·배고픔을 성인이라면 느껴서는 안 되는 수치스러운 감각으로 사회가 낙인찍는다고 한번 상상해보자. 현대 사회는 외로움 신호를 바로 이런 식으로 가르치고 있다. 억압된 감정은 어떤 식으로든 행동으로 표출되기 마련이다. 이를 이용해 산업계에서는 외로움 신호에 대한 억압된 반응을 음식, 술, 비디오 게임, 텔레비전, 도박, 포르노를 비롯해 강렬한 감각자극을 추구하는 다양한 대체 수단으로 풀어내도록 유인하고 그로써 어마어마한 수익을 올린다. 현대인은 외로움이라는 엔진을 동력 삼아 이 불편감을 행동·태도·신체상의 변화로 전환하며 살아간다. 그렇게 축적된 엔진의 대가가 지금에 이르러서야 개인의 고통, 생산성 감소, 의료비용 지출, 사회 불안정이라는 형태로 나타나기 시작하는 것이다.

현재 예일대학교뉴헤이븐병원에서의 영적 간호 spiritual care(환자들의 정신건강 증진을 위해 제공하는 다양한 정서적 돌봄 서비스—옮긴이)를 총괄하고 있는 켄들 팔라디노 Kendall Palladino는 1994년에 테레사 수녀와 만났을 때의 일화를 이렇게 소개했다.[11] 당시 켄들은 신학교 학생으로서 콜카타에서 테레사 수녀가 운영하던 '사랑의 선교수녀회 Missionaries of Charity' 산하 호스피스 병원에서 자원봉사를 하고 있었다. 그는 의과대학에 진학해 훗날 개발도상국들을 다니며 한센병 환자들을 치료하겠다는 자신의 계획을 들뜬 마음으로 테레사 수녀에게 들려주었다. 켄들의 말에 따르면 그때 그녀가 보여준 의외의 반응은 결국 그의 인생을 바꾸어놓았다. "왜 그러려고 하는 건가요?" 테레사 수녀는 이렇게 물었다고 한다. "학생의 본국에도 이곳의 더없는 가난에 못지않은 심각한 가난이 있는걸요. 서구에는 외로움이 있어요. 나는 그걸 서구의 한센병이라고 부른답니다. 여러모로 그건 콜카타의 가난보다 더 악질이에요."

테레사 수녀가 1994년에 그토록 날카롭게 지적한 문제는 그 이후로도 줄곧 악화일로를 걸었다. 이제는 외로움이 세계에서 가장 심각한 공중보건 문제 가운데 하나임을 올바로 인식하지 못하면 장기적으로 어떤 일이 벌어질 수 있는지 곰곰이 생각해봐야 한다. 이대로 타인과의 단절감이 커진다면 특히 사회에서 이미 소외되어 있는 계층을 중심으로 지금도 증가 추세에 있는 중독, 우울증, 자살 위험률이 폭증할 뿐만 아니라 심장 질환, 당뇨병, 치매의 유병률 및 치명률 또한 높아질 것이다. 사람들은 더 이른 나이에 더 비참하게 죽을 것이며, 이처럼 병든 사회에서는 각 기관들도 병들어 있을 것이다. 사람들이 다름에서 비롯된 갈등을 풀고 서로 협력해 문제를 해결하는 능력을 잃어감에 따라 직장, 학교, 지역사회는 점차 문명의 위기를 마주하게 될 것이다. 또한 경제성장 역시 저해될 것이다. 재화와 서비스를 교환해 수익을 올리는 과정은 언제나 사회적 자본과 더불어, 서로 공유하는 목표 및 잠재적 공동 이익의 성취를 위해서라면 예상되는 위험도 감수하는 사람들의 능력에 기대어왔기 때문이다.

오늘날 소셜미디어를 비롯한 다양한 매체에는 해당 기업 주주들의 이득을 목적으로 얼마든지 우리 사회를 분열시키고 특정 집단을 소외시킬 수 있는 힘이 있다는 사실을 생각해보면 우리가 마주한 문제가 얼마나 거대한지 알 수 있다. 그저 라디오가 전부였던 75년 전에도 정치철학자 한나 아렌트Hannah Arend는 조종하기 용이한 소외되고 외로운 상태의 국민 수를 대폭 늘리고자 독재자들이 하나같이 대중매체를 악용한다고 지적했다.

자유 사회에서도 소셜미디어를 악용하는 사람들은 조직적으로 자행하고 있는 대규모의 소외를 '수많은 견해가 오가는 공간 속에서 이루어진 선택의 자유 탓에 불가피하게 발생한 결과'라고 왜곡한다. 연구 결과를 보면 흔히 적대국 정부에서 지원한 악의적 댓글부대들의 활동으로 부풀려진 페이스북의 선동적인 가짜뉴스는 공신력 있는 언론사에서 게시한 글보다 여섯 배나 높은 조회수를 기록했다(물론 그에 따라 광고 수입도 더 높았다). 〈MIT 테크놀로지 리뷰MIT Technology Review〉가 입수한 페이스북 내부자료에 따르면 "미국 역사상 가장 치열했던 2020년 대선 기간 동안 페이스북에서 기독교와 흑인 콘텐츠로 가장 유명한 페이지들은 동유럽 댓글부대에 의해 운영되고 있었다"고 밝혀졌다.[12] 외국의 댓글부대가 작성한, 사회의 분열을 초래하는 가짜뉴스로 가득한 글들은 모르는 사람의 글을 피드에 띄워주는 페이스북의 게시글 추천 시스템 탓에 매달 1억 4000명의 이용자들에게 가닿았다. 이후 코로나19 백신과 관련해서도 유사한 가짜뉴스가 퍼졌고, 이에 영향을 받은 수백만 명의 사람들은 백신 접종을 피함으로써 건강상의 위험에 노출되고 말았다.

이 문제와 관련해 페이스북의 모기업 메타Meta의 최고기술경영자 앤드루 보스워스Andrew Bosworth는 2021년 인터뷰에서, 소셜미디어 이용자들이 페이스북을 통해 선동적이고 신뢰할 수 없는 정보를 공유하고자 한다면 "그건 그들의 자유죠. (중략) 그렇게 하도록 허용이 되니까요. 문제가 있으면 그 사람들과 이야기해야죠. 페이스북은 잘못이 없어요. 그 책임을 저한테 지울 수는 없습니다"라고 주장했다.[13]

지금과 같은 결정적 시기에 우리가 아무런 행동도 취하지 않을 경우 우리 앞에 펼쳐질 세상은 바로 이런 모습이다. 의도하든 그렇지 않든 소셜미디어 기업 및 그 광고주 들이 수많은 사람들을 점점 더 화가 많아지고, 두려움을 느끼고, 불안해지고, 병들고, 외로워지게 만드는 세상 말이다. 비단 대기업만이 아니다. 단절과 소외를 도구 삼아 수익을 창출하고 권력을 손에 쥘 수 있는 새로운 수단을 강구하며, 한나 아렌트가 그토록 오래 전에 예견한 바와 정확히 같은 방식으로 대규모 소외를 이용함으로써 사회를 내부에서부터 병들게 만드는 세력은 어느 민주주의 사회의 정재계에든 항상 존재한다.

그렇다면 우리는 어떻게 해야 할까? 어디서부터 손을 대야 할까? 어떻게 하면 이 모든 방해를 뚫고 외로움 신호를 알아차려 올바르게 대처할 수 있을까? 외로움이란 다른 인간과 함께할 때 비로소 완전한 인간이 되는 경험을 할 수 있다는 사실을 상기시켜주는, 선조들로부터 대대로 이어져온 유용한 능력임을 깨달을 수 있는 힘도 우리 안에 잠재되어 있을까? 어떻게 해야 외로움 신호를 자신의 내면이 보내는 유익한 정보로 해석하는 법을 터득할 수 있을까? 어떻게 해야 라디오 신호에 주파수를 맞추듯 외로움 신호에 귀를 기울여 적기에 귀중한 정보를 얻는 법을 익힐 수 있을까? 어떻게 해야 외로움에 생산적으로 대응해 자기 자신을 이해하고 영감을 얻어 성장하는 밑거름으로 삼을 수 있을까?

만약 우리가 이 능력을 제대로 사용하는 것이 가능해진다면, 어떻게 해야 남들에게도 이를 가르쳐줄 수 있을까? 어떻게 자기 자신의 외로움에 대해 건설적 깨달음을 얻도록 일깨워줄 수 있을까? 어떻게 하면 외로움을 억누르는 데서 비롯된 고통을 이용해 누군가 이익을 얻는 사회가 아닌, 각자가 자신의 외로움에 생산적으로 대처하고 이를 서로 지지해주는 사회를 만들 수 있을까?

공중보건 캠페인은 이처럼 공공의 이상적 목표에 대한 사회적 합의가 이루어지기만 하면 늘 성공을 거두어왔다. 안전벨트 착용을 의무화하는 법이 통과된 것도, 음주운전 사망률이 낮아진 것도, (그리 오래지 않은 전까지 사회적으로 널리 용인되었던) 공공장소에서의 흡연이라는 불건전한 습성이 미국을 비롯한 선진국에서 거의 사라진 것도 모두 이 같은 과정을 거쳐 이루어졌다. 내가 이 책을 쓰게 된 가장 큰 이유는 외로움에 대한 사람들의 인식을 이 정도 수준까지 끌어올리기 위해서다. 앞서 언급했듯 연구 결과에 따르면 외로움은 매일 담배를 열다섯 개비씩 피우는 것에 버금갈 만큼 건강에 해로울 수 있는데, 담배를 끊게끔 돕는 방법은 이미 잘 알려져 있다. 이제는 사람들이 외로움을 덜 느끼도록 도울 차례다.

이 책에는 앞서 이야기한 것과 같은 암울한 미래를 피할 수 있는 법을 알려주는 희망적 신호들이 아주아주 많이 소개되어 있다. 하나

하나 읽어나가면서 여러분 자신이 스스로의 외로움에 어떻게 대응하고 있는지 곰곰이 생각해보기 바란다. 외로움이 목마름 혹은 추위를 느끼는 것만큼이나 자연스럽고 흔한 경험이라는 사실을 깨달을 수만 있다면 그동안 자신이 외로움 신호에 습관적으로 보이던 반응을 새로운 관점에서 다시 바라보게 될 것이다. 나아가 세상과 관계 맺는 새롭고 창의적인 방법들을 탐구해보고, 창의성과 유대감에 기반한 활동으로 외로움에 대처함으로써 보다 건강하고 충만한 삶을 발견할 수 있을 것이다.

이 책의 마지막 장에 다다를 즈음에는 여러분도 외롭다는 것이 무엇이고 창의성이란 어떤 의미이며 유대감을 형성한다는 것이 무슨 뜻인지, 다시 말해 '외로움을 벗어난다'는 것은 무엇을 뜻하는지와 관련해 기존에 갖고 있던 사고의 틀에서 벗어나 완전히 새로운 이해를 하게 되길 바란다. 앞으로 살펴보겠지만 이 세 가지가 바로 인간다운 것이란 무엇이며, 어떻게 하면 고유한 자기 내면을 타인과 공유하고 인간의 보편적 본성이 지닌 가치를 확인할 수 있는지에 대한 물음의 핵심이다.

2장

창의적 표현활동이 지닌 힘

외로움을 연구하기 위한 나의 여정은 우회적 경로를 따라 이루어졌다. 2002년 뉴욕에서 열린 어린이 미술 전시회가 그 시작이었다.

9·11 테러가 초래한 죽음과 파괴는 특히 세계무역센터 인근에 거주하며 학교를 다니던 뉴욕시의 어린 학생들에게 깊은 트라우마가 되었다. 그 재난과도 같은 사건이 터지고 몇 달이 지나도록 뉴욕의 수많은 아이들은 대중교통을 타는 것도, 심지어는 밖에 나가는 것조차도 두려워했다. 학교를 방문한 심리학자들은 학생들이 집중에 어려움을 겪고, 숙면을 취하지 못하며, 갑작스럽게 분노를 표출하거나 울음을 터뜨리는 경우를 제외하고는 입을 꾹 닫는 등 급성 트라우마 반응으로 나타날 수 있는 온갖 증상들을 보이는 것을 목격했다. 많은 학생들이 자신의 감정을 터놓고 이야기하길 거부했으며, 9·11 테러에 대한 언급 자체를 꺼렸다.

그러다 고등학생 이하 전 연령의 아이들에게 그날 보고 경험했던 것들을 미술을 통해 표현하도록 권하면서 변화의 돌파구가 열렸다. 아이들은 연필·크레용·물감·사진 콜라주를 활용해 슬픔, 분노, 고통, 혼란뿐만 아니라 희망, 회복탄력성과 관련해 각자의 시선을 담은 깜짝 놀랄 만한 작품 수천 장을 만들어냈다. 자신의 감정을 터놓고 이야기하지 못하던 아이들도 작품에 대해서는 기꺼이 입을 열었다. 그리고 그러는 과정에서 아이들은 서서히 트라우마에서 벗어나 회복 단계에 접어들 수 있었다.

미술치료사이자 아동심리학자인 로빈 F. 굿맨Robin F. Goodman은 "아이들과 예술가는 생각이나 말로 풀어내기 어려운 공상적인 것들을 표현할 수 있는 상상력이라는 수단을 갖추고 있다"고 설명하며 "그들 자신의 목소리 하나하나가 중요하고 미술은 그 목소리에 설득력을 부여하는 특별한 방법이라는 사실을 아이들에게 알려주고 싶다. 아이들이 미처 말로 전하지 않는 것들도 어른들이 볼 수 있게 하고 싶다"고 말했다.[1]

9·11 테러 1주년에는 아이들이 만든 미술작품들이 뉴욕시 박물관에 전시되었다. 나는 뉴스에서 우연히 이 전시회에 대한 소식을 접했고, 함께 소개된 그림들을 보면서 깊은 감명을 받았다.

여덟 살이었던 케빈 왕은 쌍둥이 빌딩을 수많은 하트가 모인 형태로 그렸고, 맨 꼭대기의 하트들은 흩어져 천국을 향해 떠오르는 모습으로 표현했다. 열 살이었던 애비 벤더는 'I ♡ NY' 로고가 새겨진 상징적인 티셔츠를 입은 자신의 모습을 그렸다. 그 옆에는 "더 더 많이!"라는 말풍선을 머리 위에 띄운 강아지가 있었다. 열여섯 살 레즈완 아흐메드는 연기가 피어오르는 쌍둥이 빌딩을 배경으로 둔 채, 검게 표현된 자신은 다른 먼 곳을 보고 있는 작품을 그렸다. 그는 여기에 '새로운 세상'이라는 제목을 붙였다.

이 아이들의 작품들은 그때까지 내가 본 그 어떤 미술작품보다도 내 안에 어떤 강렬한 감정을 불러일으켰다. 나는 작품을 통해 이 어린 예술가들과 유대감을 느꼈다. 아이들의 고통, 희망, 굳은 마음에는 9·11 테러를 겪고 내가 느꼈던 복잡한 심경이 투영되어 있었다. 당시 나는 몇 년이나 손놓고 있던 시를 다시 열심히 쓰기 시작한 참이었다. 사실 나는 대학 시절부터 레지던트 수련을 받는 동안까지 줄곧 많은 시를 썼고, 상도 몇 번 받은 적이 있다. 하지만 그 뒤로는 시를 쓰는 것 또한 어릴 적에나 즐기는 한때의 놀이였던 양 한옆으로 접어두고 말았다. 그런데 20년이나 지나서 다른 사람들과 함께 겪은 테러 사건의 트라우마와 그 영향력이 이미 오래전에 잃어버렸다고 생각했던 내 안의 창의성에 대한 욕구에 다시 불을 지핀 것을 발견했다. 나는 예전에 썼던 시들을 찾아내 고쳐 쓰고 각각을 상실의 여러 측면을 중심으로 분류한 다음 가까운 친구들에게 보여주었다. 친구들은 후한 평가를 해주었고, 용기를 얻은 나는 계속해서 나와 사람들이 마주하고 있던 새로운 상실과 취약성의 현실에 대한 시들을 써냈다.

9·11 어린이 미술 프로젝트는 공중보건 전문가로서의 내 시각에도 큰 영향을 미쳤다. 이 프로젝트에는 공중보건과 관련해 특히 주의를 끈 흥미로운 것이 하나 있었다. 바로 미술이 인종이나 사회경제적 지위와 관계없이 모든 아이들의 트라우마 극복을 도왔다는 점이다. 어떤 의학적 처치가 전 인종 및 계층에서 효능을 보인다면 마땅히 그 치료의 효과를 설명할 수 있는 생물학적 기작이 존재한다고 추정할 수 있다. 즉, 작품활동을 하는 동안 이 아이들의 뇌에서는 스트레스 증상을 완화하고 정신건강을 되찾아줄 수 있는 무언가 중요한 변화

가 일어나고 있었다. 이에 나는 문득 이 생물학적 기작을 더 잘 이해할 수만 있다면 여기서 얻은 통찰을 바탕으로 예술을 접목한 새로운 공중보건 프로그램을 개발해 트라우마 회복을 돕는 것도 가능하리라는 생각이 들었다.

아이들의 작품을 친구들 및 같은 분야의 동료들에게 보여주자 상당수가 목이 메거나 눈물을 보였다. 마치 아이들이 창조해낸 강렬한 이미지들이 어른들의 가슴속에 꽁꽁 잠겨 있던 무언가를 비집어 연 것 같았다. 이들은 아이들의 작품을 보고 왜 그토록 감동을 받았는지 말로 제대로 표현하지 못했다. 괜히 마음 아프게 해서 미안하다고 내가 사과하자 대부분은 그럴 필요 없다며 오히려 그림을 보고 기분이 나아졌다고 말했다. 그림들을 감상하는 이 단순한 과정을 통해 사람들 사이에선 무언가 중요하고 영향력 있는 정보의 교환이 이루어지고 있었던 것이다. 그 정체를 정확히 알 수는 없었으나 어떤 굉장한 사실을 발견한 것 같다는 예감이 점점 더 짙어져갔다.

미술치료 분야는 1942년에 처음 생겨났고, 제각각이던 접근법들이 이후 수십 년간의 연구를 통해 음악, 연극, 신체활동, 시, 표현적 글쓰기 등을 아우르는 '표현치료expressive therapy'로서 체계적으로 정립되었다.[2] 관련 문헌을 읽던 나는 이 치료법들이 심리 치유에 매우 효과적이라는 아주 강력한 실증적 증거가 있음을 깨달았다. 하지만 당시만 해도 생물학적인 측면에서는 어째서 표현치료가 효과적인지 설명해주는 근거나 이론이 없는 듯했다. 그때까지의 연구 결과들만으로는 표현치료의 치유 효과를 설명하는 결정적인 신경생리적 기작을 찾을 수 없었던 것이다(당시는 지금으로부터 20년 전, 기능적 MRIfunctional MRI를 활용해 특정 뇌 영역의 활동을 밝혀내는 식의 연구가 막 시작된 무렵이었다). 또한 표현치료는 어디까지나 다른 심리치료 혹은 물리치료의 보완 수단으로서, 대개 개별 환자의 치료에 적합한 것이라 여겨지고 있었다. 신체 및 정신 질환의 위험을 줄이고, 회복탄력성을 증진시키며, 사람들이 각자의 분야에서 성공하도록 돕기 위해 표현치료를 어떻게 활용할 수 있는가에 대한 연구는 공중보건 분야에서 전혀 이뤄지지 않았다. 요컨대 '과연 이 혁신적이고 흥미로운 접근법을 대규모로 시행한다고 할 때 공중보건 및 웰빙 증진 면에서도 효과가 나타날 수 있을까?'라는 물음이 미해결인 채로 남아 있었던 것이다.

하지만 이 물음을 조금 더 깊이 파보려면 나로서는 한 가지 힘든 결정을 내려야 했다. 그때까지 내가 하고 있던 예술활동과 보건 연구는 일종의 취미생활이었다. 당시 재직 중이던 하버드대학교나 디지털 헬스케어와 관련해 자문위원으로 있던 단체들은 내가 하고 있던 일들과 아무런 연관성이 없었다. 그렇다 보니 진심으로 공중보건 분야에서 미술치료를 비롯한 다양한 표현치료의 역할을 정립하고 활용법을 개발하기 위해 나서려면 나에게 익숙한 학문·의학·보건 체계에서 벗어나 완전히 다른 영역을 개척해야 했다. 그 분야에 있는 친절한 사람들 몇몇에게서 얻은 조언을 바탕으로 결국 나는 예술및치유재단Foundation for Art and Healing, FAH이라는 비영리단체를 창립하기로 결정했다. 이로써 나는 건강증진에 효과적인 뇌 활동을 가능케 하는 예술을 보다 폭넓게 활용하자는 주장을 펼칠 수 있게 되었고, 예술이 지닌 치유력의 기작을 규명하는 새로운 연구를 지원할 강력한 기반 또한 마련하게 되었다. 공중보건의 관점에서 봤을 때, 뇌에서의 이런 변화가 갖는 생리적 효과를 조금 더 명확하게 밝힐 수 있다면 이를 근거로 적용 대상을 크게 확장해 공중보건 중재 방안을 효과적으로 시행하는 데 도움이 될 터였다. 그렇지만 기본적인 과학 원리를 밝히는 것만으로는 부족했다. 예술과 보건이 만나 빚어내는 효과를 필요한 모든 사람이 누릴 수 있게 하려면 중개연구translational research(실험실에서 얻은 연구의 성과를 실제 치료에 적용할 수 있는 단계에 이르기까지 연계해주는 연구―옮긴이)라는 것도 진행해야 했다. 이처럼 '기초연구에서 임상연구를 넘어 상용화로 이어지게' 하기 위해서는 새로운 지식의 발달이 필요했다.

처음에는 재단에 정식으로 고용된 다른 직원이 없었다. 나, 일을 도와주는 친구들로 꾸려진 소규모의 운영진, 그리고 마음에 깊은 울림을 주는 작품들로 유명한 훌륭한 예술가 몇 명이 다였다. 그렇게 모인 우리가 작은 프로젝트를 하나씩 해내는 과정에서, 그간 서로 교류할 기회가 거의 없었던 여러 예술계 및 의학계 인사들이 합류했다. 그 사이 우리가 맡은 일 가운데에는 이라크와 아프가니스탄 전쟁에서 돌아온 참전용사들과 현역 군인들의 외상 후 스트레스 장애PTSD 치료에 창의적 미술 표현을 접목하고자 진행 중이던 중요 프로젝트를 검토하는 작업도 있었다. 또한 샌프란시스코유대인커뮤니티센터Jewish Community Center of San Francisco와 합작, 저명한 예술가들을 초청해 그들의 창작품을 함께 감상하고 예술활동이 건강과 안녕감 증진에 어떻게 도움을 줄 수 있는지 이야기를 나누어보는 '예술과 치유Art and Healing' 저녁 모임을 개최하기도 했다. 그러다 2011년, 나는 로비 맥컬리Robbie McCauley라는 놀라운 예술가를 만났다.

로비는 오비상Obie Award(매해 오프브로드웨이에서 공연된 연극들을 대상으로 수여하는 상—옮긴이)을 수상한 극작가이자 배우로, 1형 당뇨병을 앓는 흑인 여성의 경험을 담아낸 자전적 1인극 〈슈가Sugar〉를 쓴 인물이기도 하다. 로비는 이 작품을 쓸 때 정치의식을 높이는 데 탁월한 효과가 있는 '이야기원story circle'이란 기법을 활용했다고 내게 설명해주었다. 먼저 그녀는 당뇨병을 앓고 있는 다른 흑인 여성들을 모집해 원형으로 모여 앉은 자리에서 한 사람씩 자신의 경험을 이야기하게 했다. 이후 그 가운데서 괜찮은 내용들을 정리해 극본에 녹여냈다.

로비는 내게 물어볼 것이 있다고 했다. 이야기원 모임을 진행하기 전까지만 해도 로비는 혈당 수치가 치솟는 일명 혈당 스파이크를 자주 경험하는 등 당뇨병 관리에 늘 어려움을 겪었다. 그런데 모임을 하고 나서는 혈당 스파이크가 나타나는 일도 현저히 줄어들고 병을 관리하기가 훨씬 수월하게 느껴졌다는 것이다.

"어떻게 된 건지 모르겠지만 어쨌든 분명한 건 이야기원 모임을 시작한 뒤부터 작품을 쓰고 있는 지금까지, 혈당을 재보면 전보다 훨씬 수치가 잘 잡혀 있다는 거예요. 왜 그런 걸까요?" 로비는 물었다.

나는 솔직히 모르겠다고 대답했다. 하지만 꼭 답을 찾아내서 알려주겠노라고 약속했다. 그리고 현재 당뇨병 연구와 치료에서 업계 선두를 달리고 있는 제약회사 노보노디스크Novo Nordisk의 최고의료책임자이자 레지던트 시절 내 선배였던 앨런 모제스Alan Moses에게 연락했다. 앨런은 로비의 경험이 스트레스에 반응해 분비되는 호르몬인 코르티솔과 어떤 관련이 있을 것 같다고 추측했다. 체내 코르티솔 농도가 높아지면 지방과 탄수화물 대사에 간섭을 일으켜 혈당 스파이크를 일으키기 때문이다.

앨런의 견해에 따르면 이야기원 모임을 하면서 로비가 엄청난 안전감을 얻은 결과 코르티솔 생성이 감소해 혈당이 안정화되었을 가능성이 높았다. 비슷한 문제로 고충을 겪고 있는 사람들과 의미 있는 유대감을 형성하자 그로부터 생겨난 안전하다는 정서적 신호에 로비의 몸이 반응한 것이다. 힘든 상황 속에서 더는 혼자 외롭지 않을 수 있게 되자 로비의 몸은 코르티솔 생성량을 줄였다.

이번에는 내가 로비에게 물을 차례였다. "당신의 이야기를 듣고 머릿속에 떠오른 생각을 시험해보려는데 도움을 줄 수 있을까요?"라는 질문이었다. 나는 로비, 그리고 레슬리대학교의 저명한 표현미술치료학자 비비언 마르코 스파이저Vivien Marcow Speiser에게 자문한 내용을 토대로 6회기 분량의 지지 프로그램을 개발했다. 우리가 만든 최초의 창의활동 모임 프로그램이었다. 전통적인 이야기원 방식에 여성 당뇨 환자들을 지지해주기 위해 특별 맞춤으로 고안된 몇 가지 요소와 더불어 창의적 표현활동을 더한 형태였다. 그러다 블루크로스블루실드매사추세츠협회Blue Cross Blue Shield of Massachusetts의 기금으로 연구비를 지원해 함께 이 주제를 탐구해보기로 결정했다. 그전까지 보건의료비용 증가 문제로밖에 이야기를 나누어본 적 없는 이 협회의 최고경영자이자 보건 분야 전문가인 앤드루 드레이퍼스Andrew Dreyfus와 보스턴로건 국제공항에서 우연히 만나 예술과 보건에 대한 열띤 대화를 나눈 것이 그 계기였다. 이후에는 보스턴메디컬센터Boston Medical Center에서 당뇨병 치료 프로그램을 운영하고 있는 제임스 로젠츠바이크James Rosenzweig의 도움을 받아, 로비 맥컬리에게 일어났던 변화가 다른 사람들에게서도 나타나는지 알아보기 위한 소규모 실험연구를 진행했다. 먼저 보스턴메디컬센터의 당뇨병 센터에서 당뇨병 관리가 잘 되지 않고 있는 중년의 저소득층 흑인 여성 열두 명을 모집했다. 이들은 모두 6주 동안 매주 한 번 센터에 방문해 마음챙김 명상과 창의적 미술활동을 포함한 두 시간짜리 이야기원 모임에 참가하기로 동의했다.

참가자들은 외래병동의 회의실에서 진행된 모임에 전원이 한 주도 빠지지 않고 참석했다. 이것만으로도 사실 굉장히 놀라운 일인데, 이러한 유의 연구에서 전체 개근이란 아주 드물기 때문이다! 연구진은 첫 번째 회기를 시작할 때와 마지막 회기를 마칠 때 등 총 두 차례에 걸쳐 면담을 갖고 참가자들의 전반적인 신체 및 정신의 건강 상태, 당뇨병 대처 능력, 치료 적극성 정도를 검사했다.

연구 결과, 고작 6주 만에 참가자들은 정신건강이 유의미하게 증진되었을 뿐만 아니라 병을 스스로 관리할 수 있다는 자신감 또한 극적으로 높아졌다. 게다가 마지막 날 면담 시간에는 먼저 묻지도 않았는데 참가자들 중 다수가 이 프로그램에 참가함으로써 외로움이 많이 줄었다며 기뻐했다.

다이애나라는 이름의 참가자는 이렇게 말했다. "고통스럽고, 슬프고, 기쁘고, 즐거웠던 순간에 대한 이야기를 모임시간에 함께 나누었잖아요. 몰래 케이크 한 조각씩 먹거나 약 먹는 걸 잊어버리는 게 나뿐만이 아니란 걸 알고 나니 기분이 좀 나아지더라고요. 덕분에 나 자신을 실패자로 보지 않고 몸이 좋아지게끔 신경 쓸 힘을 얻게 됐어요." 그러고는 프로그램이 끝나서 아쉽지만 이 모임을 통해 얻은 인간관계를 계속 이어갈 생각이라며 희망을 드러냈다. "빨리 다 같이 만나서 그동안 즐거웠던 일이나 당뇨병 때문에 힘들었던 많은 순간들을 계속 나눌 수 있었으면 좋겠어요."

다이애나에게 있어 창의활동 모임은 혼자서 끙끙 앓던 무언가를 해결해준 시간이었다. 이 모임에 참가한 경험을 통해 그녀는 새로운 시각을 얻게 되었다. 전보다 효과적으로 병에 대처할 수 있겠다는 자신감이 생겼고, 생각처럼 잘되지 않을 때에도 스스로를 비난하는 일이 줄었다. 6회기의 프로그램 덕에 다이애나는 건강을 얻고 외로움을 덜었다.

외로움 벗어나기 프로젝트의 시작

로비와 다이애나의 사례를 바탕으로 외로움이 사람을 죽음에 이르게 할 수 있는 경로 세 가지가 입증되었다. 먼저 생리적 측면에서, 외로움이 야기한 스트레스는 코르티솔 농도를 높여 면역 체계의 능력을 저해하고 염증을 증가시키는 등 심혈관계 질환·암·치매·당뇨병으로 인한 조기사망의 위험을 높인다.

심리적 측면에서 보면 외로움은 자존감을 낮출 수 있다. 그 결과 치료 의욕이 떨어지고 건강한 식단이나 운동, 충분한 수면, 규칙적인 약 복용과 같은 긍정적 행동을 포기하는 등 습관적 자기방임 상태에 이를 위험이 높아진다.

한편 행동적 측면에서 볼 때 외로움은 아이러니하게도 타인과의 교류를 막아 앞의 두 가지 문제를 악화시킬 뿐만 아니라 어쩌면 더욱 치명적일지 모를 한 가지 문제를 더한다. 지역사회나 사회관계망에서 신뢰할 만한 대인관계를 경험하지 못하는 사람들은 누군가 곁에서 관심 있게 지켜보며 잘 지내는지 묻고 만약 그렇지 않다면 다독이며 도움을 줄 수 있는 '안전망'을 잃게 된다.

2015년, 브리검영대학교의 줄리안 홀트룬스타드(결국 취소되고 만 2020년 SWSW학회에서 나와 함께 패널로 참석할 예정이었던 연구자)가 '사망률 증가 위험요인으로서의 외로움 및 사회적 고립: 메타분석 연구Loneliness and Social Isolation as Risk Factors for Mortality: A Meta-analytic Review'라는 제목의 획기적 논문을 발표했다.[3] 이 논문이 내 시선을 끈 것은 외로움의 의학적 영향을 너무나도 명확하게 규명했기 때문이었다. 줄리안은 사망률에 관여하는 위험요인을 살펴본 148편의 연구에 실린 도합 30만 명 이상의 자료를 분석했고, 나이·성별·건강 상태·질병·사망 원인이 모두 같다면, 끈끈한 사회적 관계가 결여된 사람들은 견고한 관계를 맺고 있는 사람들보다 조기사망률이 약 30퍼센트 높다는 결론을 내렸다. 사회적 관계의 결핍은 흡연, 주로 앉아서 생활하는 습관, 비만 등 조기사망의 위험요인으로 이미 잘 알려진 다른 요인들에 못지않게 중요한 문제였던 것이다.

외로움의 전체적인 그림이 공중보건 위기로서 또렷하게 드러난 것도 이때였다. 그 그림이란 바로 외로움 탓에 신체가 병들고 자기방임 상태에 놓여버리면 도움을 줄 수 있는 다른 사람들로부터 스스로를 고립시키고, 결국 외로움이 더욱 깊어짐으로써 질병의 위험도 점점 커지는 악순환의 모습이었다.

그 무렵 FAH에서는 창의적 표현활동이 어떻게 이와 반대되는 선순환에 불을 지필 수 있는지 연구하고 있었다. 창의적 표현활동을 통해 자신의 이야기를 남들과 나누는 것에는 자존감을 회복시켜주고 스스로를 돌보는 습관을 길러주며 안녕감을 증진하는 데 보탬이 될 수 있는 사람들과 친밀해지게 하는 힘이 담겨 있다.

2016년 5월, FAH의 운영진은 '외로움 벗어나기 프로젝트'를 이 재단만의 특징이 되는 주요 사업으로 밀고 나가자는 내 제안을 받아들였다. 이 시점에서 나는 우리 재단이 창의적 표현활동과 치유를 결합해 아직 사람들이 거의 언급조차 하지 않고 있던 외로움 문제의 급속한 확산에 대처할 수 있는 유일무이한 위치에 있다는 사실을 명확하게 느꼈다.

우리는 '외로움 벗어나기 프로젝트'의 목표로 세 가지를 설정했다. 첫 번째는 외로움 현상과 그 유해성을 부각하고 사람들이 이를 더 잘 알아차릴 수 있게 하는 것이었다. 두 번째는 외로움에 씌워진 부정적 낙인을 약화시키는 것이었다. 예술을 활용하면 분명 이 두 가지 목표 모두를 이루어낼 수 있었다. 가령 2017년, 당시 라이언스게이트Lionsgate 영화사의 사장이었던 마이클 패서넥Mickael Paseornek의 도움으로 우리 팀은 외로움을 주제로 한 단편영화들을 온라인 플랫폼에서 소개하는 '외로움 벗어나기 영화제UnLonely Film Festival'를 개최했다. 트라이베카Tribeca나 선댄스Sundance와 같은 일반 영화제가 보통 한 주 동안 진행되는 것과 달리, 우리 영화제는 공중보건 의식 고양의 장으로서 연중 내내 지속하며 외로움을 다룬 훌륭한 단편영화들을 사람들이 24시간 언제든 무료로 감상할 수 있게 했다. 또한 짧은 교육 영상과 생각할 거리를 적은 문구들을 영화 상영 중에 함께 내보냄으로써 시청자들이 주제에 더욱 깊이 몰입할 수 있게 유도했다. 마이클이 공개적으로 지지를 보내며 지속적으로 조언과 비평을 해준 덕분에 우리 프로젝트는 총 수십만에 달하는 조회수를 기록했고, 영화가 지닌 표현의 힘을 활용해 유대와 소속감의 중요성에 대한 설득력 있는 메시지를 전 세계의 회의실과 교실과 거실에 무사히 전달했다.

'외로움 벗어나기 프로젝트'의 세 번째 목표는 효과적인 프로그램을 고안하고 배포하는 것이었다. 당뇨병 환자들을 대상으로 개발했던 창의활동 모임의 결과가 상당한 잠재력을 보여주었으므로, 우리는 외로움을 느낄 위험이 높은 상황에 있는 그 밖의 사람들에게도 같은 방법을 적용해볼 수 있겠다고 판단했다. 창의적 표현활동을 통해 자신의 경험을 나누고 정체성을 구성하는 중요 측면들을 드러내 보이는 일이 치유력을 갖는다는 점은 질병과 트라우마에 예술치료를 활용한 이전 연구들에서도 확인된 바 있었다. 만약 창의적 표현활동을 이용해 외로움이 주는 스트레스를 완화할 수만 있다면 사람들의 심적 고통을 덜어주는 것은 물론이고 이들이 뇌와 신체, 행동의 변화를 경험하고 관계망을 형성함으로써 보다 건강해지게 도울 수도 있을 터였다.

한 가지 분명히 할 점은 창의적 표현활동의 주요 관심사는 사람들의 예술적 실력을 향상시키는 것이 아니라는 사실이다. 꼭 반 고흐만큼의 대가가 되어야만 창의적 표현활동의 이로운 효과를 누릴 수 있는 것도 아닐뿐더러 시각예술에만 이 활동이 국한된 것도 아니다. 창의적 표현활동은 소설이나 극본이나 시와 같은 문학 작품, 정원이나 옷, 케이크나 건축 모형, 목각이나 퀼트, 사진이나 영화, 태피스트리, 모자이크, 돌담 등 어떠한 형태로든 가능하다. 외로움이 완화되는 효과는 창작활동 그 자체에 담긴 생리적 특성, 다시 말해 자기표현에 진실성을 부여하는 기억과 상상과 만들기의 역동적 상호작용과 더불어 그 결과로 타인의 관심과 주목을 받는 경험에서 생겨난다. 우리는 누구나 창의적인 표현 능력을 타고났으며, 자연이 선사한 이 창의적 본능을 발휘함으로써 이로운 효과를 얻는다.

외로운 내면의 자기와 다시 만나기

외로움을 느끼는 사람들은 일차적으로 내면의 자기가 단절감에 시달리는 탓에 타인과의 관계마저 끊어지는 경우가 많다. 어떤 이유로든 내면에서부터 홀로 방황하는 느낌을 경험하고 나면 타인과 관계를 맺는 것이 진실되지 못하게 느껴지면서 굉장히 어렵거나 불가능한 일처럼 여겨지고 만다. 외로움에 시달리는 사람들이 파티나 군중 속에서 몹시 외롭게 느끼는 것도 이 때문이다. 사회적 고립은 외로움을 느끼게 되는 한 가지 요인일 수 있지만, 이처럼 사회적으로 전혀 고립되지 않고도 아주 외로운 느낌을 경험할 수 있으므로 둘이 완전히 같다고는 볼 수 없다. 그렇기에 "밖에 나가서 사람도 좀 만나고 그래"라는 식의 안이한 조언은 만성적 외로움을 겪는 사람들 대부분에게 도움이 되지 않는다. 반대로 사회적으로 고립되었지만 외롭다고 느끼지 않는 경우도 있을 수 있다. 사람에 따라서는 타인과 함께하는 시간이 비교적 적어도 유대 욕구가 충분히 채워질 수 있기 때문이다.

외로움을 느끼지 않는 사람들은 보통 친구나 가족과 친밀한 관계를 형성함으로써 건강한 자의식을 유지할 수 있다. 강한 종교적 신념을 갖거나, 의미 있는 일을 하거나, 이타적으로 남에게 베푸는 활동을 하거나, 명상을 하는 것도 모두 이처럼 내면의 자기가 경험하는 연결감을 공고하게 하는 것과 관련이 있다. 아울러 우리 연구 결과에 따르면 예술적 표현활동 또한 내면의 자기가 느끼는 단절감을 완화해주는 강력한 도구가 될 수 있으며, 특히 간단한 마음챙김 명상이나 활동 뒤 진행할 시에는 그 효과가 배가된다. 그러고 나서 자신의 개인적인 경험을 남들과 나누고 대화하는 과정을 거치면 다른 사람들과도 유대감을 형성할 기회가 마련되는 것이다.

창의적 혹은 예술적 표현은 바로 이러한 연결성을 촉진하는 심적 과정을 수반하는 특정 활동들로 이루어져 있다. 일단 어떤 유형의 예술작품이든 창작을 하기 위해서는 그 순간에 온전히 집중하며 상상력을 총동원해야 한다. 창작활동을 하는 동안 우리의 상상력은 의식과 무의식 사이를 오갈 수 있는 관문처럼 작용해, 평소라면 불가능했을 발상을 가능케 하며 이에 몰입하고 그것을 표현할 수 있게 해준다. 이 경지에 이르려면 상상력을 끌어내 온갖 방면의 사고와 감정을 들여다보고 내면의 본질적 자기와 다시금 이어질 수 있도록 마음챙김 명상과 비슷한 수준의 집중력을 발휘해야 한다.

창작활동 뒤에는 그림, 조각, 시, 춤 동작, 정원에 심긴 식물 등 자신은 물론이고 감상하는 누구에게나 자기만의 독특한 무언가를 보여줄 수 있는 뚜렷한 작품이 결과물로 남는다. 마지막으로 창의적 표현의 결과물을 남들과 공유해 그들이 작품을 진지하게 감상하고 인정해주면 다른 이들이 나라는 사람의 존재를 알아봐주고 곁에서 지켜봐주는 느낌을 경험하게 된다. 이처럼 자기 자신이 어떤 사람인지 진솔하게 드러내 보이는 과정을 통해 우리는 특히나 서로에게 관심이 부족하고 산만하며 익명성이 두드러지는 현대 사회에서 손에 넣기 어려운 특정 종류의 유대감을 형성할 수 있다.

파블로 네루다Pablo Neruda라는 시인은 자신의 자서전에서 사람 대 사람의 친밀감과 대화에 관해 서술한 바 있다.[4] 한 가지 예로 그는 어린 시절 얼굴도 모르는 옆집 남자아이에게 향긋한 솔방울을 건네고 양 장난감을 받았던 추억을 회고했다. 물건의 교환은 두 집의 마당을 가르고 있던 담장에 난 구멍을 통해 이루어졌다. 네루다는 이때의 경험을 두고 이렇게 썼다. "형제 사이에서 느끼는 친밀감은 삶에서 아주 경이로운 경험이다. 내가 사랑하는 사람에게서 사랑받는 기분을 느끼는 건 인생을 살아가게 하는 불과 같다. 그렇지만 내가 모르는 어떤 미지의 인물, 내가 잠들어 있는 동안이나 고독 속에 있을 때 나를 지켜봐주고 위험에 처하거나 약해져 있을 때 돌봐주는 그런 사람에게서 애정을 받는다는 것은 훨씬 더 굉장하고 멋진 일인데, 이로써 나라는 존재의 경계가 확장되고 모든 생명체가 하나로 이어지기 때문이다."

나는 네루다의 이 같은 서술이야말로 남들과 나눔으로써 얻어지는, 창의활동을 통한 유대감의 핵심을 잘 보여준다고 생각한다. 이러한 유대감이 형성되었을 때 우리는 타인의 모습 속에서 우리 자신을 보며, 남들 또한 우리 안에서 그들 자신을 발견한다. 네루다의 강렬한 이야기를 내게 전해준 인물은 유명 시인이자 구겐하임재단Guggenheim Foundation의 대표인 에드워드 허시Edward Hirsch였다. 인터뷰에서 그는 서로 다른 두 사람 사이에서 나누는 것과 받는 것이 동시에 이루어지는 창의적 표현활동의 순간은 마치 "전기회로가 연결되어 두 사람이 하나로 이어지는 것"과 같다고 내게 말해주었다. 두 사람이 마음을 주고받음으로써 전류가 흘러 공감의 전구가 켜지고 자비의 마음이 밝게 빛나며 인간 사이의 기본적인 유대감이 환하게 밝혀지는 것이다.

예술과 사회적 유대감 사이의 연결고리가 얼마나 강력한지, 심지어는 단순히 혼자 앉아서 예술작품을 감상하는 것만으로 사회적 유대감을 느낄 수 있다는 연구 결과도 있다.[5] 직접 미술가로서도 활동하고 있는 네덜란드의 신경과학자 예네키 판레이우엔Janneke van Leeuwen이 최근 발표한 뇌 스캔 연구 결과에 따르면, 미술작품을 보고 이해하기 위해 뇌가 활동하는 과정에서는 사회적 상호작용에 관여하는 것과 동일한 뇌 영역으로 혈류가 집중된다. 이는 예술에 특정 생물학적 기능이 있을 가능성을 시사한다. 바로 우리가 속한 사회적 세상을 이해하고 위기나 기회를 나타내는 신호를 분석하도록 도와 상황에 맞는 사회적 반응을 이끌어내는 기능 말이다. 만약 이 가설이 맞다면, 예술이나 창의적 표현과 관련된 활동이라면 무엇이든 다른 사람들과 쉽게 유대할 수 있는 심적 모형을 구축하게끔 뇌 활동을 촉진할 가능성이 높다.

그렇다면 만성적으로 외로움을 느끼는 사람들에게 있어 창의적 표현활동은 다시 다른 사람들과 유대할 수 있는 안전하고 즐거운 방법이 될 수 있다. 자신이 어쩌다 외로워졌는지 돌아볼 필요도 없다. 외로움을 가라앉히기 위해 억지로 사회적 활동을 하는 등 본래의 습관을 바꾸지 않아도 된다. 그저 내면의 자기와 다시 가까워지고 자유롭게 이런저런 시도를 해보며 즐겁고 만족스러운 시간을 보내기 위해서만 창의력을 발휘하면 된다. 이렇게 단순히 예술을 접하는 것만으로도 사회적 뇌 활동이 촉진되어 자기 자신에 대한 이야기를 남들과 나누고픈 마음이 일어난다.

아이들은 특히나 창의적 표현활동의 이러한 이점을 누리기에 유리하다. 아이들이란 대부분 본능적으로 창의성이 뛰어나고 자신에 대한 것들을 남들에게 알려주고 싶어 하기 때문이다. 아이들의 예술성은 보통 그 특유의 순수하고 자유분방한 표현 방식에서 비롯된다. 어른과 달리 아이들은 천성적으로 남의 시선을 의식하거나 부정적이고 의심하는 마음으로 스스로에게 제한을 걸지 않는다. 이에 더해 문화적으로도 아이들의 창의성은 찬미의 대상이 된다. 2002년에 내가 9·11을 기리는 뉴욕시 박물관 어린이 미술 전시회에 대해 알게 된 것도 아이들의 작품이 언론을 통해 알려지면서 그만큼 큰 파문을 일으켰기 때문이다.[6] 이때의 전시 작품들은 이후 출판 계약으로까지 이어져《우리의 세상이 변한 날: 9·11 어린이 미술작품 The Day Our World Changed: Children's Art of 9·11》이라는 책으로 출간되었다.

성인이었다면 아마추어의 작품이 이 정도의 파급력을 일으킬 수 있었을까? 물론 아닐 것이다. 어른이 되면 으레 외로움이라는 감정을 떨쳐낼 줄 알아야 한다고 여겨지는 것과 마찬가지로 우리 대부분은 크면서 어린아이다운 창작의 충동을 포기하도록 압력을 받는다. 특히 청소년기에 이르면 예술적 재능을 보이는 경우에만 창의성을 계발할 뿐, 그 외에는 모두 억눌리고 만다. 이 시기에 우리는 남들의 평가에 매우 예민해진다. 나도 어릴 때 노래를 불렀다가 지독하게 못 부른다고 누나한테 한마디 들었던 기억이 아직까지 생생하다. 내가 다시 노래 부르는 것을 좋아하게 되기까지는 그 뒤로 수십 년이나 걸렸으며, 그렇게 오랜 시간이 흐른 지금도 조금은 남의 눈치를 보게 된다.

커가면서 우리는 예술에 뛰어난 재능을 보이거나 특별히 많은 격려를 받지 않는 이상 법과 관련된 일을 법조인에게, 은행 업무를 은행원에게 맡기듯 예술 또한 특정 직업군의 일로 여기며 예술가에게 일임해버리곤 한다. 하지만 어른이 되어도 여전히 식량과 물, 타인과의 유대감을 향한 욕구를 느끼는 것과 마찬가지로 인간의 창작 욕구는 나이를 먹는다 해서 사라지는 것이 아니다.

수백만 명의 사람들이 꼭 프로 선수가 아니어도 나이 들어서까지 계속 스포츠를 즐기는 것처럼, 나는 우리가 그저 즐거움을 느끼는 수단으로라도 평생 창의적 표현활동을 해야 한다고 생각한다. 스포츠 활동을 하는 사람들은 그냥 재미있어서, 몸과 마음의 건강에 도움이 되니까 하지 않는가. 창작활동도 이와 똑같이 본질적으로 즐겁고 신체건강과 정신적 안녕감에 도움이 되기에, 작품을 만들고 다른 사람들과 공유하는 성인들은 지금보다 훨씬 더 많아져야 한다.

어떻게 하면 이 같은 변화를 이끌어낼 수 있을까? 어떤 문제든 해결하기 위해 가장 먼저 해야 하는 일은 정확한 진단을 내리는 것이다. 대부분의 사람들은 외로움이 정확히 무엇인지 충분히 이해하지 못하고 있다. 사실 외로움은 사람마다 개인차가 몹시 큰 경험에서 생겨나는 탓에 유형이 매우 다양하다. 외로움을 해소하고 이를 둘러싼 흔한 오해를 불식시키기 위해선 먼저 외로움이라는 정서를 세심하게 이해하고 각자 자신이 느끼는 외로움이 정확히 어떤 유형에 속하는지 인지할 필요가 있다.

3장

외로움, 인류의 유산

2019년의 어느 날, 나는 맨해튼의 한 노인복지관에서 아침 일찍 외로움을 주제로 강연을 했다. 강당 내부는 만석이었는데, 솔직히 청중은 나보다는 따뜻한 아침식사가 무료로 제공된다는 사실에 더 끌렸지 않았을까 싶다. 어쨌든 내가 강연을 마치고 질의응답 시간이 되자 메리라는 나이 지긋한 여성이 손을 들었다. "있잖아요, 나는 이렇게 하면 밖에 나와서 사람들을 만날 수 있다고 해서 이런 강연 행사에 참가하는 거거든요. 그런데 선생님이 이 강연 시간 내내 외로움에 대해 이야기하신 게 나한테는 전혀 도움이 안돼요. 나는 여전히 외롭다고요."

메리는 '외롭다'는 단어에서 목이 메더니 이내 울음을 터뜨렸다. 주변에 앉아 있던 사람들이 메리를 달래주려 허둥지둥 다가갔다. 자신의 전화번호를 적은 쪽지를 내밀며 전화하라고 말해주는 사람도 있었다. 취약성이 발휘하는 힘을 잘 보여주는 감동적인 순간이었다. 메리가 개인적으로 힘든 이야기를 솔직하게 털어놓자 주위에 있던 생판 남인 이들은 그에 반응해 공감과 염려를 표현했다. 메리가 불편한 마음을 무릅쓰고 내놓은, 자신의 욕구에 대한 단순하면서도 진정성 있는 그 한마디가 강당 안에 있던 다른 사람들에게 그녀 자신의 존재를 뚜렷하게 '나타냄'으로써 즉각적 유대를 이끌어낸 것이다.

그날 아침 나는 먼저 우리가 목말라하는 무언가가 결핍된, 외로움이라는 문제에 대해 직접 언급하는 자체가 얼마나 드문 일인지 메리에게 말해주었다. 우리는 마치 그 단어를 입 밖에 내는 것만으로도 자기 마음 깊은 곳의 수치스러운 무능감에 대한 끔찍한 두려움을 인정하는 것 같다고 느낀다. 그래서 보통은 "친구가 더 많았으면 좋겠어"라든지 "나가서 사람들을 더 자주 만나면 좋겠어"처럼 에둘러 말하곤 한다. 설사 용기를 내어 사람들에게 "나 외로워"라고 말한들 대체로 돌아오는 것은 동물을 키우라느니, 독서모임이라도 가입해보라느니, 노인복지관에서 자원봉사를 해보라느니 하는 아주 단순한 조언들뿐이다. 모두 도움이 될 법해 보이는 활동들이지만 만성적 외로움의 근본 원인을 해결해주지는 않는다. 이런 활동들이 그 자체로 해법은 아닌 것이다. 실제로 변화를 만들어내는 것은 우리가 이런 활동들에 임하는 방식이다.

사람들과 어울려봤자 그저 스쳐지나가는 남남인 사이에 그친다면 외로움 문제의 핵심에 다가서지 못한다. 그저 혼자 있지 않으려고 남들과 어울리다 보면 그 경험 속에서 전보다 훨씬 더 외로워질 수 있다. 외로움에 대한 수치심 탓에 군중 속의 외로움만 더해질 따름이다.

아울러 혼자 있다는 것이 곧 외로움을 의미하지는 않는다. 혼자 있는 것을 가리키는 말로는 고독이라는 고상한 용어가 따로 있다. 누군가는 사람들과 어울리는 시간을 최소화하며 홀로 지내면서도 전혀 외로움을 느끼지 않을 수 있다. 아무리 소수일지라도 그 사람들과의 관계에 몹시 만족할 수 있는 것이다. 가령 종교적 이유로 은둔 생활을 하는 사람들은 신의 존재만으로 편안함을 느낀다. 헨리 데이비드 소로Henry David Thoreau도 월든 호수에서 지내는 것이 외롭지 않느냐는 질문에 이렇게 대답했다. "호수에서 저토록 커다란 웃음소리를 내는 아비새(북미에 서식하는 새로 물고기를 잡아먹으며 사람 웃음소리 같은 소리를 냄—옮긴이)나 월든 호수보다 외롭겠는가. 저 외로운 호수 곁에는 누가 있어주는가?"[1] 소로의 이 같은 감상은 자연 속의 고독이 신에게 가까워지는 길인 반면 사회에서 사람들과 어울리는 것은 온갖 악과 부패의 근원이라는 계몽주의 신념이 반영된 것이었다. 《월든Walden》에서 소로는 이렇게 말했다. "신은 홀로 존재하나, 악마는 결코 혼자 있지 않고 언제나 많은 이들과 교제하며 큰 무리를 이룬다."

흔히 혼자 시간을 보내는 것과 외로움을 혼동하는 탓에 우리는 자신이 느끼는 외로움에 대해 다른 사람들과 터놓고 이야기하거나 무언가 조치를 취하지 못하는 경우가 많다. 외로움이란 쉽게 말해 자신이 원하는 타인과의 유대감과 실제로 느끼는 유대감 사이의 간극에서 발생하는 불편한 느낌이다. 그렇지만 이 정의만으로는 굉장히 불완전한데, 실제로 이러한 간극에 대한 지각이 매우 다양한 방식으로 나타날 수 있기 때문이다.

외로움이라는 경험을 유형화하는 것은 이를테면 사랑을 여러 유형으로 분류하는 것만큼이나 중요하다. 우리는 '사랑'이라는 단어를 다양한 맥락에서 사용한다. 연인과의 사랑, 가족 간의 사랑, 친구 사이의 사랑, 인류 전체에 대한 사랑처럼 말이다. 이 네 가지 유형 각각에서 사랑의 개념을 어떻게 정의하는지 살펴보고 나면 각각의 형태가 어떤 독특한 특성을 지니는지 더욱 분명하게 알아차릴 수 있다. 외로움도 마찬가지다.

내가 기본으로 삼는 분류 체계에서는 외로움을 심리적 외로움, 사회적 외로움, 실존적 외로움이라는 세 가지 유형으로 분류한다. 정확히 어느 유형이라고 분류하기는 어려울 수 있지만 각 유형의 외로움이 주는 느낌은 서로 뚜렷하게 구별된다. 둘 이상의 유형을 동시에 경험하는 일이 빈번하긴 하지만 겉으로 드러나는 양상과 대처법 또한 유형마다 다르다.

심리적 외로움은 우리가 흔히 말하는 외로움이다. 전적으로 신뢰할 수 있고 진실한 관계라는 느낌을 줄 수 있는 누군가, 따뜻하고 보드라운 육체를 지닌 인간이 곁에 있어주길 바라는 마음을 경험하는 상태. 요컨대 나 이외의 또 다른 인간, 믿을 수 있고 힘든 일을 털어놓을 수 있는 상대, 불안할 때 의지할 수 있는 상대, 자신을 위하고 신경 써주는 상대와의 진정한 유대감을 갈망하는 것이 특징이다. 평온함과 영감을 얻고 무언가에 집중하며 재충전할 수 있는 '나만의 시간' 혹은 자발적 고독의 경험과 달리 심리적 외로움은 슬픔, 두려움, 수치심, 후회, 분노, 자책감, 자기불신과 같은 부정적 정서를 느끼는 불편한 상태다.

대체로 심리적 외로움을 느끼는 사람들은 이 같은 친밀한 관계를 형성하기 두려워한다. 그렇다 보니 타인과 부적절하거나 불안정한 애착 관계를 맺는다. 심리적 외로움을 느끼는 사람 가운데 상당수는 하루 종일 다른 사람들과 붙어서 지낸다. 문제는 이렇게 어울리는 많은 인물 중에 진심으로 신뢰하거나 속내를 털어놓을 만한 상대가 한 명도 없다는 점이다. 굉장히 인기 있고 친구가 많다 해도 그 친구들에게 정서적으로 마음을 터놓고 기대는 데 심리적으로 두려움을 느낀다면 그 사람은 지독한 외로움에 시달릴 수 있다.

> **사례: 심리적 외로움**
>
> "오늘은 기분이 별로 푸답지 않아." 푸가 말했다.
> "저런, 저런." 피글렛이 말했다. "푸다워질 때까지 차와 꿀을 좀 가져다줄게."[2]
>
> — A. A. 밀른 A. A. Milne

피트는 대학교 1학년이다. 고등학교 때는 축구부 주장을 맡기도 했지만 대학에 진학한 뒤에는 의예과 수업에 집중하기 위해 고민 끝에 축구를 그만두었다. 피트와 같은 기숙사에 있는 남학생은 모두 축구부에 소속되어 있다. 다들 피트에게 잘 대해주지만, 피트를 제외한 전원이 무리지어 연습에 참여했다가 식사를 하고 다시 체육관으로 향하는 동선으로 움직이는 데다 원정 경기와 토너먼트 때문에 평일에도 매주 이틀 꼴로 외박을 해서 주말이면 늘 기숙사가 텅 비었다. 어느 토요일 밤에도 피트는 방 안에 홀로 남아 고등학교 시절 친구들의 인스타그램 사진을 넘겨 보고 있었다. 저마다 새로운 삶에 성공적으로 적응한 듯한 모습이었다. 피트의 부모님은 캠퍼스 커플로 만나 지금도 매년 함께 대학 시절 친구들과 모임을 갖는다. 그런 그들에게 피트는 자신만

> 대학생활이 즐겁지 않다는 말을 털어놓고 싶지 않았다. 그는 고등학교 졸업앨범 속 자기 사진에 적힌 '가장 친해지고 싶은 친구'라는 칭호를 보며 몇 번이고 서글픈 아이러니를 느꼈다.

'친구'를 비롯해 사람들로 가득한 방 안에서도 우리는 심리적 외로움을 경험할 수 있다. 그중 어느 누구도 내 깊은 내면의 모습까지 있는 그대로 포용하고 사랑해주어 나로 하여금 간절히 유대하고 싶다는 마음이 들게 하는 단짝 친구, 연인, 가족은 될 수 없다. 이 간절한 마음은 태어나자마자부터 늘 우리 안에 내재한다. 어린 시절 부모님의 따듯한 시선이 미치지 못하는 상황에 있을 때 엄습해오는 혼란과 불안을 잠재우려 상상 속 단짝 친구라든지 담요, 장난감, 곰 인형처럼 끌어안고 편안함을 느낄 수 있는 사물로써 이러한 간절함을 달랬던 기억은 아마 여러분에게도 있을 것이다.

애착 이론에 대한 심리학 연구에서도 외로움의 이 같은 측면을 조명한다. 우리는 태생적으로 생존을 위해 타인, 특히 어머니에게 의존하게끔 생겨나 이들과의 애착 관계를 통해 학습하고 발달하는데, 영아기 발달 과정에서 형성되는 이 애착 관계는 향후 마음, 성격, 신경계에 오래도록 지속되는 다양한 영향을 미친다. 정상적 발달을 저해하는 양육 환경에서 비롯된 트라우마가 제때 치유되지 못한 데 더해 성인이 된 뒤에도 부정적 경험과 트라우마가 쌓이면 건강한 대인관계를 형성하고 지속하는 능력이 망가질 수 있다. 그에 따라 결국 대인관계에서 입는 날카로운 상처의 고통에 비하면 차라리 만성적인 심리적 외로움의 무지근한 고통이 낫다고 여기게 된다. 심지어는 다른 사람들과 어울려야 한다는 생각만으로 두려움을 느껴 점점 더 회피하기도 한다.

두 번째 유형인 **사회적 외로움**은 사회에 제대로 녹아들지 못하거나 소속감을 느끼지 못하며 사회 체계 자체로부터 배척당한다는 무력한 감각이다. 이 유형의 외로움에 처한 이들은 또래 집단, 직장 동료, 이웃, 크게는 사회 전체로부터 환영받지 못하고 거부당하는 느낌을 경험한다.

사회적 외로움을 겪는 사람들의 마음속에 흔히 떠오르는 의문을 보면 이것이 어떤 기분인지 조금 더 쉽게 이해할 수 있다. 사람들로 가득한 방에 들어설 때면 이들은 이런 걱정을 한다. 사람들이 나를 반갑게 맞아줄까? 내가 올 거라고 기대하고 있었을까? 나는 여기서 잘 어울릴 수 있을까? 여긴 안심할 수 있는 곳일까? 심리적 외로움을 겪는 사람이 '내가 친해질 수 있는 사람들은 어디에 있을까?'라는 생각을 한다면, 사회적 외로움을 겪는 사람은 '내가 있을 자리는 어디일까?'를 먼저 떠올린다.

> **사례: 사회적 외로움**
> 내가 반사회적인 게 아니에요. 이 사회가 나를 미워하는 거예요.
> — 익명

> 욜란다는 일가친척 가운데 최초로 대학에 진학했다. 친척들은 그녀에게 성대한 송별회를 열어주었다. 그런데 이모들이 챙겨준 생필품 꾸러미의 온기가 채 가시기도 전, 기숙사 옆방 친구 한 명이 그 꾸러미에서 냄새가 난다고 불평하는 것을 우연히 들어버렸고 결국 그녀는 물건들을 쓰레기통에 내다버렸다. 사실 욜란다는 옆방 친구들이 모두 마음에 들었기에 돈만 있다면 콘서트에도 함께 가고 싶었다. 하지만 고등학생 시절 욜란다가 돈 걱정 없이 공부에 집중할 수 있게 해주려 다섯 군데에서나 동시에 일했던 엄마나 언니에게 용돈 투정을 부릴 수는 없었다. 욜란다는 안경을 추어올리고 벌써 다섯 번이나 읽은 과제를 또 다시 읽기 시작했다. 몇 번째인지 지켜보는 사람이 아무도 없어서 다행이었다. 욜란다는 자신이 이 학교에 합격한 것이 입학처의 실수였음을 누군가 알아차리기 전에 무사히 4년을 마칠 수 있기를 매일 밤 빌고 또 빌었다.

사회적 외로움은 따돌림, 차별, 사회적 거절 등 노골적 배척 행위 탓에 생겨날 수 있다. 그런가 하면 환경 변화나 독자적 트라우마, 또는 '나는 여기서 환영받지 못하는 존재야'처럼 근거 없는 내적 평가에 기반한 지극히 주관적인 경험이 원인이 되기도 한다. 또 성별, 인종, 성적 지향성이나 성 정체성, 능력, 체형 등 끝없는 주제를 둘러싼 다양한 사회적 기준을 바탕으로 때로는 미묘하게, 때로는 대놓고 자행되고 있는 공격들에 대한 내적 반응인 경우도 그에 못지않게 많다.

이러한 유형의 외로움은 남들과 다르고 대중적으로 공감받기 어려운 요인으로 인해 특정 낙인이 찍힌 사람들에게 더더욱 큰 부담이 된다. 다른 사람과의 유대감을 간절히 원하는 심리적 외로움은 보통 가까운 친구들의 연민이나 공감을 불러일으키기 쉽다. 반면 사회적 외로움은 괜히 다른 사람들의 입방아에 오를 소지가 있는 데다 근본적으로 진심 어린 공감을 받지 못하는 경우가 많다. 이처럼 속내를 털어놓을 진정한 친구가 없는 사람들은 사회 관계망에서의 어려움을 이야기할 기회가 부족해지고, 이로 인해 건강에 더욱 악영향을 입게 된다. 사회적 외로움에서 비롯된 부정적 정서와 사고는 다른 유형의 외로움 못지않게 치명적인데, 우울증이나 물질사용장애(마약이나 술처럼 중독성 있는 물질을 과도하게 사용해 발생하는 정신건강 장애―옮긴이)를 발병 혹은 악화시키는 요인이 되기도 하며 심하면 자살 사고思考로까지 이어질 수 있다.

사회학자들은 우리가 누구를 배척할 것인지 먼저 규정함으로써 자연스럽게 집단을 형성하게 된다고 지적한다. 물론 누군가를 의도적으로 무자비하게 따돌리는 상황도 왕왕 벌어지지만, 어딘가 낯선 느낌을 주거나 자신들과 다른 상대를 향한 집단 구성원들의 공통된 의심 탓에 무의식적으로 그 사람을 밀어내는 집단역학이 발생하기도 한다. 어떤 사람들은 오로지 자녀가 안전하기를 바라는 마음 때문에, 모르는 이를 만나면 '낯선 사람은 위험한 사람'이라는 문구를 떠올리도록 자녀들을 교육시킴으로써 이러한 배척이 대를 이어 지속되게 한다.

의도적이든 아니든 배척을 당하는 사람은 사회적 외로움을 느낄 위험이 높아진다. 이러한 유형의 외로움은 대체로 새로운 학교나 직장, 지역사회에 적응해나가야 하는 상황처럼 어느 때보다도 주변 사람들과의 유대감을 필요로 할 때 경험하게 된다. 인종, 성별, 종교, 성지향성, 국적, 장애 등의 요인이 남들과 다르거나 매력 또는 행동의 양상이 사회적 기준에 부합하지 않는 사람들을 향한 온갖 차별과 편견은 사회 차원에서 이들에게 외로움을 안긴다. 사회적 외로움은 총기난사를 저지르곤 하는 사회 부적응 외톨이들에게서 매우 흔하게 나타나는 심리 상태이기도 하다. 거시적 관점에서 볼 때 사회적 외로움은 인종차별 또는 그 밖의 부정적이고 배타적인 편견이 일상 속에서 제도적으로 얼마나 만연한지 보여주는 전형적 특징이다.

마지막 세 번째 유형인 **실존적 외로움**은 영적 외로움이라고도 할 수 있다. 이 유형의 외로움은 인간다움을 구성하는 한 부분으로, 칼 세이건이 "거대한 우주의 암흑 속 외로운 점 하나"[3]라고 말한 이 지구에서의 삶과 그 의미에 대한 근본적 수수께끼로부터 피어난다. 이 외로움은 다른 사람들과 친밀한 유대감을 경험하는 가운데서도 여전히 무언가가 부족하다고 느끼는 상태다. 이는 우리가 다음과 같은 질문들에 대한 답을 갖고 태어난 것이 아니기 때문이다. 나는 어디에서 왔는가? 왜 여기에 존재하는가? 내가 세상에 태어나기 전에 존재하던 것들, 내가 떠난 이후에 존재할 것들과 나는 이어져 있는가? 나는 세상과 나를 이어줄 어떤 임무와 목적을 지니고 있는가? 나는 의미 있는 존재인가? 나의 삶은 세상에 영향을 미치는가? 내가 있어야 할 곳은 어디인가? 심리적 외로움은 실존적 외로움과 겹치는 부분이 있으며 이를 더욱 악화시킬 수도 있다. 사람들과 유대가 부족하면 자기 자신과 단절되고 삶의 의미를 잃어버릴 위험도 커진다.

> **사례: 실존적 외로움**
>
> 살아야 할 이유가 있는 자는 어떻게든 견뎌낼 수 있다.[4]
>
> — 프리드리히 니체

메릴린은 몇 년째 혼자 살고 있으며, 그녀 자신도 이편이 낫다고 생각한다. 남편은 아이들을 독립시키고 인생의 황금기에 접어든 지 얼마 지나지 않아 그녀 바로 옆에서 자다가 세상을 떠났다. 기이하게 들릴지 몰라도 메릴린이나 남편 모두 이런 식으로 세상을 뜨고 싶다고 서로에게 이야기한 바 있다. 자녀들은 장성해 각자의 일과 자식들만으로도 바빴다. 멀리 떨어진 지역으로 이사한 뒤부터는 소식도 자주 듣지 못하고 있다. 남편과 마찬가지로 메릴린의 두 형제도 더는 이 세상에 없다. 관절염이 매일같이 속을 썩이고 있으며, 앞으로는 상태가 더 나빠질 일만 남았다는 사실을 그녀 자신도 잘 알고 있었다. 냉장고에 붙여둔 자석에 '시간은 없고 읽어야 할 책은 많다'고 적혀 있지만 책이 그녀를 일으켜 세워 걷게 해줄 수는 없는 노릇이었다. 그녀는 저물어가는 삶 속에서 기대할 것도 별로 없었고 사후세계를 믿지도 않았으며, 괜히 아파서 병원 신세를 지면 돈이 부족해지진 않을지 염려되었다. 어떨 때는 이러다 내일 죽더라도 자신을 그리워할 사람이 있기나 할까 하는 의문이 들었다.

혹자는 이런 유의 외로움과 직면하지 않기 위해 애써 바쁘게 사는 것이라고 말하지만, 오히려 그런 생활은 실존적 외로움을 깊이 고민해볼 기회를 앗아간다. 이에 우리는 마음 한구석이 불편한 채로 하루하루를 보내게 된다.

태어날 때나 죽을 때나 우리는 혼자다. 따라서 어떤 의미에서 혼자라는 것은 인간으로서 당연히 지니는 특성이지만, 문제는 이 당연하고 자연스러운 홀로서기와 외로움 사이에 아무런 벽도 경계선도 없는 데다 어디서부터를 외로움의 영역으로 봐야 할지 어느 누구도 명확하게 알려주지 않는다는 것이다. 이러한 생각들로 우리는 늦은 밤까지 잠 못 들거나 꼭두새벽부터 잠이 달아나는 경험을 하며, 자신을 에워싼 이 암흑 속에서 무언가를 더 발견할 수 있지 않을까 하는 생각에 내면의 GPS가 끊임없이 현재 위치를 재탐색한다. 우리는 자신보다 거대하다고 여겨지는 무언가와 유대하고자 갈망한다. 그 무언가란 삶에 의미를 부여하는 보다 큰 목적이나 임무일 수도, 혹은 우리를 이 세상에 묶어두는 영성이나 종교적인 연결성일 수도 있다. 이들 모두는 어느 정도 서로 연관되어 있어서, '남이 나에게 해주었으면 하는 대로 그들을 대하라'라는 황금률이 수많은 주요 종교 윤리에서 공통적으로 발견되는 것도 결코 우연이 아니다.

실존적 외로움은 아주 가까운 관계라고 느끼는 사람들이 곁에 있어도 경험할 수 있고, 일반적으로 혼자 있을 일이 없는 직장 환경에도 만연해 있다. 연구 결과에 따르면 한밤중에 머릿속이 복잡할 때에는 이러한 실존적 불안을 직시하고 자신만의 답을 찾는 것이 큰 도움이 된다. 스스로 의미 있는 삶을 살고 있다고 믿는 사람들은 상대적으로 더 행복하다고 느낀다. 행복하면 회복탄력성이 높아져 다른 유형의 외로움에 대해서도 이겨낼 힘이 생기므로 동시에 건강해진다. 삶에 만족하고 자신의 존재 가치에 확신을 지닌 사람들은 친밀한 인간관계가 조금 부족한 가운데서도 불편감을 훨씬 덜 느낄 수 있다. 혼자 있거나 익숙하지 않은 사회 환경에 놓였을 때에도 괴로움을 거의 경험하지 않는다. 즉, 외로움을 별로 타지 않는 것이다.

궁극적 단절을 의미하는 죽음이 다가오는 순간에조차 우리가 삶의 의미, 목적, 타인과의 유대를 떠올리지 않을 수 없다는 실존적 딜레마는 이러한 유형의 외로움을 부채질하는 강력한 요인 중 하나다. 죽음에 대한 불안은 흔히 스스로를 벽 안에 가두게 만든다. 죽음과 그에 따른 필연적 단절이 너무 두려운 나머지 여기에 정신이 팔려 자기 자신의 본질과도 멀어지는 것이다. 이 같은 자신과의 단절이 바로 유대감이라는 조직에 가장 먼저 결정적 훼손을 가하는 요인이다. 전통적 종교는 인류 역사 대부분의 시간 동안 대다수 사람들에게 있어 이 불안을 잠재워주는 역할을 했지만, 현대 사회는 과거 어느 사회보다도 세속적이고 종교적 삶과 거리가 멀다. 이처럼 종교나 영적 지향이 빠진 채 철저하게 개인주의적이고 반사적으로 성공만을 좇는 문화는 실존적 외로움이라는 공허를 낳는 경우가 많다.

이상과 같은 세 가지 외로움 유형의 공통점은 결국 우리가 바라는 것과 실제 경험하는 것 사이에서 느끼는 간극이다. 자신이 겪고 있는 외로움이 셋 중 어떤 유형인지 정확히 파악한다면 심리적 고통을 보다 효과적으로 살피고 대처할 수 있다는 실질적 이점이 있다. 요컨대 '나는 이제 더는 내가 누구인지도, 내 인생에서 뭐가 중요한지도 모르겠어'라는 느낌과 '이 세상에는 나와 마음이 맞는 친구가 없어'라는 느낌 및 '직장에서 나만 겉도는 것 같아'라는 느낌에서 비롯된 외로움을 서로 구별하는 것이 중요하다. 어떤 유형의 외로움에 속하는지를 분명하게 규명해야 비로소 그 근원을 밝히고 최선의 대응책을 찾아 나설 수 있기 때문이다.

의학에서 신체의 통증을 치료할 때에는 매 시간 혹은 매일 단위로 환자가 자신의 통증 강도를 숫자로 나타낼 수 있게 하는 검증된 방법들이 다양하게 개발되어 쓰이고 있다. 세 가지 외로움 유형들에도 이와 유사한 측정 방법이 필요하다. 가령 현재 내가 느끼는 외로움들에 1점부터 10점까지 점수를 매기자면 '실존적 외로움은 2점, 사회적 외로움은 1점 정도로밖에 느끼지 않지만, 최근 실연의 아픔을 겪고 아직까지 헤어나지 못하는 상태이므로 심리적 외로움은 7점'이라고 말할 수 있다. 신체의 통증 점수와 마찬가지로 심리적 불편감에 대해서도 구체적인 성질과 강도를 규명하는 것이 가능해지면 치유로 나아가는 과정 또한 한결 명료하고 믿을 만해진다. 아울러 이처럼 불편감을 수치화하면 이를 주제로 다른 사람들과 이야기를 나누기에도 용이하다는 장점이 있다.

외로움의 세 가지 유형이 상호작용하는 양상은 땋은 머리나 삼중나선 구조에 빗대어 표현해볼 수 있다. 어느 한 가지 유형의 외로움이 의식적 사고나 무의식적 감수성을 지배하는 순간에도 나머지 두 유형 역시 전혀 없는 상태는 아니며, 각기 다른 강도로 우리에게 영향을 미친다.

세 유형의 외로움이 초래할 수 있는 각기 다른 영향들을 곰곰이 생각해보면 앞서 내 강연에서 외로움을 토로했다고 언급한 메리가 어째서 사람들이 모이는 장소에 참석하는 것만으로는 외로움이 달래지지 않는다고 느꼈는지도 쉽게 이해할 수 있다. 그녀가 외로움을 느끼게 된 건 단순히 혼자 살면서 홀로 오랜 시간을 지냈기 때문이 아니었던 것이다. 메리가 외로움을 느끼는 이유를 이해하려면 메리에 대한 정보가 더 많이 필요하다. 어쩌면 5년 전에 남편과 사별하고 여전히 슬픔에 잠겨 있는지도 모른다. 어쩌면 나이 들어가고 죽음에 가까워진다는 사실에 불안한 것인지도 모른다. 어쩌면 과거에 친구와 연인으로부터 상처를 받아서 또다시 다른 사람에게 마음을 열기가 두려운 것인지도 모른다. 어쩌면 젊은 시절에는 인기가 아주 많았는데 나이가 들면서 예전만큼 사회에서 환영받지 못하게 되자 상실감을 느끼고 있는지도 모른다.

이러한 이유로 '밖에 나가서 사람 좀 만나라'는 흔한 처방은 안 하느니만 못하다. 오히려 자칫하면 매우 파국적인 결과를 초래할 수도 있다. 조언을 따랐음에도 변함없이 외로운 상태에 좌절감을 느껴 자존감만 더욱 낮아질 가능성이 있기 때문이다. 메리는 사람들과 어울림으로써 외로움을 달래보려 했던 수많은 이들이 느꼈을 이러한 감정을 토로한 것이었다. "나는 여기에 사람들과 함께 있는데 왜 여전히 외로운 거죠?"라고 말이다. 외로움의 다양한 유형과 각각의 원인을 전혀 이해하지 못할 경우, 외로움에 시달리는 사람들은 이처럼 자신의 감정을 부적절하고 수치스럽게 느끼기 쉽다. 나아가 자기 자신에게 문제가 있다고 결론짓고 다른 사람들과 유대해보려는 시도 자체를 포기해 점점 더 깊은 절망의 구렁텅이에 빠지고 만다.

중요한 사실은 유대감 혹은 자기 자신 및 타인과 연결되어 있다는 감각이 일반적으로 고정되어 있는 것이 아니라 역동적으로 변화한다는 점이다. 현재의 외로움이 주는 고통이나 앞으로 외로워지리라는 생각에서 비롯된 불편감은 외로움을 점점 더 심해지게 만든다. 세 유형 가운데 어느 것이든 한 가지 이상의 외로움을 겪는 사람은 자꾸만 스스로를 고립시키려 하고, 정말 꼭 필요할 때를 제외하고는 다른 사람과의 접촉을 피한다. 과거에 엮였던 인연들에 대해 원한과 후회를 품고 심리적 외로움에 시달리는 이들은 이미 신뢰할 수 없다는 사실을 알게 된 타인과 어울리느니 혼자가 되는 편을 택한다. 자신이 어딘가 남들과 다르다고 여겨져 사회적 외로움을 겪는 사람들은 괜히 얼쩡거렸다가 싫은 소리만 듣고 쫓겨날까 두려워 모임이란 모임은 모조리 참석을 포기한다. 그리고 마음 깊은 곳에서부터 실존적 외로움을 경험하는 사람들은 행복하고 만족스러운 삶을 살고 있는 듯 보이는 이들과 함께 있을 때 자신만이 삶의 기쁨이나 의미, 목적을 찾는 데 실패한 것 같다는 자격지심에 더없이 외로움을 느낀다.

　이렇듯 타인과 함께 있을 때 마음이 불편해지는 것을 해결하기 위한 나름의 방법으로 우리는 스스로를 고립시키지만, 그 대가로 돌아오는 것은 외로움의 고통이다. 앞서 외로움이 주는 고통을 목마름에 비유하며 이 또한 일종의 반드시 해소해야 할 생리적 욕구를 알리는 신체 신호라고 설명했던 것을 떠올려보자. 수분과 마찬가지로 유대감에 대한 욕구 역시 무시될 경우 크나큰 위험을 초래할 수 있다. 타인과의 유대감이 결핍되면 우리는 제대로 사고하고 감정을 느끼고 건강을 유지하는 등의 기본적 기능을 상실하게 된다.

유형을 막론하고 외로움을 완화하는 데 가장 중요한 것은 다음의 세 가지다. 첫째, 내면의 자기 자신과 건강한 관계를 이루는 것이 모든 외로움 치유의 기본이라는 사실을 받아들여야 한다. 둘째, 스스로 외롭다는 경험을 해석하는 데 있어 어떤 주관적 편향이 개입되어 있는지 되돌아봐야 한다. '나는 원래가 이렇게 생겨먹은 사람이야'라는 자신의 논리에 의문을 제기하기 시작하면 새로운 가능성으로 향하는 문이 열릴 것이다. 현실에 대한 해석을 이렇게 달리하는 것만으로 현실 자체를 바꿀 수 있다. 마지막으로, 어쩌면 이 중에서 가장 중요할 셋째는 변화를 위해 나아가는 과정에서 발생하는 불편한 느낌을 견뎌내는 것이다. 진짜 자기 모습을 인지하고, 그것을 드러내 보일 때 발생할지 모를 위험을 피하고 싶은 본능적 충동을 이겨내야 한다. 이를 어려워하는 것은 사람이라면 누구나 마찬가지인데, 그럼에도 알면 알아갈수록 외로움이란 오히려 삶의 의미를 찾도록 도와주는 역할을 한다는 사실을 받아들이기도 한결 쉬워진다. 프랑스 작가 장 드 라퐁텐Jean de La Fontaine은 "인간이 흔히 운명을 피하고자 택한 길에서 자신의 운명을 마주치게 된다"라고 말했다. 라퐁텐이라면 그 길이 대체로 외로울 터라고 덧붙였을지 모르지만, 현실에서 꼭 그럴 필요는 없다.

진화론적 관점에서 본 외로움

존 카시오포는 1990년 대 초에 사회적 경험과 생물학, 특히 뇌의 작용 간 관계를 연구하는 사회신경과학이라는 신생 학문을 창시한 인물들

중 하나였다.[5] 그는 시카고대학교 인지·사회신경과학센터 Chicago's Center for Cognitive and Social Neuroscience를 설립했으며, 몇몇 학자들과 함께 최초로 외로움을 진화론적 관점에서 논한 논문들을 발표하기도 했다. 카시오포와 동료 연구자들은 외로움이 초기 인류가 서로 협력하고 단독행동을 피하게 하기 위해 생겨난 감정이라고 추론했다.

아직 농경이 시작되거나 도시가 형성되기 한참 전, 수천 년 동안 인류는 산발적으로 소규모 집단을 꾸려 수렵과 채집으로 삶을 이어갔다. 경쟁 집단의 사람들을 비롯해 위험한 적들이 가득한 세상에서 인류에게는 자신이 속한 집단 안에 머무는 것만이 신체적으로 안전히 지낼 수 있는 방법이었다. 다시 말해 집단은 개개인에게 안전한 보금자리이자 생활을 가능케 하는 근거를 마련해주는 유일한 존재였다. 사회적 영장류 가운데 오직 인간만이 힘을 모아 음식을 조리하고 다른 개체들과 나누는데, 이러한 식습관의 이점은 진화를 거치며 뇌의 크기가 점점 더 커진 것이나 충분히 영양을 섭취할 수 있게끔 집단행동에 의존하게 된 것과도 연관이 있다.[6]

이처럼 집단 안에 머무는 이점이 너무나도 강력했기에 우리의 뇌는 집단에서 떨어져 나왔을 때 경고의 의미로 통증 신호를 발산하게 되었다. 집단과 분리 혹은 단절되었을 때 느껴지는 고통이 이 작은 집단의 구성원들을 한데 뭉치게 해주는 접착제 역할을 했을 터다. 그렇게 시간이 흐르면서 외로움 신호를 약하게 느꼈던 집단들은 점차 도태되었으리라. 사실상 우리는 언제나 같은 집단 구성원들에게 꼭 붙어 의지하려 하고 혼자가 될 때면 외로움의 고통을 가장 심하게 느꼈던 인류의 후예인 셈이다.

존 카시오포는 마음씨가 따뜻하고 누구에게서나 사랑받는 뛰어난 과학자였지만 안타깝게도 3년간의 암 투병 끝에 2018년 66세의 나이로 세상을 떠났다. 그에 앞서 2016년, 시카고대학교의 신경과 전문의로서 존과 다수의 논문을 공동집필한 부인 스테파니 카시오포Stephanie Cacioppo와 그를 함께 만나 커피를 마시며 나누었던 대화가 나는 아직도 기억에 남는다. 그때 나왔던 주제 가운데 하나가 '인간의 외로움을 결정하는 것은 사회적 유대감의 양이 아닌 질'이라는 견해였다. 주위 사람들과 안전하며 공고한 유대감을 맺고 있다고 느끼지 못하면 외로움은 지속된다. 이것이 바로 낯선 사람들로 가득한 군중 속 외로움의 진화론적 근거다.

문명이 발달하고 사회가 점점 복잡해지는 와중에도 구석기 시대의 생존 전략에서 비롯된 정서들은 우리가 전과는 완전히 달라진 생활 환경에 성공적으로 적응할 수 있도록 도와주었다. 예를 들어 이제 인류는 더 이상 대형 고양잇과 동물들에게 잡아먹힐까 봐 두려워하지 않는다. 그 대신 두려움 반응의 역할은 차들이 빠르게 오가는 길거리나 어두운 뒷골목처럼 현대 사회에서 마주할 수 있는 새로운 신체적 위협들에 주의하도록 돕는 것으로 변화했다. 두려움 반응을 촉발하는 주요 대상이 과거의 날쌘 포식자에서 오늘날의 빠르게 달리는 자동차들로 확장된 것이다.

그렇지만 여기에는 함정이 있다. 우리의 뇌는 순간적인 위기 상황에서 스스로를 지키기 위해 에너지를 폭발적으로 쏟아내고 고도의 집중력을 발휘하게 해주는 투쟁-도피 스트레스 반응을 발달시켰다. 이러한 스트레스 반응은 위협으로부터 신속하게 벗어날 수 있도록 각종 호르몬과 생체활성 분자들이 체내에 넘쳐나게 만든다. 덕분에 달려오는 차가 되었든 마구 날뛰는 곰이 되었든, 인간은 그로부터 도망쳐 살아남을 가능성이 높아진다. 그런데 만성적 외로움이 주는 괴로움에 대해서도 뇌가 이와 똑같은 물질들을 매일같이 생성해대다 보니 우리 몸은 쉴 새 없이 투쟁 혹은 도피에 대비해 긴장을 이어가다 결국 지쳐 쓰러지고 마는 것이다.

자신의 저서 《외로움: 인간의 본성이자 사회적 유대감에 대한 욕구Loneliness: Human Nature and the Need for Social Connection》에서 존은 서서히 우리 목을 조여오는 만성적 외로움의 딜레마를 상세히 묘사했다.[7] 외로움은 배고픔이나 목마름처럼 신체적 욕구를 알리는 신호이기는 하지만, 이 둘과 달리 특히 심리적 외로움 같은 경우에는 한 명 이상의 타인이 협력해주지 않는 한 해소되지 않는다. 존은 "외로움이 만성화될수록 이 같은 협력을 구하기가 점점 더 어려워진다"는 점이 딜레마라고 설명했다.

연구 결과에 따르면 오랜 기간 외로움을 느끼며 뇌의 투쟁-도피 스트레스 상태가 지속된 사람들은 공감을 잘 하지 못하게 되고 타인의 의도를 정확하게 '읽어내는' 능력이 떨어진다. 자기통제 혹은 집행 기능을 담당하는 뇌 영역이 손상되어 타인이 보내는 사회적 신호를 잘못 이해하고 부적절한 방식으로 반응하게 되는 것이다.

존은 연인으로부터 버림받은 사람들이 매일 밤 전 연인의 집 앞을 지나간다든지, 시도 때도 없이 전화를 걸거나 문자를 보낸다든지, 심지어는 스토킹을 하는 등 나중에 후회할 파괴적인 강박 행동을 저지르는 이유도 바로 이것일 것이라고 추론했다.[8] 만성적 외로움에 시달리는 중년 남녀에게서 "이혼율이 높고, 이웃과 자주 언쟁을 벌이고, 가족과 소원해지는" 현상이 나타나는 이유 또한 마찬가지다. 이들이 예민하게 반응하고 방어적으로 사고한 결과, 실제로 주변 사람들이 이들과의 접촉을 꺼리게 되면서 자기충족적 예언이 실현되는 셈이다. 이들은 대체로 건강에 이롭지 않은 식습관이나 음주습관을 통해 외로움을 달래려 한다. "집에 홀로 앉아서 이 세상에 혼자 버려진 것 같은 기분이 들 때면 다들 아이스크림이나 온갖 지방덩어리 음식을 찾게 되지 않나요?" 존이 말했다. "뇌의 쾌락중추에 설탕과 지방을 때려넣음으로써 고통을 가라앉혀보려는 충동인데, 자기통제 능력이 떨어진 상태다 보니 곧장 실행에 옮겨버리는 거예요."

그렇지만 진짜 최악의 영향은 따로 있다. 외로움은 당사자만의 문제로 끝나는 것이 아니라는 점이다.[9] 외로움이라는 감정은 마치 전염병처럼 한 사람에게서 다른 사람에게로 퍼져나가는 경향이 있다. 2009년, 존은 예일대학교에서 인간본성연구실 Human Nature Lab을 이끌고 있는 사회학자이자 의사인 니컬러스 크리스타키스 Nicholas Christakis 와 함께 이 현상을 살펴보았다. 그리고 감염병에 걸린 사람 주변에 있기만 해도 전염될 위험이 있는 것과 마찬가지로, 단순히 외로움을 느끼는 사람 곁에 있는 것만으로도 개개인이 느끼는 외로움의 정도가 증가한다는 증거를 발견했다. 만약 여러분의 친구의 친구가 외로움에 시달리는 상태라면 두 단계 건너인 여러분도 외로움을 느끼게 될 위험이 25퍼센트 가량 높아진다. 심지어 무려 세 단계 건너서까지도 외로움의 위험을 15퍼센트나 높일 수 있다.

외로움에 무릎 꿇는 사람들이 많아지면서 우리는 인간이란 태생적으로 사회적인 동물이라는 불변의 진리를 마주하지 않을 수 없게 된다. 유대감은 우리가 인간다움과 안녕감을 유지하기 위해 반드시 필요하다. 지독한 외로움이 지나치게 오래 지속되다 보면 세상을 받아들이는 방식마저 달라지면서 더욱 극심한 외로움에 빠질 위험이 커진다. 그 결과 성공과는 거리가 멀어지고, 건강이 악화하며, 남들에게까지 그 고통을 퍼뜨리고, 본래 수명보다도 일찍 세상을 뜨게 된다.

토크빌의 저주

알렉시 드 토크빌Alexis de Tocqueville은 유럽의 독자들을 대상으로 쓴 자신의 저서 《미국의 민주주의Democracy in America》에서 귀족제가 존재하지 않는 사회의 이로움과 위험을 두루 언급했다. 그 위험 가운데 하나가 바로 외로움이다.

전통적 유럽 사회에서는 누구나 계층구조의 일원으로서 고정된 지위를 갖고 있었다. 따라서 모두가 스스로를 자신이 충성과 의무를 다해야 할 다른 누군가(신을 포함한)에게 소속되어 있다고 여겼다. 이러한 충성과 의무는 성당, 국가, 가문 등 강력한 사회적 제도에 의해 강요되었다.

토크빌은 이에 반해 미국인은 "언제나 자기 자신을 따로 떼어서 보는 습성이 있으며 자신의 운명을 자신이 쥐고 있다고 생각한다"고 지적했다. 그리고 이는 개개인이 "지속적으로 스스로를 고립시켜 종국

에는 고독 속에 자신을 가둘 위험에 처하게 만든다"고 덧붙였다.[10]

현대 사회에 외로움이라는 재앙이 닥칠 가능성을 최초로 살펴본 인물은 1897년에 자살 현상에 관한 기념비적 논문을 발표한 사회학의 아버지 에밀 뒤르켐Émile Durkheim이었다. 유럽 내 독일어권 국가들에서 수집한 데이터를 바탕으로 그는 신교도의 자살률이 구교도보다 훨씬 높다는 사실을 발견했다. 이에 뒤르켐은 해당 국가들에서 구교의 성당은 사회적으로 강한 통제를 가하고 응집력을 높였기 때문에 신도들이 파산을 당하거나 수감 생활을 하는 등의 힘든 상황 속에서도 상대적으로 뛰어난 회복탄력성을 지닐 수 있었을 것이라고 추측했다.

뒤르켐은 사회 집단들이 저마다의 방식으로 구성원들을 조직의 일부로 통합함으로써 그들의 생활을 규제하는 양상에 근거해 한 가지 이론을 구축했다.[11] 각 개인이 전체로 충분히 통합되지 못할 위험이 있는 현대 자유 사회에서는 구성원들이 뒤르켐이 말한 '이기적 자살egoistic suicide'이라는 위기를 겪을 가능성이 있다. 이런 상태에 놓인 사람들 가운데 일부는 자신의 인생이 무의미하며 타인의 삶에 조금의 영향도 끼치지 못한다는 생각에 스스로 목숨을 끊는다. 뒤르켐은 자유가 절대선絕對善이 아니라는 결론에 도달했다. 그의 주장에 따르면 인간은 무한한 자유가 주어진다고 해서 특별히 더 잘 살 수 있는 것이 아니다. 사회가 구성원들의 행동과 생애과정에 대해 기대하고 요구하는 바를 안정적으로 수립하지 않는다면 구성원들은 무엇을 기준으로 살아가야 할지 혼란스러운 탓에 삶의 목적성을 잃어버리는 아노미를 경험하며, 절망에 사로잡혀 자기파괴에 이를 위험이 있다.

프린스턴대학교의 앤 케이스Anne Case와 앵거스 디턴Angus Deaton 교수는 뒤르켐의 연구를 인용해 '절망사'라는 용어를 만들어냈다.[12] 이들은 종교, 결혼, 안정적인 직장 등 과거 사람들의 유대감을 유지시켜주었던 제도들이 오늘날 점차 사라져가는 현상이 미국 내에서 자살이나 알코올 또는 약물 과다복용으로 사망하는 저학력 중년 백인의 비율을 증가시킨 근본 원인이라고 지적했다.

"우리의 해석은 사회가 구성원들에게 품위 및 의미 있는 삶의 기틀을 마련해주는 데 실패했을 때 자살이 일어난다는, 자살 현상에 대한 에밀 뒤르켐의 해석과 일치한다"고 이들은 주장했다.

이를테면 이제 결혼은 행복하고 가치 있는 인생을 위한 선행 조건이라는 기존의 사회적 지위를 잃어버렸다. 이러한 변화는 많은 이에게 자유로움을 선사하기도 했겠으나, 두 가지 측면에서 외로움의 위험을 높이는 결과를 가져오기도 했다. 먼저 기본적으로 혼자 살기를 선택하는 사람이 많아진다는 것은 사회적으로 고립되는 사람의 수가 늘어난다는 뜻이며, 이들 각각이 외로움을 겪을 위험도 커진다. 둘째로, 결혼이 더는 당연한 사회적 규준이 아니게 되면서 인생에서 달리 의미를 찾지 못한 사람들이 크나큰 타격을 입었다. 뒤르켐의 분석에 따르면 이러한 유형에 속하는 사람들은 감당하기에 너무나도 큰 자유를 얻음에 따라 오히려 아노미와 절망을 경험할 위험이 높아지기 때문이다. 현대 사회는 개개인에게 스스로 인생의 의미를 찾을 자유를 부여하지만, 이토록 커다란 자유 속에서 갈피를 잡지 못하고 방황하는 수많은 사람들 사이에서 외로움과 절망의 위기가 점점 커지고 있다는 사실을 아직 알아차리지 못하고 있다.

수천 년의 문명화 과정을 거치며 인류는 구석기 시대부터 내재되어 있던 본질적 욕구들을 충족할 대체 수단들을 풍부히 갖추게 되었다. 화이트컬러 직업이 다양해지고 곳곳에서 자동화가 이루어진 덕분에 대부분의 사람은 힘겨운 신체 노동에서 해방된 생활을 하게 된 것이 그 예다. 그러나 한편으로 그만큼 일상에서는 신체가 필요로 하는 활동량을 채우기 어려워졌다. 그래서 현대 인류는 산책을 하거나, 산에 오르거나, 자전거를 타거나, 헬스장에서 운동을 한다. 근육과 관절을 움직이고자 하는 본질적 욕구를 채울, 우리 사회에 맞는 적절한 방법을 찾는 것이다.

그런 우리가 새로운 도전 과제에 맞닥뜨렸다. 친밀감과 유대감을 향한 인간의 본질적 욕구를 긴 시간 동안 채워왔던 기존의 사회적 결속이 약해지고 있는 것이다. 그러나 신체활동 욕구를 충족시키기 위해 헬스장에 가는 것처럼 유대감에 대한 욕구를 효과적으로 충족시킬 확실하고 적응적인 수단을 우리는 아직까지 마련하지 못했다. 인간은 사회적 동물로 진화해왔으므로, 과거 우리 조상들이 사회적으로 생존하는 데 결정적 도움이 되었던 행동들을 더 이상 하지 않는다면 병들 수밖에 없다. 늦었지만 지금이라도 이 문제를 직면해야 한다. 헬스장에서 운동을 통해 신체를 단련하듯 확실하게 사회적 자기를 단련할 정신적·정서적 훈련법이 과연 있을까? 창의적 표현활동에 정기적으로 참여하는 것은 이러한 훈련의 하나가 될 수 있을까?

창의적 표현의 필요성

어니스트 헤밍웨이Ernest Hemingway는 단 여섯 단어로 사람을 울릴 글을 쓸 수 있는지 술집 친구들과 내기를 했다는 일화가 있다.[13] 그는 다음의 문장으로 내기에서 이겼다고 한다. '판매용: 한 번도 신지 않은 아기신발.' 이 이야기에는 자세한 설명과 묘사가 빠져 있지만, 그에 대한 아쉬움은 듣는 이의 심상을 자극하고 강렬한 인상을 남기며 오래도록 기억에 남는다는 이점으로 충분히 상쇄되고도 남는다.

나에게도 외로움을 이겨내려면 어떻게 해야 하느냐는 질문을 받을 때마다 써먹는 여섯 단어짜리 간결한 처방전이 있다. '호기심을 품어라. 창작활동을 해라. 대화를 나눠라.' 헤밍웨이의 이야기가 그렇듯이 문구만으로 모든 것을 전달하기는 어렵다. 그렇지만 일단 기억하기가 쉬울뿐더러, 이 간단한 제안 뒤에 무언가 더 심오하고 설득력 있는 개념이 연결되어 있는 느낌을 준다는 이점이 있다. 여기에서 제안하는 각각의 과정은 뇌를 자극하고, 세상을 새로운 시각으로 이해하는 데 도움을 주며, 유대감을 형성하는 행동을 하도록 촉진한다. 먼저 진정한 자기 자신과 감정을 직면하고 연결을 강화한 다음, 외부 세상으로 확장해 타인과의 유대를 다지는 것이다.

호기심을 품어라

첫 번째 단계인 '호기심을 품어라'는 갑자기 사무치는 외로움을 경험할 때, 혹은 고독 속에서 남몰래 건강하지 못한 행동을 하게 되었을 때 자신의 감정과 선택을 돌아보고 다음과 같이 자문해보라는 의미다. 내가 느끼는 외로움의 근원은 무엇일까? 이렇게 외로운 것이 처음일까, 아니면 이미 오래되었을까? 나의 외로움은 심리적·사회적·실존적 유형 가운데 어디에 속할까? 현재 나는 세 가지 유형을 두루 경험하고 있을까, 아니면 어느 특정 유형의 외로움을 특히 더 극심하게 느끼고 있을까?

호기심을 품는다는 것은 다시 말해 전에는 미처 깨닫지 못했던, 자신에게 생겨난 특정 감정과 행동이 외로움의 증상임을 인지하는 과정이다. 앞서 예로 들었던 목마름에 대한 이야기를 조금 더 해보자. 목이 마를 때 무언가를 마셔야 한다는 사실은 누구나 알지만 실제로는 많은 사람들이 매일 만성 탈수 상태로 생활하고 있다. 피로감, 두통, 변비 등 가벼운 탈수 상태에서 흔하게 나타나는 증상들을 경험하면서도 수분 부족이 원인임을 인식하지 못하기 때문이다. 그러다 보니 물을 더 마셔야 한다는 내면의 욕구를 인지하지 못한 채 그냥 계속 컨디션이 나쁘다고 느낀다.

자신의 외로움에 호기심을 품으면 비로소 호기심이라는 감정에도 그 중요성에 걸맞은 관심을 가질 수 있게 된다. 호기심 또한 인간다움을 유지하는 데 핵심이 되는 특성이다. 인간은 왜 하늘이 파란 이유가 무엇인지, 일식이나 월식이 어떻게 생겨나는지 궁금해할까? 왜 자신과 다른 문화권에 흥미를 느끼고 그곳을 여행하고 싶어 할까? 왜 아무리 재미없는 영화라도 결말을 확인하기 위해 끝까지 보는 걸까?

기억하기로 내가 처음 호기심을 느꼈던 대상은 일곱 살이 되던 해에 부모님이 주신 전기실험 장난감이었다. 건전지, 스위치, 다양한 배열의 회로, 작은 전구들을 이용해 회로를 연결하는 방식에 따라 전구의 밝기가 어떻게 달라지는지 직접 볼 수 있는 장치였다. 나는 전구 두 개를 한 줄로 이으면 각각에 선을 연결해 나란히 배열했을 때보다 밝기가 절반밖에 되지 않는 이유를 알아내기 위해 실험에 몰두했고, 전지가 다 닳아가자 아예 장치들을 몽땅 싸 짊어지고 벽장 안에 틀어박혔다. 그리고 문을 닫은 채 어둠 속에서 희미해져가는 전구들로 혼자 실험을 반복하며 내가 발견한 현상에 경이감을 만끽했다.

운이 좋게도 나는 호기심을 몹시 중시하는 환경 속에서 성장했다. 부모님은 모두 과학자로, 뼈가 어떻게 성장하는지, 칼슘 등의 특정 영양 성분이 어떻게 소화계에서 흡수되어 체내에서 작용하는지와 같은 생물학적 주제를 연구했다. 어릴 때부터 저녁식사 자리에 둘러앉아 부모님이 실험의 세부사항이나 연구의 핵심이 되는 문제들을 두고 대화를 나누었던 기억이 난다. 비록 내가 전부 이해하지는 못했지만 부모님은 언제나 내 질문에 친절히 답해주었고, 현재 연구를 통해 밝히고자 하는 것이 무엇인지 가능한 한 쉽게 설명해주려 애썼다.

신기하게도 부모님의 연구 주제 가운데 상당수는 어린 내 눈에도 타당하다고 느껴졌기에 금세 관심이 생겼다. 예를 들어 비타민 D가 부족해서 뼈에 이상이 생기는 구루병을 치료할 때는 부족한 양을 단번에 보충하는 것이 좋을까, 아니면 장기간에 걸쳐 조금씩 채워주는 것이 좋을까? 만약 시간을 들여 조금씩 보충하는 것이 낫다면 매일, 매주, 매달 등 보충 주기에 따라서도 결과가 달라질까? 이러한 성장 과정 속에서 나는 호기심이 과학의 원동력이라는 사실뿐만 아니라 어떤 문제들은 답을 알면 실생활에 곧장 적용되는, 몹시 실질적인 변화를 만들어낼 수 있음을 깨닫게 되었다. 지식은 뼈를 튼튼하게 할 수도, 전기실험에서처럼 특정 방식으로 회로를 짜서 같은 건전지로 전구를 두 배나 밝아지게 만들 수도 있었다.

어린 시절의 호기심은 전기에 대해 내가 평생 잊어버리지 않을 유용한 지식을 가져다주었다. 외로움이라는 감정에 대해서도 이와 같은 발견 정신과 호기심으로 관심을 기울인다면 자신이 느끼는 외로움의 실체, 그로 인해 자신이 겪는 변화, 여기에 영향을 미치는 생활 속 다양한 요소들을 둘러싼 새로운 지식을 얻을 것이다. 그리고 이렇게 얻은 지식은 아주 아주 유용할 수 있다.

호기심을 설명하는 심리학 이론 중 하나로 '정보 격차 이론information gap theory'이 있다.[14] 흥미로운데 불완전한 정보를 접하면 마치 목마름처럼 불쾌한 결핍감을 느껴 빠진 정보를 메울 답을 찾으려는 동기가 생겨난다는 것이다. 말하자면 호기심이란 긁고 싶은 충동을 일으키는 가려움이며, 이렇게 가려운 곳을 긁을 때 매우 효과적인 학습이 일어난다.

공중보건학 강의를 하면서 나는 학생들에게 딱 사고를 촉진하고 호기심을 불러일으킬 만큼의 정보만을 준다. 단순 주입식이 아닌 이 같은 방법을 통해 학생들은 자신의 힘으로 새로운 지식을 발견하고, 결국 그 지식은 훨씬 인상적으로 기억에 남는다. 하버드대학교에서 외로움을 가르칠 때에는 심지어 여기서 한 걸음 더 나아간다. 개인이나 사회 차원에서 외로움 문제에 어떻게 대처할지 생각하는 데 그치지 않고 그 해결책을 실전에 적용할 경우에 맞닥뜨릴 수 있는 장벽까지 예상해보게 하는 것이다. 그런 다음에는 그 장벽을 확실하게 극복할 수 있는 방법을 스스로 고민해보도록 유도한다. "걱정 말아요, 어떤 방법이 가장 좋은지는 나중에 알려줄게요"라고 말하면서. 학습은 이처럼 장벽에 대한 호기심이 먼저 생겨날 때에야 그것을 바탕으로 이루어진다.

'지식에 대한 목마름'이 진짜다. 이것이야말로 답을 필요로 하는 불완전한 정보 그 자체인 온갖 유형의 수수께끼나 낱말퍼즐에 우리가 느끼는 흥미의 원천이다. 이 장에서 내가 여러분에게 제시한 것도 유형만 조금 다를 뿐 일종의 퍼즐이다. 지금까지 나는 여러분에게 외로움을 바라보는 몇 가지 새로운 관점들을 보여주었다. 이제부터의 내 목표는 여러분의 호기심을 지속적으로 자극하기 위해 매번 아주 조금씩 부족한 정보를 던지고, 그에 따라 여러분이 스스로 답을 찾아가며 이 문제가 자기 자신, 주변 사람들, 소속된 집단 그리고 사회와 어떻게 관련되어 있는지 고민해볼 수 있게 하는 것이다.

창작활동을 해라

첫 번째 단계에서 자기 자신의 생각과 감정을 파악하는 중요한 과정을 밟았다 해도 내가 세상에서 어떤 존재인지, 세상이 나에게 어떤 의미인지, 어떻게 살아야 잘 사는 것인지와 같은 의문들까지 명쾌하게 해소되는 것은 아니다. 현대인들은 일반적으로 무언가 궁금증이 생기면 검색을 해보거나, 다른 사람에게 물어보거나, 의문이 풀릴 때까지 머리를 싸매다 보면 답을 찾을 수 있다고 생각한다. 이런 방법들 자체가 잘못된 것은 아니지만 문제에 따라 도움이 되는 경우가 있고 그렇지 않은 경우가 있다. 가령 납의 녹는점이 몇 도인지 궁금해지면 간단한 검색이나 실험을 통해 답을 알아낼 수 있다. 그렇지만 본질적으로 내면의 자기 자신 혹은 타인과 다시 유대하는 문제에 있어서는 과학적 원리들을 발견하고 이를 따르는 이상의 무언가가 필요한 듯하다. 인간이 세상을 받아들이고 이해하는 수단에 이성적 분석만 있는 것은 아니기 때문이다.

의식조차 못하지만 우리의 정서 또한 세상을 이해하는 데 심오하고 유의미한 영향을 미칠 수 있다. 이를 잘 보여주는 예시 가운데 하나가 플라세보 효과다. 플라세보 효과는 어떤 약이 증상을 완화해주리라 기대한다면 비록 그 약이 단순한 설탕덩어리에 불과하더라도 실제로 회복에 도움을 줄 가능성이 높아지는 현상으로, 우리 주변에서도 흔히 볼 수 있다. 노벨상을 받은 심리학자 대니얼 카너먼Daniel Kahneman은 우리가 즉각적으로 내리는 결정들이 의식하든 그렇지 않든 대부분 정서에 기반하며, 그 결정을 합리화하기 위해 추후에 이성적 분석이 이루어진다고 지적했다.[15] 그렇다면 어떻게 해야 일반적인 상황에서는 의식적으로 접근하지도 못하는 이 두 번째 '세상을 이해하는 도구'를 얻을 수 있을까? 그리고 그렇게 해야 하는 이유는 무엇일까?

타인과 유대하기 위해서는 유대감이 그저 추상적 관념에 그치는 것이 아니라는 사실을 깨달아야 한다. 나 자신이 타인에게 어떤 존재인지, 그들은 또 내게 어떤 존재인지, 내가 있어야 할 곳은 어디인지, 내 삶에 목적을 부여하는 것은 무엇인지, 나는 어떻게 살고 싶은지와 같은 문제의 답을 찾아야 하는 것이다.

우리가 원하는 유대감을 형성하는 데는 아이스크림을 좋아하는지 따위의 얄팍한 정보보다는 훨씬 깊이 있고 본질적인 측면에서 우리 자신이 어떤 인물인지에 대한 '이야기'를 나누는 행위가 대부분 수반된다. 그런데 이별을 하거나, 새로운 곳으로 이사를 하거나, 트라우마적인 사건을 경험하거나, 자기 삶의 목적 혹은 가치에 회의를 느끼기 시작했거나, 그 밖의 어떤 식으로든 변화를 겪은 탓에 외로움을 느끼는 상태라면 자기 자신이 어떤 인물인지 스스로도 알지 못할 가능성이 있다. 근본적으로 내면의 자기와도 단절되어버린 것이다. 이런 상황에서는 과연 어떻게 타인과 유대감을 형성할 수 있을까?

나는 자신의 내면을 돌아보고 그에 대한 이야기를 남들과 나누는 놀랍도록 효과적인 방법 한 가지가 바로 창의적 표현활동이라는 사실을 발견했다. 자신이 어떤 인물인지 어느 한 측면이라도 드러내는 실체적 무언가를 창조해 남들에게 보여주고 진심 어린 관심과 감상을 받는 경험을 하는 것이다.

창의적 표현활동의 경험은 흔히 마약과도 같은 황홀경처럼 묘사되곤 하는데, 이는 아마도 이러한 활동 과정에서 의식과 무의식 사이에서 인지와 정서가 교류하는 순간이 생겨나기 때문일 것이다. 자신이 느끼는 미적 즐거움에 따라 창작과 관련된 이런저런 선택을 해나가다 보면 뇌의 양 반구가 조화롭게 어우러져 상상력이라는 유쾌한 춤을 추게 된다. 시곗바늘이 매 순간 한 걸음씩을 새겨나가는 와중에 지금 이 순간 무언가를 이루어내는 행위는 과거와 미래에 대한 인식을 동시에 일깨운다. 완성될 작품이 어떤 모습이며 남들의 눈에 어떻게 비춰질지에 대한 선명한 심상은 미래와 관련되어 있으며, 작품을 만드는 동안 내리는 각각의 창의적 선택들은 과거의 경험과 정서에 의존한다. 창작활동은 강렬한 감정을 불러일으키지만, 어디까지나 창작자인 자신이 스스로 통제할 수 있는 비교적 안전한 환경에서 이를 경험하게 해준다.

창작자가 떠올리는 과거의 기억은 따스한 추억일 수도, 아픈 후회일 수도 있다. 창작품이 담아내는 미래는 낙관적 희망을 향한 숨이 멎을 것 같은 열광일 수도, 다가올 삶의 고난과 장벽들에 대한 통렬한 불안과 두려움일 수도 있다. 이러한 과거와 미래는 현재, 실체적이고 의미 있는 형태로써 남들과 공유할 수 있는 창작품을 만드는 과정에서 하나로 연결된다.

꼭 실력 있는 예술가여야만 이 같은 창의적 경험을 할 수 있는 것은 아니다. 자신에 대한 중요 정보를 자기가 선호하는 예술의 형태로 부호화해 남들이 해석할 수 있게 해줄 창의적 전달 수단만 찾으면 된다. 이로써 창작자와 감상자 사이에서는 에드워드 허시가 비유적으로 묘사한 전기회로가 완성된다. 예술활동에 따른 외로움 해소의 핵심은 무언가를 창조하는 행위, 자기 자신을 표현하는 행위 그리고 그 결과물을 타인에게 보이는 경험에 있다. 내가 가장 선호하는 예술 형태인 시poetry는 '만들다'라는 뜻의 그리스어 'poesis'에서 비롯되었다. '만들어진 것(작품)'이라는 의미에서 보면 시나 그림, 퀼트, 정원 사이에는 아무런 차이가 없는 셈이다.

이러한 효과가 나타나는 원리는 무엇일까? 예술적 표현활동은 시간의 흐름에 따라 전개되며 유대를 촉진하는 특정 활동들을 수반한다. 창작 과정에서 창작자는 자신의 힘으로 현재에 온전히 머무르며 평소 접하기 어려운 생각과 감동과 정서를 음미하고, 지극히 개인적이면서도 자신에게 중요한 정보를 환기시키며, 완성된 이후에는 자신의 이야기를 전달하는 매개체 혹은 촉매제로 활용될 상징적 작품을 만들어낸다.

끊임없이 주의를 분산시키는 방해요소들이 가득한 세상에서 창의적 표현활동은 잠시나마 차분하게 집중할 수 있는 작은 피난처가 되어준다. 예술활동이 일종의 마음챙김 명상 역할을 하며 유사한 이점들을 제공할 수 있는 것이다. 동양의 종교들에서 예로부터 전해지고 최신 연구 결과들이 뒷받침하듯, 현재에 머무르는 수행은 잡념을 없애고 스트레스를 완화해준다. 아울러 힘들거나 영감을 북돋아주는 생각과 감정을 직면하고 내면의 본질적 자기와 다시 이어지도록 촉진한다.

그리고 그렇게 만들어진 작품은 그 자체만으로 딱히 계획적으로 구체화하거나 다듬지 않아도 필연적으로 창작자만의 독특하고 진실한 이야기를 전달하는 매개체 혹은 잘 짜인 기회가 되어준다. 작품은 어떤 장면이나 상황을 있는 그대로 담아낸 형태일 수도 있지만 꼭 그래야만 하는 것은 아니다. 어떤 형태를 띠든, 혹은 얼마나 추상적이든, 작품은 창작자가 세상을 바라보거나 느끼는 방식과 상상력, 작품의 색깔이나 만드는 행위 자체를 통해 경험한 기쁨, 관점, 살아온 배경, 고유한 특징, 독창성을 표현해낸다.

또한 창의적 표현활동은 자기 스스로 무언가를 선택하고 의미를 부여하는 긍정적 경험을 선사하는데, 이는 특히나 사회적 규준과 제약이 약화되는 지금 같은 때에 더없이 필요하다. 감히 단언하건대 창의적 표현은 이 시대의 필수 생존 기술이다. 창작하고 공유하는 행위를 통해 우리는 빈 종이 앞에서 아득할 정도로 광범위한 선택지들에

짓눌려 괴로워하기보다는 신나고 영감이 마구 솟아나는 느낌을 경험하도록 뇌를 단련할 수 있다. 그리고 이를 주제로 우리와 상호작용하게끔 타인의 관심을 이끌어내어 그들에게 우리 자신이 세상을 어떻게 이해하는지 보여줄 기회도 갖게 된다.

대화를 나눠라

작품을 만들어낸다는 기초 작업이 완료된 다음에도 우리에게는 아직 해야 할 일이 남아 있다. 바로 작품에 대해 이야기하고 대화를 나누는 일이다. '지금 여기'에 머무르는 경험이 몸과 마음에 긍정적 영향을 미친다는 사실은 마음챙김 연구 결과에서 밝혀졌지만, 예술작품에는 이에 더해 타인과 공유된다는 특성이 수반된다. 요컨대 우리가 만든 예술작품은 우리와 타인 사이에 다리를 놓아주는, 유대감의 형성 도구인 셈이다.

원리는 이러하다. 자신의 이야기, 감정, 세상을 바라보는 방식, 예술성, 전문 지식, 특정 대상을 향한 감상이나 열정 등을 타인과 나누고 상대가 그 이야기에 귀를 기울이며 감탄해주면 우리는 인정받는다는 기분을 느낀다. 있는 그대로의 자기 자신으로서 다른 누군가와 유대감을 쌓은 것이다. 이렇게 창작자가 먼저 마음을 열고 보여준 작품을 두고 감상자가 이런저런 자신의 생각들을 꺼내놓다 보면 결국 양측 모두 외로움을 덜 느끼게 된다.

진솔한 이야기가 담긴 대화만이 서로의 마음을 이어줄 수 있다. 말을 꺼낸 사람 입장에서 이는 사실 일종의 위험을 감수하는 행위다. 상대로부터 멋대로 평가받거나 비판받을 수도, 그로 인해 거부당하거나 혹은 버려질 수도, 아니면 그냥 하찮거나 지루한 이야기로 치부되어버릴 수도 있기 때문이다. 이를 알면서 사적인 이야기를 털어놓을 때 발생하는 정서적 불편감까지 기꺼이 감내함으로써 둘 사이의 진솔한 대화가 이루어지는 것이다.

이러한 유의 대화는 두 사람 사이에 서서히 신뢰를 쌓아준다. 이 과정에서 우리는 비로소 상대에게서 자신을 보며, 상대 또한 우리 안에서 그 자신을 발견하기 시작한다. 본질적으로 서로 다른 부분들이 있을지라도 직접 창조해낸 것들을 통해 자신의 취약한 부분을 타인과 공유하는 위험을 무릅썼다는 데서 공통점을 찾는다. 이러한 대화를 통해 우리는 타인 그리고 크게는 이 세상과 자신이 이루고 있는 관계 속에서 자기 자신을 이해하게 된다.

유대감은 결코 불가해하지 않다. 단지 어떤 원리로 작용하는지, 어떻게 이루어낼 수 있는지 우리가 깨닫지 못했기에 수수께끼의 대상처럼 여겨지는 것이며, 언제든 가구에 걸려 넘어질지 모른다는 두려움을 안고 어두운 방 안을 걸어 다닐 때와 같은 느낌을 주는 것이다. 심리학자 아서 애런Arthur Aron은 장난스럽지만 자신의 내면을 드러내 보일 수 있는 질문들을 나누는 과정에서 사람들이 서로 사랑에 빠질 수 있다고 주장했는데, 몇 가지 예를 들어보자면 다음과 같다.[16]

- 누구든 저녁식사 손님으로 아무나 한 명 선택할 수 있다면 누구를 초대하고 싶으세요?
- 유명해지는 게 좋으세요? 어떤 식으로요?
- 전화를 걸기 전에 어떤 말을 할지 미리 연습하는 편이세요? 왜요?

• 당신이 생각하는 '완벽한' 하루는 어떤 것들로 채워진 날인가요?

　이런 유의 질문들은 상대의 인생사에 대한 사적 정보를 과도하게 파고들지 않는다. 그럼에도 답을 하려다 보면 어느 정도는 솔직한 자기 생각들을 내보여야 한다. 누군가와 의미 있는 대화를 나누기 위해서는 질문과 답변을 통해 자신이 어떤 가치관을 갖고 있으며 어디에서 삶의 의미를 찾는지 밝힐 수밖에 없다. 우리는 그렇게 함으로써 상대를 알아가게 되고, 또 그렇게 상대에게 자신을 알리게 된다. 창의적 상상의 결과물을 다른 누군가에게 보여주며 이야기를 나눌 때 우리가 자신을 내보이는 것도 이와 똑같은 방식으로 이루어진다. 이때 창작품은 우리 자신에 대한 아주 고유한 정보로 가득하며 우리가 선택한 매개체로 부호화되어 다른 누군가에 의해 해석되는 과정을 거친다. 유대감 형성에 더없이 효과적이며, 무엇보다 누구나 활용할 수 있는 도구인 것이다.

내 외로움의 기원

내가 열다섯 살이던 해 3월, 어느 이른 아침의 일이다. 아래층으로 내려가 보니 아버지가 누가 봐도 알 수 있을 만큼 극심한 통증으로 얼굴이 백짓장처럼 하얗게 질린 채 거실 소파에 앉아 있었다. 아버지는 내게 어머니가 놀라지 않게 조심히 깨워 의사 좀 불러달라고 부탁했다. 아버지 곁을 지키고 있노라니 경찰이 도착했다. 당시는 응급전화를 걸면 응급구조사가 아닌 경찰이 출동하던 때였다. 그렇게 도착한 경찰대원들은 이런 일들에 능숙한 듯 전문가답게 신속히 상황을 판단한 뒤 아버지에게 산소마스크를 씌우고는 지역 의료센터 응급실로 무전 연락을 취했다. 대원들이 아버지를 들것으로 옮기는 동안 나는 주방 안쪽으로 몸을 피해 모퉁이 너머로 그 모습을 내다보았다. 아버지를 돕기 위해 할 수 있는 일이 아무것도 없다는 사실에서 오는 깊은 수치심과 당혹감에 바짝 얼어붙은 채로.

어머니는 아버지를 따라 병원으로 향했지만 나는 학교에 갔고, 넋이 나간 상태로 하루를 보냈다. 그날 오후, 집에 가까워지자 누나가 차를 닦으며 울고 있는 모습이 눈에 들어왔다. 이어 알게 되었다. 어머니는 아버지가 심근경색으로 병원에 도착한 지 얼마 안 되어 세상을 떠났다고 내게 말해주었다. 나는 아버지에게 작별인사도 제대로 하지 못했다. 당시 아버지의 나이는 47세였다.

지금 와서 그때를 되돌아보면 이 트라우마적 경험이 내게 얼마나 깊은 외로움을 남겼는지 깨닫는다. 그리고 나는 세 가지 유형의 외로움 모두를 겪었다. 우선 심리적으로 상실감에 빠졌다. 친구이자 몹시 신뢰하는 한 인간이자 보호자를 잃은 상실감이었다. 아버지는 나를 잘 알고 평가의 잣대 없이 있는 그대로 받아들여주며 깊이 마음 써주는 사람이었다. 이제 아버지가 없는 이 세상에서 나는 혼자가 되었다. 어머니나 두 누나들과는 그 같은 유의 친밀감이 없었기에 나에게는 너무나도 큰 타격이었고, 상실의 상처는 그만큼 더 예리하고 깊어서 마치 커다란 구멍이 뚫린 것 같았다. 그로부터 몇 년 뒤, 나는 이 상실감을 운석이 애리조나사막에 남긴 너비 약 1.2킬로미터, 깊이 180미터의 둥근 구덩이에 빗대어 시를 썼다. 심리적으로 내 마음에는 움푹 패인 상처가 생긴 상태였다. 그렇게 갑작스러운 상실은 내 정신의 중심에 운석 충돌분화구 같은 구덩이를 만들었다.

아버지가 세상을 떠난 뒤에 찾아온 사회적 외로움은 내 사회적 정체성이 달라진 데서 비롯되었다. 내가 아는 사람들은 하루아침에 나를 다른 사람처럼 대했다. 그들의 머릿속에서 나는 '평범한 청소년'에서 '아버지 없는 아이'가 되어 있었다. 우리 가족이 소속되어 있던 피츠버그 유대인 공동체는 우리를 굉장히 따뜻하게 대해주었고, 그런 그들의 태도에 나는 소속감이 주는 안락함 속에서 조금씩 안정을 되찾을 수 있었다. 그렇지만 갑자기 다양한 선입견의 대상이 되어 사람들이 나를 대하는 방식과 그들이 내 행동을 받아들이는 방식이 바뀌어버린 것은 혼란스러웠다. 아버지를 잃음으로써 다른 사람들의 시선과 대우가 달라졌다는 사실에 나는 앞으로 남들로부터 어떻게 평가되고 대해질지 기존의 내 상식으로 예측할 수 없다는 불확실성을 느꼈으며, 외롭고 고립된 기분에 사로잡혔다.

한편 실존적 차원에서 아버지의 죽음은 내게 처음으로 이 세상의 깊은 무심함을 직면하게 한 계기가 되었다. 아버지는 너무나 좋은 사람이었고 평생을 열심히 일했는데, 그 결과가 고작 47세라는 젊은 나이에 목숨을 잃는 것이란 말인가? 이 세상에 공정과 정의가 있다면 어떻게 이런 일이 있을 수 있단 말인가? 이러한 사실에 내게 뜻하는 바는 무엇인가? 나도 그 나이에 죽는단 것인가? 나도 내 가족에게 상실감을 안긴 채 그들을 버려두고 떠나야 한다는 말인가? 그렇다면 이 모든 것들이 다 무슨 의미란 말인가? 내 전부를 쏟아붓고 마음 써보았자 결국은 다 무너지고 말 것들 아닌가? 이토록 거대한 불확실성과 취약성이 버티고 있는 한, 그저 잘 살아보려는 내 불쌍한 노력은 끼어들 틈도 없는 게 아닌가?

내 머릿속에는 너무나도 많은 의문이 떠올랐지만 상의할 수 있는 상대가 아무도 없었다. 아버지가 세상을 떠난 뒤로 내 곁에 남은 사람들, 대체로 나보다 나이가 많은 친인척들은 어느 누구도 이런 대화를 나누고 싶어 하지 않았다. 솔직히 말하면 사실 나도 이런 대화를 하고 싶었는지는 잘 모르겠다. 실존적 외로움은 남들에게 터놓고 이야기하기가 특히나 더 어려울 수 있으며, 그 때문에 생겨난 고립감은 고통을 더욱 극심하게 만든다.

열다섯 살의 봄은 오늘날의 나를 있게 하는 데 다방면으로 영향을 끼친 트라우마로 남았다. 아버지의 죽음 이후 수개월 동안 내게 닥쳐온 외로움은 이후 인생에서 내가 선택하고 결정하는 것들에 영향을 미쳤다. 나는 이 세상이 나를 위해 준비한 큰 그림과 내 삶이 어떻게 연결되어 있는지 확신하지 못한 채 단절감으로 방황했다.

당시 바랐던 것은 그저 내가 느끼는 외로움에 어떻게 대처하면 좋을지 알려주는 길잡이였다. 여러모로 이 책은 아버지가 돌아가신 뒤 내가 읽었더라면 좋았을 것이라고 여겨지는 책이다. 이 책이 있었다고 해서 아버지를 잃은 상실감에서 쉽게 벗어날 수 있는 것은 아니었겠지만, 실의에 빠져 삶의 방향성을 잃고 외로움을 느낄 때마다 마음을 다잡고 삶을 헤쳐 나가는 데는 도움이 되었으리라.

이러한 유의 트라우마를 나는 외로움의 다섯 가지 구역 가운데 하나라고 여긴다. 나머지 네 구역은 각각 질병·노화·남들과 다름·현대성이다. 내가 이들에 '구역'이라는 이름을 붙인 이유는, 인간이 공통적으로 경험하는 다양한 영역 가운데 지도와 길잡이 없이는 외로움으로 인해 길을 잃기가 가장 쉬운 것들이기 때문이다.

이어지는 다섯 장에서는 이 각각의 구역과 관련된 특유의 정서적 어려움, 의학적 증상들, 행동 경향성과 더불어 이에 대응하기 위한 방법으로서 창의적 표현활동과 유대감 형성이 지니는 효과에 대해 과학적으로 통찰하고 탐구한 결과를 찬찬히 살펴볼 것이다. 그 과정에서 파피에마세papier-mâché(흔히 미술작품 재료로 사용되는 종이 반죽—옮긴이) 가면을 꾸미는 활동을 하면서 PTSD를 극복한 참전용사, 〈혈우병: 뮤지컬Hemophilia: The Musical〉이라는 작품을 쓰고 공연을 제작한 아이들, 유방 절제술 경험을 웃음으로 승화시킨 병원 간호사, 그리고 그 밖에도 창의활동의 즐거움을 통해 유대감을 형성한 놀랍고도 다양한 사람들의 이야기를 소개하려고 한다.

4장

첫 번째 구역, 트라우마

제이슨 버너 대위는 2004년부터 2007년까지 해병대 전투공병으로 20대의 나이에 이라크 전쟁에 투입되었다. 복무하는 동안 그는 사제폭탄에 부대원을 여럿 잃었다. 폭탄들 중 하나는 부대가 걸어가는 길에 파묻혀 있었는데, 하필 제이슨이 딱 밟고 말았다. 그렇지만 무슨 이유에선지 폭탄이 터지기까지 몇 초가 지연되는 바람에 제이슨은 살아남았고, 대신 부대원 한 명이 희생되었다.

내가 제이슨을 처음 만난 것은 그로부터 몇 년 뒤, 제이슨이 월터리드국립군의료센터Walter Reed National Military Medical Center에서 PTSD 치료를 받고 있을 때였다. 나는 당시 제작 중이던 〈예술이 약이 될 수 있을까?Can Art Be Medicine?〉라는 다큐멘터리의 촬영 팀과 함께 그곳을 방문한 참이었다. 해당 의료센터의 연계 시설 중에서도 제이슨이 치료받던 참전용사정신건강센터National Intrepid Center of Excellence는 PTSD를 치료하는 데 있어 기존 요법들에 더해 마음챙김과 예술치료를 보조 수단으로 활용하는 방안을 추진하고 있었다. 촬영 팀과 나는 그곳의 정신과 의사 두 명을 비롯해 다수의 의료진과 환자를 인터뷰했다.

인터뷰에서 제이슨은 자신이 겪고 있는 PTSD 증상인 불안과 플래시백을 어떤 과정으로 치료하고 있는지 들려주었다. 처음에 그는 마지못해 예술치료를 받기 시작했다고 한다. 그러다 점차 물감과 점토로 이런저런 작품을 만드는 활동이 지난 몇 년 동안 말로는 담아낼 수 없었던 자기 내면을 표현하는 데 도움이 된다는 사실을 발견했다. "예술치료에서 무언가를 만들 때마다 기분이 점점 나아졌어요. 내 안에는 뛰쳐나가고 싶어 안달이 난 무언가가 있었거든요. 그리고 예술을 통해 그걸 표현할 수 있게 되었죠."

PTSD는 중증 정신 장애로서 유병률이 비교적 낮은 편이다. 하지만 외상성 경험 후에 스트레스 반응을 겪는 사례 자체는 그리 드물지 않다. 소중한 사람의 갑작스러운 죽음, 파국적 질병, 생사의 경계를 오간 교통사고, 학대적 관계, 가정이나 직장 내의 괴롭힘, 자택 화재 또는 자연재해 등 생활 속에서 경험하는 각각의 트라우마적 사건들은 타인과의 관계에 크나큰 타격을 입힌다. 이 같은 트라우마를 경험한 사람 가운데 약 3분의 1은 이후로도 한동안 과민한 상태에 머무르며 이와 관련된 생각·심상·정서적 기억 탓에 잠을 이루지 못하고 일상에 지장을 겪는다.

탄탄한 관계를 이루고 있던 사람들은 대부분 시간이 가면 '대사 작용metabolization'을 통해 트라우마를 극복해낸다. 해당 경험에 따른 슬픔과 상실감을 전혀 떠올리지 않는 것은 아니지만 기억 속 트라우마를 이제 더는 위협적이지 않은 과거의 기억으로 통합하는 것이다. 이 같은 기억 통합 과정에는 해당 사건에 대해 친구나 가족과 이야기를 나누고 삶의 가치를 새롭게 확인하는 경험들을 쌓는 것이 도움이 된다.

그런데 만약 트라우마적 사건을 경험하기 전부터 사회적 지지의 기반이 약했다면 트라우마에 대한 극심한 스트레스 반응이 오래 지속될 수 있다. 애초부터 외로운 상태에 있었던 사람은 트라우마 기억의 대사 작용을 도와줄 가까운 사람이 아무도 없는 위험에 놓이기 때문이다. 또한 끔찍한 경험을 상쇄할 정도로 긍정적인 사회적 경험을 쌓을 기회도 적어진다. 결국 회복되지 않는 트라우마의 지독한 정서적 경험과 더불어, 고립된 가운데 홀로 불쑥불쑥 떠오르는 원치 않는 생각들과 끝없이 싸워야 하는 외로움의 고통으로 이중고를 겪게 된다.

내면의 강력한 생각들이 표출되지 못하고 억눌려 있을 때 누구나 겪는 감정이 바로 외로움이다. 외상 후 스트레스로 고통받는 사람들은 흔히 이에 수반된 감정들로 인해 외로움의 악순환에 빠져들 수 있다. 트라우마적 사건을 또다시 경험하지 않으려는 회피 성향은 타인과의 단절로 이어질 수 있다. 일례로 연애 경험에서 크게 상처 입은 사람들이 다시금 그런 고통을 겪지 않으려고 마음을 닫는 경우를 떠올려보자. 극단적인 경우에는 트라우마적 기억이 떠오를 때마다 정서적으로 고통스러운 플래시백과 통제 불가능한 신체적 공포 반응이 촉발되기도 한다. 외상 후 스트레스를 겪는 사람들은 이러한 위험을 피하기 위해 생활반경을 차츰 줄여나가며 점점 외로워질 수 있다. 그렇게 줄어든 생활반경 속에서는 이 같은 괴로운 생각과 감정을 표출할 방법을 찾기가 더욱 어려워지고 사회적 위축이 심화되어 결국 외로움이 깊어진다.

상처 입은 용사들의 경험에서 배울 수 있는 것

정신과 의사 찰리 마마Charlie Marmar는 1970년대에서 1980년대에 걸쳐 PTSD로 고통받는 베트남 참전용사들을 연구했다. 그는 참전 전까진 사회적 관계가 비교적 두터웠던 병사들이 귀국 후 서서히 위축되는 현상을 발견했다. "처음에는 가족, 친구들과 거리를 두었습니다. 그런 다음 보통 술이나 약물을 사용해 스스로를 더욱 마비시켰죠. 종국에는 병이 더욱 심해져 다른 사람들로부터 지리적·물리적으로 멀어졌습니다." 그는 내게 이렇게 설명했다. 그에게서 치료받던 사람들 중에는 타인과 접촉하는 과정에서 고통스러운 기억이 되살아나는 위험을 피하겠다는 일념으로 극심한 고립감 속에서 아예 본토를 떠나 하와이처럼 멀리 떨어진 지역으로 이주해버린 경우도 있었다.

마마는 현재 뉴욕대학교 랭곤헬스병원New York University Langone Health에서 정신의학과 과장으로 재직하며 병원 내 PTSD 치료 및 연구 프로그램의 하나인 스티븐 A. 코언 군인가족클리닉Steven A. Cohen Military Family Clinic을 책임지고 있다. 지금까지 25년간 그는 PTSD의 원인, 그리고 심리치료와 새로운 약물치료를 포함한 치료 방법들을 주제로 광범위한 임상 연구를 진행해왔다. 뿐만 아니라 지금은 PTSD를 비롯해 스트레스와 관련된 정신의학적 문제들을 치료하는 데 MDMA(엑스터시, 몰리, 필로폰 등으로 불리며 오락용으로 사용되는 약물)를 사용하는 방안을 탐구 중인 뉴욕대학교 랭곤환각치료제연구센터NYU Langone's Center for Psychedelic Medicine에서도 자문위원을 맡고 있다.

지금까지의 연구 결과, 외상 후 스트레스와 관련된 온갖 유형의 불안 증상은 인간을 과각성 상태에 이르게 만들 수 있다는 사실이 입증되었다. 이러한 상태의 사람들은 보통 자신이 지속적 위험에 놓여 있다는 느낌 때문에 긴장을 풀지도, 잠을 제대로 이루지도 못한다. 잘 와닿지 않는다면 여러분도 흔히 경험하는 고소공포증이나 뱀 공포증을 예로 들어보자. 깎아지른 절벽 위에 걸터앉아 있거나 침실이 뱀으로 가득한데 과연 잠이 올지 생각해보면 쉽게 감이 올 것이다.

미 해병대 출신의 필 클레이Phil Klay는 단편집《재배치Redeployment》로 2014년 전미도서상을 수상했다.[1] 수록된 작품 중에는 잔혹한 시가전에서 세 명의 대원을 잃은 아픔을 안고 이라크 팔루자에서 귀환한 어느 부소대장의 이야기도 있다. 노스캐롤라이나주 윌밍턴 거리를 걸으며, 주인공인 부소대장은 소대원들이 곁에 없다는 사실에 벌거벗겨지고 혼자가 된 기분을 느낀다. 그리고 과각성에 사로잡힌다. "윌밍턴에서는 분대도, 전우도, 심지어 무기도 없다. 하루에도 열 번씩 화들짝 놀라 주변을 둘러보고, 이들의 부재를 깨닫는다. 이곳은 안전하니 각성도 무뎌져야 할 터지만 실제로는 그렇지가 않다."

이처럼 신경계의 과각성 상태가 지속되면 그로 인한 타격은 단순히 잠이 부족하고 건강이 조금 나빠지는 정도에 그치지 않는다. 가령 커다란 소리가 들릴 때 촉발될 수 있는 투쟁-도피 연쇄 반응은 전장에서라면 생사를 좌우할 만큼 중요하겠지만 민간사회에서는 비이성적이며 정상 범주에서 벗어나는 것으로 여겨지기 쉽다. 이 같은 반응이 촉발되면 참전용사들은 평온한 교외의 교통 체계 안에서도 위협이라 여겨지는 대상을 피해 핸들을 이리저리 꺾고 속력을 높이며 마치 전장에서처럼 '난폭 운전'을 해, 사고를 내고 다른 사람들을 위협에 빠뜨리기도 한다.

PTSD 환자들은 시간이 갈수록 점점 사회인지가 왜곡된다. 이들은 벌건 대낮에 모르는 사람이 자신을 향해 걸어오는 모습만 봐도 긴장한다. 걸핏하면 타인의 말과 행동을 오해하다 보니 순수한 의도로 건넨 몇 마디와 몸짓에도 미심쩍어하거나 적개심을 표출한다. 전쟁터에서라면 낯선 사람이 자신을 잡으러 왔다는 추정이 합리적이겠지만 민간사회에서 이는 편집증처럼 비춰진다. 스스로는 플래시백 촉발 가능성이 있는 이들을 피하고 주변 사람들은 이러한 그를 서서히 피하는 결과, PTSD 환자들은 사회적 기술이 위축되는 경향을 보인다.

PTSD 환자들은 스스로 목숨을 끊을 위험도 매우 높다. 타인이 어떤 의도를 품고 있는지 항시 경계하느라 신경이 날카로워져 있고 세상으로부터 점점 더 고립되어가는 탓이다. 미군 참전용사들의 자살률은 일반 국민의 두 배에 달한다. 이들의 자살 사고를 부추기는 핵심 위험요인들을 규명하고자 참전용사 2000명을 4년간 추적 조사한 연구에서 주요 지표라고 결론 내린 요인은 바로 외로움이었다.

외상 후 스트레스를 겪은 사람 중 절대다수는 생활에 극심한 지장을 초래하는 이러한 PTSD로까지 진행되지 않고 무사히 회복한다. 2억 2000만 명이 넘는 미국 성인 인구 가운데 PTSD 환자의 수는 전체 여성의 약 10퍼센트, 전체 남성의 약 4퍼센트다. 그런데 PTSD의 가장 큰 위험요인 가운데 하나는 생활 속에서 탄탄한 사회적 지지를 받지 못하는 상태로 외상 후 스트레스를 겪는 경험이다. 그렇다 보니 결국 외로움이 PTSD의 발병 위험을 높일 수 있는 것이다.

노벨상을 수상한 헝가리 출신의 생화학자 얼베르트 센트죄르지Albert

Szent-Györgyi는 언젠가 이런 말을 했다. "뇌는 생각을 관장하는 기관이 아니라 발톱이나 어금니처럼 생존을 책임지는 기관이다. 이런 방식으로 만들어진 이유는 자신에게 유리한 것만을 진실이라고 받아들이게 하기 위해서다."[2] 이 말은 곧 우리의 뇌가 위협을 탐지하고 그에 반응하기 위해 쉬지 않고 일하고 있다는 뜻이다. 뇌는 감각기관으로 들어온 정보를 해석하고 이것이 과거에는 무엇을 의미했는지 연관지음으로써 위협 수준을 평가한다. 트라우마적 사건을 경험하고 나면 생존을 책임지는 기관으로서 우리의 뇌는 위험 상황이 다 끝났음을 받아들일 수 있게 될 때까지, 이를테면 어디선가 큰 소리가 들렸을 때 그것이 사제폭탄의 폭발음이 아닌 트럭의 엔진 파열음이란 사실을 깨닫기까지 과각성 상태를 유지한다.

하지만 트라우마가 극심한 경우의 뇌는 과거의 고통스러운 경험에 대한 정서적 기억과 현재 일어나고 있는 일을 명확히 분리하기가 어려워진다. 부상을 입거나, 공격을 당했거나, 버려졌거나, 폭력적 장면을 목격한 데 따른 무력감과 공포라는 강렬한 감정 탓에 트라우마 경험과 관련된 기억을 선뜻 과거에 벌어진 일로서 식별해내지 못하는 탓이다. 트라우마 기억이 고통스러운 정서 반응을 불러일으키는 한, 뇌는 어마어마한 위험이 여전히 도사리고 있는 것이 진실이라고 믿으며 그에 대처하기 위한 반응을 보인다.

PTSD 치료 과정을 보면 자신의 경험을 묘사하는 행위가 정신건강에 얼마나 중요한 역할을 하는지 알 수 있다. 어떠한 종류의 외상 후 스트레스가 되었든, 치료를 위해서는 트라우마 기억에 끈끈히 달라붙어 있는 정서의 강도가 약해질 때까지 자신이 경험한 사건에 대해 반복해서 이야기하는 법을 배워야 한다. 우리의 뇌는 공고화라는 과정을 통해 정서적으로 큰 의미가 있는 과거 사건을 기억으로 보존한다. 많은 사람들이 9·11 테러가 일어났던 당시 자신이 무슨 일을 하고 있었는지 또렷하게 기억하는 반면 그 전날의 일은 거의 기억하지 못하는 이유도 이러한 기억 공고화 과정 때문이다. 트라우마 기억이 사건 당시 느꼈던 정서의 망령을 자꾸 깨우다 보니 뇌가 이를 과거의 기억으로 공고화하는 데 어려움을 겪는 것이다.

대화치료의 목적은 트라우마 기억이 더는 압도적 정서 반응을 불러일으키지 않게 될 때까지 충분히 반복해서 이야기할 수 있는 안전한 환경을 제공하는 것이다. "이미 일어난 일은 바꿀 수 없습니다." 마마는 말했다. "성폭행을 당했다면 성폭행을 당한 거예요. 셰익스피어의 말처럼 엎질러진 물은 주워 담을 수 없어요. 그러나 일어난 사건 자체는 되돌릴 수 없어도 그에 대한 주관적 반응을 바꾸는 일은 얼마든지 가능합니다." 트라우마 기억에 대한 반복적 서술은 기억 속의 빈틈을 메워 자신의 경험을 언제든 떠올릴 수 있는 하나의 통합된 이야기로 만들어내는 역할을 한다. 그리고 이 과정에서, 사건에 대한 기억은 과거보다 덜 고통스러운 방식으로 재공고화된다.

외상 후 스트레스 치료는 괴로운 기억의 파편들을 자기 인생을 관조하는 서사의 형태가 되게끔 의식적으로 탈바꿈시킨다. 치료를 받는 사람은 우선 트라우마 사건을 겪기 전 자신의 삶이 어떠했는지 세세하게 떠올려본다. 이를테면 '이라크에 파병되기 전 나는 어떤 사람이었나?', '폭행을 당하기 전의 나는 어떤 사람이었지?', '팬데믹으로 소중한 사람을 잃기 전의 나는 어떤 삶을 살고 있었던가?'와 같이 자문해볼 수 있다. 그러고 난 뒤 트라우마가 된 사건 자체를 묘사해보고, 마지막으로는 그 경험이 자신을 어떻게 변화시켰는지 이야기한다. '트라우마 이후 내 인생은 어떻게 흘러왔지?'라고 생각해보면서 말이다. 이 과정을 모두 거치고 나면 마침내 뇌도 긴장을 풀기에 이른다. 기억이 더 이상 압도적 정서를 수반하지 않고 조리 있게 재공고화된 덕분이다.

이렇듯 트라우마를 묘사하는 새로운 서사의 구축에서는 경험을 재구성할 단어들을 찾는 것이 관건인데, 바로 이 부분이 대화치료에서 가장 큰 어려움이 될 수 있다. 트라우마 기억을 겪은 사람들은 보통 이와 관련된 복합적이고 모순되는 감정들을 말로 제대로 표현하지 못한다. 그때의 괴로움을 다시 경험하기 두려운 마음이 강한 나머지 언어가 기억에 접근하지 못하도록 차단해버리는 것이다. 보스턴트라우마연구재단Trauma Research Foundation in Boston의 공동창립자로서 현재 회장을 맡고 있는 정신과 의사 베셀 반데어 콜크Bessel van der Kolk는 트라우마를 겪는 범죄 피해자들이 법정에서 가해자의 혐의를 뒷받침하는 데 도움이 될 만한 증언을 하지 못하는 경우가 많다고 설명했다.[3] 어떤 때는 기억이 너무 파편적이고 혼란스러워 신용하기 어려운 것이 문제가 되는가 하면, 또 어떤 때는 PTSD 증상들이 촉발되지 않도록 감정을 싣지 않고 증언하려다 보니 얼버무리는 듯한 인상을 주고 만다는 것이다. PTSD에 시달리는 참전용사들이 간혹 의료보험금 청구가 반려되는 일을 겪는 것도 같은 이유에서다.

1990년대 하버드 의과대학에서 진행한 실험에서 반데어 콜크 연구팀은 PTSD 플래시백이 촉발되었을 때 뇌에서 일어나는 변화를 살펴보았다. 그 결과 시각피질과 변연계, 특히 특정 정서 반응에 관여하는 편도체에서 뉴런의 활동 증가가 관찰되었다. 동시에 언어중추의 활동은 뚜렷하게 감소되었다. 플래시백이 촉발되자 좌반구의 전두엽에 자리한 브로카 영역이라는 부위의 활동이 거의 멎었던 것이다. 뇌졸중으로 혈액 공급이 중단 혹은 감소되었을 때 말하는 능력을 잃게 만드는 것도 바로 이 영역이다. 브로카 실어증 환자들은 기억의 재공고화에 반드시 필요한, 생생한 기억에 알맞은 단어를 붙이는 일에 특히 어려움을 겪는다.

"대화치료 현장에서는 혼란과 함묵증이 일상이다." 반데어 콜크는 자신의 베스트셀러 《몸은 기억한다 The Body Keeps the Score》에서 이렇게 말했다.[4] "이야기의 세세한 부분들을 묘사하도록 계속 압박하면 환자들은 당연히 여기에 압도되어버린다." PTSD로 고통받는 사람들 가운데 평균적으로 약 5분의 1은 대화치료를 중도에 포기하는데, 이 때문에 극심한 PTSD 환자들에게는 사이키델릭 환각제를 치료제로 써야 한다는 목소리가 커지고 있다.[5] 불법 오락용 약물로 지정되어 있던 MDMA는 2017년을 기점으로 미국 식품의약국FDA으로부터 혁신적 치료제로도 쓰일 수 있음을 인정받았지만 아직까지는 사용이 엄격하게 제한된 상태다.[6] 대화치료 전에 복용할 경우 MDMA는 도파민·세로토닌·옥시토신과 같은 '기분 좋은' 호르몬의 분비를 야기함으로써, 환자들이 이전까진 너무나도 고통스러워 이야기하지 못했던 트라우마 기억들을 훨씬 열린 마음으로 관찰하게 하는 경향을 보인다.

표현예술 또한 트라우마 환자들이 치료에 진전을 보이는 데 매우 큰 도움을 준다는 사실이 입증되었는데, 다만 이 경우에는 해당 경험을 직접 말로 표현하지 않는다는 차이가 있다. 시각예술, 음악, 연극, 시, 춤 등을 통해 몰입을 경험하면 우리는 자기 무의식 속에 있는 비언어적 마음을 들여다보게 되고, 힘든 기억을 창의적으로 표현함으로써 말 한 마디 없이도 트라우마 기억에 새로운 서사를 부여하고 재공고화를 이루어내기 시작할 수 있다. 창작품 또는 공연을 선보이는 행위는 자신의 기억을 타인과 나누고 안전하게 진실한 정서적 유대감을 쌓는 수단이 되어준다.

앞서 9·11 테러로 외상 후 스트레스에 시달렸던 뉴욕의 아이들을 다시 떠올려보자. 그중 상당수는 그날 보고 들었던 것들에 대한 충격적인 기억을 언어로 표현하지 못했다. 이어지는 몇 주 사이 일부 아이들은 자신의 기억을 통합된 하나의 서사로 공고화하지 못한 탓에 정서적으로 힘들어했다. 이것이 아이들이 겪은 외상 후 스트레스의 근원이었다. 이 때문에 아이들은 매일 단절감과 위축된 기분을 안고 학교에 갔다가 갑자기 발작적으로 분노나 슬픔을 터뜨리곤 했던 것이다. 크레용과 물감으로 자신의 이야기를 표현하고 그렇게 완성한 작품을 갖고 대화를 나누게 되어서야 아이들은 자신의 트라우마 서사에 다가갈 수 있게 되었다.

멜리사 워커Melissa Walker는 PTSD와 외상성 뇌 손상으로 대화치료의 효과가 제한적인 퇴역군인들을 대상으로 다년간 일한 예술치료사다. 멜리사는 치료 효과를 지닌 다양한 예술 유형 가운데서도 실물 크기의 파피에 마세 가면을 제작하고 꾸미는 활동이 군인들에게 가장 효과적이라는 사실을 발견했다. 그녀의 말에 따르면 "마침내 이 보이지 않는 상처들이 이름뿐만 아니라 얼굴을 갖게 되었어요. 이로써 그들은 자신의 트라우마를 말 그대로 손아귀에 넣기 시작했죠."[7] 멜리사는 자신이 진행한 치료 프로그램에서 어림잡아 1000명도 넘는 군인들이 가면을 꾸미는 활동을 통해 말로는 하지 못했던 것들을 표현할 수 있게 되었다고 말했다.

2015년에 진행한 TED 강연에서 멜리사는 아프가니스탄에서 격렬한 전투를 벌이던 도중 벙커에 뛰어들었다가 피 칠갑을 한 사람 얼굴의 환영을 맞닥뜨렸던 어느 군인의 이야기를 들려주었다.[8] 그 군인도 자신이 본 끔찍한 형상이 진짜가 아님을 알았지만 그 피범벅 얼굴은 하루에도 몇 번씩, 심지어는 잠자고 있는 동안에도 자꾸만 그의 눈앞에 나타났다. 나약하거나 어딘가 아픈 사람이라는 인상을 줄까 두려웠던 그는 환영에 대해 누구에게도 이야기하지 않았다. 환영이 그의 외로운 비밀이자 동반자로 늘 곁을 맴돈 지 어느덧 7년이나 되자 그는 환영에게 '벙커 속 피범벅 얼굴Bloody Face in Bunker'이라는 뜻의 BFIB라는 이름까지 붙여주었다.

예술치료 프로그램에서 멜리사 워커는 이 군인에게 BFIB를 나타내는 가면을 만들어보라고 권했다. 이처럼 고통스러운 환영으로 예술작품을 만들기란 매우 어려운 일이었지만 덕분에 이 군인의 정신건강은 확실히 나아졌다. 그가 자신이 만든 가면을 BFIB라고 부르기 시작하면서, BFIB의 환영이 그의 정신에 미치는 영향력은 차츰 약해졌다. 손에 쥐고 남들과 이야기를 나눌 수 있는 유형有形의 작품으로 재탄생시키자 BFIB가 더 이상 유령처럼 막연한 존재도, 수치스러운 비밀도 아니게 된 것이다. 그는 병원 내 상자 속에 가면을 보관했고,

치료 과정이 종료되자 그곳에 그대로 두고 떠났다. 1년 뒤, 다른 PTSD 증상들도 모두 가라앉은 그는 가면을 만들고 나서부터는 환영이 겨우 두 번밖에 나타나지 않았다고 보고했다. 그러면서 그는 두 번 모두 그 얼굴이 미소를 짓고 있었다고 덧붙였다.

어떻게 이렇게 큰 변화가 일어날 수 있는 걸까? 2장에서 인용한 예네키 판레이우엔의 뇌 스캔 연구를 다시 한번 찬찬히 들여다보자. 판레이우엔 연구팀은 다니엘 알칼라로페스Daniel Alcalá-López와 동료들이 기능적 MRI를 활용해 사회적 참여와 연관된 뇌의 신경망을 살펴본 26편의 연구 결과를 바탕으로 제작한 '사회적 뇌 지도social brain atlas'를 면밀히 검토했다. 그리고 사회적 기능을 담당하는 뇌 영역들이 예술작품의 의미를 판단하는 등의 신경미학적 과제 수행에 필요한 인지 과정과 상관관계에 있는지의 여부를 분석한 다음, 결과를 정리해 하나의 통합적인 뇌 지도를 만들었다. 이를 통해 연구진은 신경미학적 처리에 관련된 뇌 영역들의 집합체인 예술적 뇌 커넥톰artistic brain connectome이 사회적 접촉 상황에서 생리적 반응을 조절하는 사회적 뇌 커넥톰social brain connectome과 중첩되며 서로 밀접하게 상호작용한다는 것을 발견했다. 그러니까 이론적으로 보자면(완전히 검증되기까지는 아직도 많은 연구가 필요하다), 참전용사들이 갖가지 창의적 작품들로 둘러싸인 환경에서 예술활동을 할 때 예술적 뇌 커넥톰이 활성화되고, 사회적 뇌 커넥톰의 기능도 덩달아 향상되어 트라우마 대상에 대한 투쟁-도피 반응을 억제하고 공감과 자비의 마음을 전보다 강하게 느끼게 한다는 것이다.

인간은 태생적으로 사회적인 동시에 창의적인 동물이지만 지금껏 뇌 과학은 이 두 가지 원초적 특질 사이의 명백한 연결고리를 발견하지 못했다. 어쩌면 창의적 표현활동은 인간이 인간다움을 유지하고 타인과 유대감을 형성하는 데 있어 우리가 생각하는 것보다 훨씬 중요한 게 아닐까? 그저 홀로 앉아 시를 읽거나 미술작품집을 보는 것에 불과하더라도, 우리가 창의적 활동에 몰입할 때면 우리 뇌는 사회적 지각 및 행동이 더욱 긍정적인 방향으로 향하도록 반응 패턴이 재조정된다.

우리 촬영 팀과 진행한 인터뷰에서 제이슨 버너 대위는 처음 예술치료에 참여해 가면 만들기 활동을 하라는 말을 들었을 때 자신이 얼마나 어이없어했는지 말해주었다. "나는 강하고 몸을 쓰는 게 일상이던 군인입니다. 나더러 예술활동을 하라니요? 나는 전투를 하고 전장을 누비며, 필요하다면, 정말 필요하다면 생명을 빼앗기도 하는 사람이지 예술을 하는 사람이 아니에요." 그러나 시간이 흐르면서 점차 생각이 바뀐 그는 프로그램에 참여했고, 그가 만든 가면은 용맹한 전사라는 자존심 강한 자기개념 뒤에 감추어져 있던 취약감을 고스란히 담아냈다. 그는 가면의 바깥쪽을 밝은 빨강으로 칠했으며 미간은 화난 듯 잔뜩 찌푸린 것처럼 묘사했고, 뺨에는 북미 원주민의 출진 물감war paint(전투에 나설 때 얼굴과 몸에 바르던 물감―옮긴이)과 비슷한 노란색 빗금들을 그려 넣었다.

가면을 손에 쥔 채 그는 말했다. "가면은 나 자신에 대해 내가 갖고 있는 다양한 관점들을 표현해준다는 점에서 마음에 들어요. 정서적으로나 심리적으로 약해져 있었을 때에도 가면에는 강한 면모를 투영할 수 있었거든요."

제이슨은 지휘관으로서 부대원들을 책임지도록 훈련받았다. 그는 부대원들의 보호자였다. 하지만 이제 제이슨은 대원이 몇 명이나 죽었는데 자신은 살아남았다는 기억을 안고 살아가야 하는 상황에 놓이고 말았다. 그런 때에 가면을 만들고 색 디자인을 선택하고 그 안에 담긴 의미를 다른 사람에게 들려주는 경험은 그에게 오랜 시간 동안 언어의 표현 범주를 넘어서 있던 정서에 다가설 수 있는 안전한 장소를 마련해주었다.

"안 그랬으면 이게 어떤 의미인지 절대로 이야기하지 못했을 겁니다." 그는 이렇게 말했다. "어떤 면에서 나는 보호막을 두른 거예요. 보호받고 있었던 거죠. 덕분에 나는 내가 느끼는 바를 안전한 방식으로 표현할 수 있었어요. (중략) 그 감정 그대로 느껴도 괜찮다 여기고 마음의 짐을 내려놓을 수 있게 해줄 무언가를 만들어냄으로써 말입니다."

복합 PTSD와 외로움의 상호작용

치료 과정에서 또 한 가지 밝혀진 점은, 제이슨의 트라우마가 실제로는 그가 나라를 지키기 위해 무기를 들기 한참 전부터 시작되었다는 사실이었다. 고작 아홉 살일 때 제이슨은 부모를 따라 파티에 갔다가 마약 판매금 때문에 폭주족 단원이 한 남자를 찌르는 장면을 목격했다. 청소년 시절에는 "아버지의 알코올 중독 및 의존의 영향으로부터 어머니와 남동생을 지키는 것"이 가족 내 그의 역할 가운데 하나가

되었다고 한다. 제이슨의 아버지는 술에 취하면 가족 모두에게 자주 폭력을 휘둘렀기에 제이슨은 어린 나이에도 자신이 장남으로서 어머니와 동생을 지켜야 한다고 생각했다. 만에 하나 아버지가 어머니를 죽인다면 다음은 자기 차례이리라는 두려움도 있었다.

예술치료에서 제이슨은 점토와 물감을 사용해 보호자로서의 자신의 역할을 반영한 휘장을 만들었다. 그는 방패 뒤 교차한 한 쌍의 검, 사자, 저울 한 쌍 등 각각 용맹, 용기, 정의를 나타내는 기사의 상징물들을 장식으로 선택했다. 완성한 휘장을 손에 들고 그는 설명했다. "이건 내 평생 지켜온 모든 이를 상징합니다."

제이슨의 PTSD 회복기 가운데 특히 이 같은 묘사들은 트라우마라는 구역 내에서도 완전히 독자적인 성질의 지형에 다다르게 하는데, 바로 복합 PTSDcomplex PTSD다. 이는 만성적인 (정서적·신체적·성적) 아동 학대, 혼란스러운 역기능적 양육 환경, 성인이 되어서 맺은 학대적 관계, 적대적인 이웃과 직장 환경 등의 트라우마에 장기간 노출되어 발생하는 스트레스 장애다.

아동기에 경험하는, 장차 외로움을 비롯해 건강 문제에 깊고 지속적인 영향을 미칠 수 있는 조기 트라우마들은 '부정적 아동기 경험adverse childhood experience, ACE'이라는 유형으로 통칭한다. 이 유형으로 분류되는 트라우마적 경험의 종류에는 부모의 수감, 가정폭력, 부모의 물질사용장애 등 열다섯 가지 이상이 있다. 1998년 미국 질병통제예방센터CDC와 미국 내 최대 규모 의료 서비스 연합체인 카이저퍼머넌트Kaiser Permanente가 공동으로 진행한 역사적 조사연구인 'CDC-카이저 ACE 연구CDC-Kaiser ACE Study'의 결과에 따르면, 어린 시절에 이러한 부정적 아동기 경험을 한 가지 이상 겪은 사람들은 성인이 된 이후 정신적·신체적 건강 문제에 시달릴 위험이 현저히 높았다.[9]

그렇지만 부정적 아동기 경험은 사실 너무나도 흔하게 발생하는 탓에 진단검사의 의미가 다소 퇴색된다. 단적으로 앞의 조사연구 응답자 가운데 부정적 아동기 경험이 없었다고 답한 이들의 비율은 36.1퍼센트에 불과했다. 30퍼센트에 달하는 응답자가 양육 환경에서 신체적 학대를 경험했다고 보고했으며, 여성 응답자는 네 명 중 한 명꼴로 성적 학대의 피해자였다. 물질남용 관련 문제는 전체 가정의 4분의 1에서, 정신질환 문제는 5분의 1에서 일어났고, 응답자의 12.7퍼센트는 어머니가 가정폭력을 당하는 모습을 목격했다고 답했다.

1988년, 하버드 의과대학 소속 정신과 의사 주디스 허먼Judith Herman은 최초로 단일 사건 기반의 PTSD와 구별해 '복합 PTSD'라는 개념을 도입하면서 환자들이 지각하는 '철저히 혼자가 된 기분'에 주목했다.[10] 이후 그녀는 트라우마와 가정 내 학대에 있어 선구적인 전문가로 거듭났다. 관련 학계에 많은 영향력을 떨친 자신의 저서 《트라우마Trauma and Recovery》에서 허먼은 복합 트라우마를 "무력감의 고통"이라고 묘사한다. "트라우마의 순간, 피해자는 압도적 힘에 의해 무기력에 빠진다"는 의미에서다.

아동기에 경험하는 방임과 학대가 그토록 깊은 트라우마를 남기는 이유는 아이들이 어른으로부터 피해를 당하면서도 동시에 어른이 자신의 보호자라고 믿고 싶은 마음을 버리지 못하기 때문이다. 생존을 위한 기관으로서 자신의 역할에 충실한 뇌는 이 극단적 인지부조화를 생존에 대한 근본적 위협으로 인식한다. 이 때문에 제이슨 버너처럼 어린 시절에 트라우마를 경험한 사람들은 성인이 된 이후에 트라우마적 사건을 마주할 경우 PTSD 발병에 더욱 취약해질 수밖에 없다. 최초의 트라우마 경험에 대한 인지부조화가 해결되지 않은 탓에, 비슷한 상황에 처하면 안전하다는 사실이 증명되기 전까지는 그것을 위험 상황으로 간주해야 하는 것이다. 따라서 복합 PTSD를 안고 있는 사람들에게 본래의 트라우마를 상기시키는 사건들은 모두 이러한 필터를 통해 생존의 위협으로 지각된다.

어린 시절의 트라우마가 향후 사회인지와 의사결정에 미치는 영향력을 생각하다 보면 나는 열다섯 살 때 아버지가 심근경색으로 갑작스럽게 세상을 떠났던 때의 경험을 떠올리게 된다. 이제 나는 당시의 내가 그 나이대 아이들 대부분은 경험하지 않을 일종의 트라우마에 시달렸음을 알고 있다. 아버지가 들것에 실려 현관을 통과해 구급차 뒷문으로 태워지는 광경을 보며 두려움과 혼란으로 말을 잃은 채 주방 문 안쪽에 숨어 있었던 것을 지금도 나는 선명하게 기억한다. 내가 목격한 장면이 초래할 끔찍한 미래 앞에서 나는 아무런 말도 할 수가 없었다. 한 시간 전까지만 해도 여느 때와 같은 평범한 평일 아침이었으나, 따뜻하고 자애로운 사내이자 내가 사랑하고 존경하는 열정적 과학자였던 아버지는 이제 심근경색 환자로서 얼굴이 파랗게 질려 무기력하게 실려 나가고 있었다. 그것이 내가 본, 살아 있는 아버지의 마지막 모습이었다.

그때 내가 느낀 압도적 감정은 당혹감과 무능감이었다. 나는 그날 일로 나 자신을 자책했고, 아버지를 살릴 수 없었다는 데 죄책감을 느꼈다. 눈앞에서 아버지가 죽어가는데 내게는 그걸 막을 힘이 없었다. 이런 감정을 느끼는 것이 합리적이지 않다는 사실을 잘 알면서도 강하게 치밀어 오르는 감정을 멈추지 못했으며, 그 사실이 너무나도 당혹스러워 누구에게도 이야기하지 못했다. 이후 그 감정들을 마음속에서 지워내려 안간힘을 썼고 그러한 노력이 어느 정도는 성공을 거둔 덕에, 나는 혼란스러운 와중에도 어린 시절을 무사히 살아낼 수 있었다. 어차피 그때는 사람들이 이런 것들을 주제로 이야기하기를 꺼리는 시대이기도 했고 말이다.

그 후로 나는 해소되지 않은 비통함에서 비롯된 외로움에 쫓겼다. 그제야 아버지가 우리 가족을 하나로 묶어주던 존재였다는 사실을 깨달았다. 아버지가 사라지자 우리 모두는 뿔뿔이 흩어져 저마다의 방식으로 슬픔에 잠겼다. 각자 자기 안으로 침잠해 슬픔이라는 외로운 섬에 틀어박힌 것이다. 어머니는 평소에도 늘 우울증에 시달렸는데, 남편을 잃고서는 우울증에 완전히 장악당해버렸다. 내가 프린스턴대학교로 진학하며 집에서 나오기 전까지, 내 기억 속의 어머니는 대부분의 나날을 침대에서 줄담배를 피우며 지내는 모습이었다. 나는 언제나 나를 보살펴주고 주의를 기울여주던 아버지뿐만 아니라 어머니도 잃은 셈이었다.

물론 인간은 적응의 동물이어서, 나는 가족이라는 울타리 밖에서 유대감의 빈자리를 채웠다. 고등학교 때 단짝이었던 마크, 데이비드와의 우정이 내게는 매우 중요했다. 나는 특히 마크와 친했고, 우리 가족보다도 마크네 집에서 그의 가족과 함께하는 시간이 더 좋았다. 그러나 마크와 데이비드 모두는 스물한 번째 생일도 채 맞이하지 못했다. 데이비드는 그의 가족이 자세한 언급을 피하는 모종의 급작스럽고 치명적인 의학적 문제로 스무 살에 세상을 떠났으며, 한 달도 지나지 않아 마크 역시 오리건주에서 암벽 등반을 하다 낙상해 그 뒤를 따랐다. 마크는 헬기에 실려 지역 병원에 도착할 때까지만 해도 살아 있었지만 부상이 너무 심해 결국 버텨내지 못했다. 두 사건 모두에서 나는 슬픔과 상실감뿐만 아니라 그들이 죽어가는 동안 내가 아무것도 하지 못하고 그들을 저버렸다는 찝찝한 느낌을 떨쳐내지 못했다.

이 이야기를 하는 이유는 딱히 '비련의 주인공'을 자처하고 싶어서가 아니라 말로 설명할 수 없는 트라우마를 나 스스로도 얼마나 뼈저리게 잘 알고 있는지 강조하기 위해서다. 나는 아버지를 잃은 상실감을 마크 및 데이비드와의 지지적인 우정을 통해, 마크의 본가를 일종의 안식처로 삼으며 견뎌냈다. 그러자 이번에는 마크와 데이비드가 세상을 떠났다. 이에 대학교 3학년 말, 나는 비통한 마음을 바탕으로 한 가지 의식적 선택을 감행했다. 시와 예술을 너무나 사랑했지만 의과대학으로 진로를 틀었던 것이다. 이쪽이 더 안정적인 직업을 보장한다는 생각도 있었을뿐더러 무언가 다른 사람들에게 도움이 되는 일을 할 수 있겠다는 막연한 생각도 친구 둘을 잃은 내게 와닿았다. 그러나 의학에 통달하면 사람들을 죽음으로부터 지켜낼 기술을 익힐 수 있을 것이라 무의식적으로 생각했다는 사실까지는 당시 미처 깨닫지 못했다. 사랑하는 사람들을 구하지 못했던 과거는 어쩌면 다른 이들을 구함으로써 바로잡을 수 있을 것이라 생각했다는 사실도.

이후 20~30대에는 적극적으로 연애도 하고 동거를 한 적도 있었지만 늘 공허했다. 나는 여전히 현실과는 동떨어진 상실감, 수치심,

슬픔, 불확실성 속에 있었다. 생존에 초점을 맞춘 내 뇌는 사랑하는 사람이 죽으면 그 여파가 엄청나게 크니 다른 사람들에게 너무 마음을 쏟는 것은 그다지 좋은 생각이 아니라는 결론을 내렸다. 그러다 보니 나는 연애를 하다가도 관계가 너무 가까워지면 상대를 차버리기를 반복했다. 트라우마로 인해 사회인지가 왜곡되어 있었던 것이다. 사람들이 자연스럽게 사랑에 빠지는 순간에도 나는 아버지와 친구들을 잃고 경험했던 정서적 기억이 촉발되었다. 마치 트라우마로 인해 쇼핑 중에도 큰 소리만 들리면 무기를 찾는 참전용사처럼, 나는 친밀감이 커질수록 반사적이고 비합리적으로 마음에 벽을 쌓았다. 내가 사랑했던 여자들은 이유 없이 자꾸만 거리를 두는 내 모습에 얼떨떨하고 고통스러운 표정을 짓곤 했다. 친밀한 관계라면 어김없이 개입했던, 내 안에 있는 미해결 상태의 비통함에 대해 그들은 전혀 알지 못했고, 나는 깨닫지 못했다.

소중한 사람을 잃는다는 트라우마 기억은 여전히 공고화되지 못한 채 애착의 위험성을 알리는 무시무시한 경고음을 울려댔다. 더 이상 고통받지 않기 위해 과각성 상태에 있었던 나는, 타인과 친밀한 관계를 맺는 사람은 누구나 죽음으로 인해 그 관계를 잃고 만다는 절대적 진리에 순응할 수가 없었다. 사람은 누구나 죽는다. 나는 프린스턴대학교에서 우등 졸업상을 받고 의과대학에 수석 입학할 만큼 똑똑했지만, 친밀한 관계의 영역에 한해서는 트라우마 기억 탓에 인지가 너무나 왜곡되어 있어 스스로 탈출구를 찾을 수 없을 만큼 무력해져 있었다. 치료 환경에서의 기억 재공고화 과정은 바로 이 무력감을 이겨낼 힘을 북돋아 자신의 트라우마에 대해 고통 없이 이야기할 수 있게 해준다. 치유는 환자가 트라우마 경험에 장악당하는 대신 스스로 자신의 트라우마를 장악할 수 있게 돕는다. 트라우마 기억이 한때 나를 무너뜨렸지만 나는 이를 딛고 결국 외로움을 지배했다.

복합 PTSD의 진단과 치료에서 외로움이 어떤 역할을 하는지에 대해서는 이제야 겨우 조금씩 연구되기 시작했다.[11] 14세 이전에 신체 혹은 성적 학대를 당한 젊은 여성들을 대상으로 2011년에 이뤄진 조사의 결과에 따르면, 이들이 경험하는 PTSD 증상의 심각도는 '나는 사람들과 단절되어 있다' 혹은 '친구가 있어도 나는 외로움을 느낀다'와 같은 문항들에 동의하는 정도를 바탕으로 자신의 외로움을 측정한 값과 높은 상관관계에 있었다.

그런가 하면 2019년에 발표된 한 사례 연구는 복합 PTSD의 증상이 지속되고 치료에 진전이 없게 만드는 데 있어 외로움이 핵심적 역할을 한다는 결과를 내놓았다.[12] 연구진은 "외로움과 복합 PTSD가 부정적 상호증진 피드백 순환을 통해 서로를 강화하는 상호작용을 끊임없이 반복하는 것으로 보인다"고 지적했다. 이는 내가 관찰한 외로움의 악순환 현상과도 매우 유사하다. 외상 후 스트레스는 피해자를 외롭게 만들고, 외로움은 다시 PTSD의 치료를 어렵게 만든다. 앞서 마마 박사가 치료했던 참전용사들이 그랬듯, 사회적 회피 행동과 외로움이 결합된 복합 PTSD 환자는 소외감을 느끼거나 자살 사고를 경험할 위험에 처한다.

이 2019년 연구에는 어린 시절의 성적 학대로 복합 PTSD에 시달리게 된 젊은 여성의 사례가 등장한다. 외롭고 사회적 지지가 부족한 환경 속에서 이 여성 환자는 성범죄에 더욱 취약해졌고, 그에 따라

PTSD 증상도 악화되었다.

이 같은 사례에서 외로움이 지속되는 상황은 PTSD 치료의 장애물로도 작용한다고 연구진은 설명했다. "사적 외로움 및 관계적 외로움(이 책의 저자가 제시한 유형 명칭을 따르자면 각각 심리적 외로움과 사회적 외로움을 가리킴—옮긴이)이 현저하고 외부에서 정서적·사회적 지지를 받지 못한다면 심리치료에서 이러한 관계를 구축하기란 매우 어려우며 치료 효과가 떨어질 가능성도 높다."[13] 아울러 연구진은 PTSD의 치료에선 기존 치료법과 더불어 외로움 완화에 대한 노력이 지금보다 더욱 일반화되어야 한다고 주장했다. 외로움에 대한 대처는 복합 PTSD의 다른 증상들의 경우보다 쉬울 때가 많기 때문이다. 친밀한 관계를 유지하며 사회적 지지를 받는 환자들은 전반적으로 PTSD 치료에 성공할 가능성이 높다는 점에서 이는 직관적이고 일리 있는 주장이다. 그리고 이것이 바로 악순환에서 선순환으로의 전환을 위해 내가 추천하는 방식이다.

외로움에 대한 취약성 피라미드 모형

PTSD 관련 인식의 고취 및 치료법 발전에 있어 미국 국방부DoD와 보훈부VA가 중요 역할을 많이 하다 보니 PTSD는 흔히 군인과 관련된 정신건강 문제로 여겨진다. 그렇지만 일상 속에서 트라우마로 고통 받는 민간인의 차원에서도 외상 후 스트레스로 인한 감정들을 인식하고 대응하는 방법에 대한 의식이 향상되는 것은 국가 전체의 정신건강 증진에 엄청난 도움이 된다.

취약성 피라미드 모형은 내가 외로움에 대한 강의를 할 때에도 자주 사용하는 전통적인 공중보건 모형이다. 이는 기본적으로 의료 환경에서 질병 또는 건강 상태의 위험 수준에 따라 인구를 세 단계로 나누는 환자분류 체계를 기반으로 한다. 외로움의 경우, 피라미드의 꼭대기층은 외로움이 너무나도 깊어 삶에 현저한 타격을 입고 있는 사람들이 차지한다. 가장 아래층은 가끔 외로움을 느끼기는 하지만 실질적으로 그로 인한 영향은 크지 않은, 인구의 대부분이 해당한다. 가장 유심히 살펴볼 필요가 있는 대상은 피라미드 중간층의 사람들이다. 이 집단은 지금까지 이야기한 다양한 이유로 언제든 삶에 타격을 입을 위험이 있기 때문이다. 외로움의 '신규 발생' 여부를 가리는 진단검사의 목표는 이 피라미드의 중간층에 해당하는 사람들을 찾아내 외로움 완화에 필요한 적절한 지원과 치료를 제공함으로써 이들이 다시 피라미드의 가장 아래층으로 내려갈 수 있도록 하는 것이다.

취약성 피라미드 모형을 특히 외상 후 스트레스로 인한 외로움에 적용해보면, 중간층의 사람들은 극심한 트라우마를 경험하고 생활에 지장이 생길 정도의 PTSD 및 그에 수반되는 심한 외로움을 겪을 위험이 있다고 볼 수 있다. 여기에 속하는 사람 가운데 상당수는 유대감 형성을 중심으로 하는 활동에 참여함으로써 외상 후 스트레스를 완화하는 데도 도움을 받을 수 있다. 그 결과 PTSD로 고통받는 무수한 사람들은 괴로움에서 벗어나고, 사회는 PTSD 치료에 소요되는 어마어마한 보건의료 비용을 아낄 수 있다.

한편 피라미드 최하단에 있는 일반 대중에게 적절한 중재법은 트

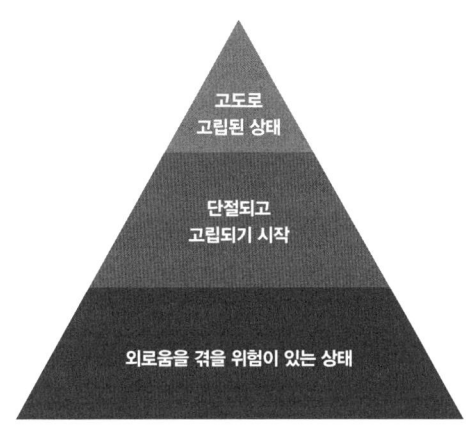

제공: FAH

라우마 사건에 따른 스트레스와 외로움에서 초래되는 위험 및 증상에 대한 인식을 높이는 교육이다. 일례로 미국 정부는 자연재해 피해를 입은 지역 주민들에게 '심리적 응급 처치' 인쇄물을 배포한다. 생활에서의 급격한 변화로 야기된 트라우마 속에서 상호지지를 주고받을 수 있는, 과학적으로 검증된 최선의 방법들이 실린 인쇄물이다. 이러한 자료에서 소개된 조언은 사고로 부상을 당하거나, 폭력 범죄의 피해를 입거나, 그 밖의 온갖 트라우마로 고통을 겪는 모든 사람에게 도움이 된다.

   사람은 살면서 누구나 트라우마를 경험할 수 있으며, 이는 우리가 견고한 유대 및 사회적 관계를 유지해야 하는 또 하나의 큰 이유가 된다. 언제 어떤 일이 갑자기 닥쳐와 삶을 송두리째 흔들고, 우리를 고립시켜 심한 외로움에 시달릴 위험에 놓이게 만들지는 아무도 모른다. 사회적 관계의 진가는 우리가 그것을 가장 필요로 할 때 뚜렷하게 드러난다. 사람들이 외롭지 않고 강한 유대감을 느끼는 사회가 일반적으로 훨씬 건강하고 회복탄력성이 높은 것도 이 때문이다.

 삶에서 마주치는 외상 후 스트레스로 인한 외로움을 피하고자 한다면 앞 장에서 제시한 기조에 따라 창의적 표현활동을 시도해보기 바란다. 호기심을 품고, 창작활동을 하고, 대화를 나누는 것이다.

 먼저 사건 후 경험하는 자신의 감정을 호기심 어린 시선으로 바라보자. 감정의 정체가 외로움일 가능성을 염두에 두고, 만약 정말 외로움이 맞다면 어떤 유형에 해당하는 것일지 생각해보자. 심리적으로 자신의 감정을 회피하며 건강하지 않은 행동을 하지는 않는가? 사회적 외로움은 어떠한가? 사건 이전에 속해 있던 사회적 집단과는 더 이상 편안하게 '어울릴 수 없다'고 느끼는가? 사건 경험 후 영적으로 혹은 정신적으로 허무하고 고립되어 있다고 느끼게 되었는가?

 그다음에는 무언가를 만들어보자. 자신의 생각과 감정을 언어로 표현할 수 있다면 이를 글로 적어보자. 그날 그날 일기를 쓰거나 꿈을 기록해보는 것도 좋다. 꼭 글이 아니더라도 자신이 표현활동을 통해 위안을 얻고 성취감을 경험할 수 있는 수단이라면 무엇이든 괜찮다. 처음 시도해보는 레시피로 요리를 하든, 정원 한구석에 새로운 꽃들을 심든, 집 안 공간을 새롭게 꾸미든, 호기심 및 깨달음과 연결된 행위라면 그 어떤 것도 그림 그리기 못지않은 창의적 표현활동이 될 수 있다.

 자신의 작품 그리고 그 안에 담긴 생각과 감정을 주제로 대화를 나누어보자. 그리고 나서 외로움의 고통을 발견했던 영역으로 대화의 범위를 확장해보자. 여건이 된다면 외로움 탓에 행했던 건강하지 못한 행동에 대해 다른 사람에게 이야기하거나, 자신을 피하는 듯한 사람에게 용기 내어 다가가보자. 가장 힘든 것이 실존적 외로움이라면 믿을 수 있는 상대를 찾아 영적인 고민을 터놓고 이야기해보자.

중요한 것은 가까운 친구나 믿을 수 있는 사람들과 트라우마에 대해 힘들더라도 이야기하는 것이다. 그래야만 비로소 기억의 재공고화가 이루어지기 때문이다. 이때의 목표는 고통 혹은 부정적 감정 탓에 사람들과 거리를 두어 외로움을 느끼는 악순환에 더 이상 빠질 위험 없이, 담담히 이야기할 수 있는 트라우마 서사를 구축함으로써 해당 사건을 과거 기억의 영역으로 넘겨버리는 것이다. 트라우마 사건을 겪은 뒤 의학 혹은 심리상담 전문가의 도움을 받는 것도 좋지만 인생에서 역경을 경험할 때마다 매번 이들에게 의존하기는 사실상 불가능하다. 이에 미국 연방재난관리청FEMA에서는 재난 시 구호 조치의 일환으로 정신건강과 관련된 보편적 조언 및 정보를 제공하고 있다. 트라우마와 외로움 문제는 위험이 큰 데 반해 문제 해결을 도와줄 전문 인력은 늘 부족해 모두에게 개별적 도움을 주는 데 한계가 있다. 따라서 공중보건 차원에서 대규모의 광역적 대응이 반드시 필요하다.

전 세계에 트라우마를 남긴 팬데믹

코로나19로 2020년에 시작된 세계적 팬데믹은 일터, 사회적 관계 그리고 사랑하는 이들의 목숨까지 앗아감으로써 수많은 사람에게 트라우마를 남겼다.[14] 미국 국민 중 외로움을 느끼는 이들의 비율은 2019

년에 이미 한 차례 역대급으로 치솟았는데, 이후 팬데믹 탓에 강제로 고립된 생활이 시작되자 그 비율이 더욱 높아졌다. 수많은 사람이 친구나 사랑하는 이들을 만나지 못했고, 일터나 학교에서 무심결에 주고받던 일상 속 사회적 상호작용도 할 수 없었으며, 파티나 콘서트, 클럽이나 식당에 가는 소소한 즐거움도 빼앗긴 채 힘든 시간을 견뎌내야 했다. 팬데믹 이전까지 삶에 질감과 의미를 더해주었던 생활 습관들을 하루아침에 송두리째 잃고 트라우마에 빠진 이들은 회복에 더더욱 많은 시간이 소요될 터였다. 다른 외상 후 스트레스나 애도증후군의 경우와 마찬가지로 이러한 상태에서는 계속되는 불안, 과각성, 취약감에 시달릴 뿐만 아니라 우울증과 중독, 심지어 자살의 위험까지 높아질 수 있다.

그렇지만 동시에 팬데믹은, 자신 외에도 외로움에 시달리는 사람이 많다는 사실을 깨닫고 나면 그와 관련된 말을 꺼내기가 얼마나 쉬워지는지를 보여주는 구체적 본보기가 되었다. 또한 외로움의 부정적 낙인을 벗기는 중요한 계기도 마련해주었다. 전 세계가 외로움으로 인한 트라우마와 씨름하고 있다는 사실을 깨닫고 자신이 외로운 것을 자연스러운 현상으로 받아들이는 것이 가능해지면 외로움 문제에 본격적으로 대처하게 되고, 그로써 그 문제가 퍼져나가는 속도나 해로움이 감소할 가능성도 높아진다. 외로움을 당당하게 인정하는 태도는 사람과 사람을 이어주는 강력한 힘으로 작용하며 신체 및 정신건강을 개선하고 힘든 시간을 버틸 수 있게 해준다.

외로움이 만성화된 이들은 스스로 자신이 그럴 만한 이유가 있는 사람일지 모른다는 의혹을 떨치지 못해 고통을 겪곤 한다. 이런 상태의 사람들은 자신이 불량품이므로 다른 이들과 진실하고 믿을 만한 관계를 형성할 가치가 없는 존재라는 생각에 사로잡힌다. 한마디로 패배자라 여기는 것이다. 그런데 팬데믹 시기가 되면서 외로움이 전 세계에 만연하고 누구나 겪을 수 있는 문제로 인정받기 시작하자 기존에 외로움을 겪고 있던 사람들도 어쩐지 위안받는 느낌을 경험하게 되었다. 이처럼 동일한 상황으로 어려움을 겪는 사람이 많아지면 전반적으로 스트레스 수준이 자연스럽게 감소하고 낙관성, 인내심, 공감, 관용과 같은 긍정적 기분과 정서가 고취된다.

외로움이라는 경험은 대단히 개인적이고 주관적이다. 앞서 '같은 풍랑 속에서도 저마다 다른 배에 타고 있다'는 비유를 들어 이야기했듯, 팬데믹이라는 동일한 시련 속에서도 누군가는 파도에 휩쓸려 허우적대는 반면 누군가는 평온하고 안전한 피난처를 발견하기도 한다. 팬데믹 기간의 자택격리 정책 덕에 많은 이들은 오히려 학교나 직장 생활에서 느꼈던 외로움으로부터 벗어날 수 있었다. 주중 내내 밖에서 시간을 보내야 했던 직장인들은 모처럼 집에서 가족과 시간을 함께했고, 재택근무가 서로와 한층 더 가까워지는 계기가 되었다는 커플들도 있었다. 영국에서 2020년 자택격리 기간 동안 2000명을 대상으로 이뤄진 어느 조사에서는 응답자의 43퍼센트가 성취감을 느끼는 활동을 하며 시간을 보냈다고 답했다.[15] 이들은 창의적 예술활동을 포함해 취미 생활을 위한 시간을 더 많이 확보할 수 있었을 뿐만 아니라 운동과 독서도 훨씬 많이 하고 온라인 강의들도 수강했다. 많은 응답자들의 회상에 따르면, 강제로 고립된 생활을 해야 했던 이 기간은 그들에게 있어 자기를 돌보고, 성장하고, 내면에 있는 본질적 자기와의 연결을 강화하는 시간이었다.

그런가 하면 비교적 힘든 시간을 보낸 사람들에게서는 PTG, 즉 역경에 따르는 심리적 고통을 견뎌낸 이들이 회복 후 긍정적 방향으로 한층 성장하는 '외상 후 성장post-traumatic growth' 현상이 나타난다. PTG 현상을 탐구한 연구자들은 사람들이 가장 흔하게 성장을 경험하는 몇 가지 영역을 발견했는데, 대부분이 외로움의 완화와 강하게 연관되어 있었다. 이를테면 트라우마에서 회복한 뒤에는, 특히 같은 상처로 고통받았던 사람들 사이에선 훨씬 친밀한 유대감이 형성된다. 자기 안에 내재된 강점을 발견하고 자존감이 향상되는 것 또한 PTG에서 흔히 나타나는 효과다. 삶에 전반적으로 감사함을 느끼고 영적인 믿음이 깊어지기도 한다.

뒤에서 다룰 외로움의 나머지 네 가지 구역에서도 정도의 차이는 있지만 트라우마와 관련된 요소가 조금씩 발견되는데, 그런 점에서도 지금 외상 후 성장을 언급하는 것은 큰 의미가 있다. 트라우마가 그렇듯 외로움도 고난인 동시에 기회가 될 수 있다. 그렇다고 해서 외로움이 주는 고통을 별것 아닌 것으로 폄하하거나, 만성적 외로움에 시달리게 만드는 생활환경을 '좋은 것'으로 포장하려는 마음은 결코 없다.

트라우마 회복의 목적은 과거를 잊는 것이 아니라 그 기억에 꽉 달라붙어 있는 부정적 정서로부터 해방되는 것이다. 자신의 트라우마에 대한 이야기를 고통 없이 털어놓는 것이 가능해지면, 주도권은 이제 트라우마 기억이 아닌 여러분의 손으로 넘어가게 된다. 같은 맥락에서, 외로움도 부정하거나 무시해야 할 대상이 아니다. 외로움을 유용한 신체적 위험 신호로 인정하고 받아들이면 그것이 주는 고통도 탐색과 성장으로 나아가는 계기로 바라보게 될 것이다. 외로움과의 관계가 이렇게 변화할 때에야 비로소 삶에 대한 관점, 그리고 삶에서 주어지는 인간관계 또한 진정한 변화를 맞이할 수 있다. 어떤 구역에서 만나든, 외로움이라는 감정은 우리를 고문하기 위해서가 아니라 도움을 주기 위해 존재한다.

5장

두 번째 구역, 질병

1992년, 존스홉킨스병원Johns Hopkins Hospital 암병동에서 간호사로 근무하던 릴리 쇼크니는 전이성 유방암 진단을 받았다. 당시 30대로 남편과 어린 딸이 있었던 릴리는 자신의 병에 대한 지식을 충분히 갖추고 있었으므로 그나마 다행이라고 생각했다. 게다가 가족 및 친구들과 탄탄한 지지적 관계를 맺고 있었기에 이를 바탕으로 자신에게 닥친 위기 상황을 잘 극복해나갈 수 있으리라 믿었다. 곧이어 벌어진 일들은 그래서 그녀에게 더욱더 큰 충격을 안겼다.

친구들에게 전화를 걸어 진단 소식을 알리자 수화기 너머로 들려온 것은 어색한 침묵이었다. 직장에서는 심지어 동료 간호사들조차도 그녀의 암 진단 사실을 듣고 얼어붙은 채 어쩔 줄 몰라 했다. 그 뒤로 친구들은 전처럼 릴리에게 자주 전화를 걸지 않았고, 그녀와 완전히 연락을 끊은 사람도 있었다. 어떤 친구들의 경우엔 릴리가 전화를 걸면 곧장 자동응답기로 넘어가버렸으며, 메시지에도 답을 보내오지 않았다.

릴리는 열일곱 살 때부터 유방암 환자들을 간호하는 일을 해왔지만 정작 자신이 병에 걸린 뒤 찾아올 외로움에 대해서는 아무런 대비가 되어 있지 않았다. 사람들의 반응에 상처입고 버림받은 느낌이 들었지만 한편으로는 이해도 되었다. 누군가 중병에 걸렸다는 소식을 접하면 마음이 아주 불편해지기 마련이다. 릴리는 나와의 인터뷰에서 이렇게 말했다. "이 사람이 병에 걸렸다면 나도 병에 걸릴 수 있겠구나 하는 생각이 드는 거죠." 사람에 따라서는 질병에 대한 생각이 자신도 언젠가 죽게 되리라는 두려운 사실을 떠올리게 하기도 한다. 그렇기에 병에 걸린 친구와 관계를 유지하는 것이 마치 죽음과 연결되는 것처럼 여겨졌을지 모른다.

그 무렵, 안전한 차량 이용 상식을 널리 알려 우수 공익광고상을 수상한 TV 공익광고 시리즈가 방영되었다. 이 영상들은 빈스와 래리라는 이름의 더미dummy(흔히 차량 실험용 인체 모형을 가리키지만 '멍청이'라는 뜻의 속어로도 쓰임─옮긴이) 둘이 다양한 상황 속에서 안전벨트를 매지 않은 채 차량 충돌사고를 당해 머리가 으깨지고, 파편에 몸통을 관통당하고, 팔다리가 뜯겨 나가는 장면을 유쾌하게 연출한다. 이윽고 빈스와 래리가 사고 잔해 사이에서 등장해 뜯어진 팔다리를 다시 붙이며 농담을 나누지만 곧이어 진지한 경고 문구가 뜨면서 광고는 마무리된다. "더미한테서도 배울 점이 많습니다. 안전벨트를 착용합시다."

릴리는 이 광고 시리즈 가운데 하나를 보다가 번뜩 떠올렸다. "남편한테 말했어요. '나도 여기서 유쾌함을 찾아야겠어'라고요." 릴리가 말했다. "유쾌함을 전하면 친구들이 다시 나한테 돌아올 수 있을 거고, 그럼 나도 내가 필요한 친구들의 지지를 받을 수 있을 거야."

릴리는 친구들에게 전화를 돌려 자신이 외롭고 친구가 필요하다고 애써 설명하는 대신 한 가지만 도와달라고 말했다. 이제 오른쪽 가슴에 근치유방절제술(암세포가 있는 쪽 유방 전체뿐만 아니라 밑에 있는 가슴근육, 겨드랑이 임파선 조직까지 모두 함께 제거하는 수술—옮긴이)을 받고 나면 곧 보형물을 맞춰야 할 터였다. 이에 릴리는 차량 충돌실험용 더미인 빈스와 래리처럼 자신의 보형물에도 이름을 붙여야겠다며 친구들로부터 추천을 받은 뒤 각자 가장 마음에 드는 이름에 투표를 해달라고 부탁했다. 곧바로 수많은 아이디어가 쏟아져 들어왔고, 이 우스꽝스러운 이름 공모전 이야기를 발판삼아 릴리는 훨씬 더 의미 있는 주제로 대화를 나눌 기회를 얻게 되었다. 몇 주 안에 릴리는 보형물에 붙일 이름('베티 붐')을 얻었을 뿐만 아니라 친구들도 되찾았다.

외로움은 질환을 앓고 있는 사람들에게 엄청난 부담을 지울 수 있다. 린다 토프Linda Topf는 자신이 다발성경화증으로 하루하루 기동성을 잃어가자 그에 따라 다른 사람들과의 관계도 서서히 나빠지고 쇠락해감을 깨달았다.[1] 병은 그녀가 세상에 존재하는 다른 모든 인간으로부터 뚝 떨어져나간 듯한 기분이 들게 만들었다. 린다는 자신의 저서《질환이 곧 나는 아니다You Are Not Your Illness》에서 이렇게 말했다. "나는 사람들이 내 이야기를 듣고 싶어 하지도 않을뿐더러, 내가 경험한 것들을 절대로 이해할 수도 없으리라 느꼈다. 건강한 사람들로부터 분리되어 있다는 데서 비롯된 이 고립감은 병 그 자체로 인해 감내해야 할 그 어떤 힘든 치료 과정이나 증상들에 견주어도 절대 뒤지지 않을 만큼 고통스럽다. 그야말로 가장 극심한 형태의 외로움이다."

모든 질환은 한 가지 특정 유형의 외로움에 사로잡힐 위험을 높인다. 릴리 쇼크니는 친구들에게서 버려졌다는 느낌을 경험했다. 린다 토프는 장애 탓에 자신이 남들과 다른, 분리된 존재라고 느꼈다. 이처럼 질환에는 어떤 식으로는 자신이 더 이상 건강한 사람들과 같은 집단에 속하지 않으며 동떨어진 존재라고 느끼게 만드는 힘이 있다. 《은유로서의 질병 Illness as Metaphor》에서 수전 손택 Susan Sontag은 이렇게 말했다. "질병은 삶의 어두운 이면, 짊어져야 할 부담이 훨씬 큰 쪽의 시민권이다. 이 세상에 태어난 모든 이들은 건강의 왕국과 질병의 왕국이라는 두 왕국의 시민권을 갖는다."[2]

외로움은 몸이 아프고 손택이 말하는 두 왕국 사이를 편안히 오가지 못하게 되었을 때 발생한다. 우리는 두 왕국 모두에서 각기 많은 것을 얻을 수 있다. 먼저 건강의 왕국에서는 자신에게 익숙한 삶의 일부로서 누리는 가능성들을 탐색하고 확장한다. 그리고 의식적이든 아니든 사적·공적 차원에서 성취를 이루어낼 수 있는 태도와 행동을 형성하기 위한 관점, 존재 방식, 신념을 갖추는 방향으로 나아간다. 한편 질병의 왕국에서 성취를 이루어낼 기회 역시 이에 못지않게 많다. 긍정적 대상에 초점을 맞추는 사회의 편향된 시각에서는 눈에 잘 띄지 않지만 말이다.

"파멸은 나에게 있어 시작을 의미한다." 제2차 세계대전 중 연합군의 폭격으로 폐허가 된 마을에서 자란 경험이 작품에 깊은 영향을 미치게 된 독일 화가 안젤름 키퍼 Anselm Kiefer는 말했다. "그 잔해가 있어야 새로운 아이디어를 구축할 수 있다. 이들은 곧 시작을 나타내는 상징이다."[3] 중병에 걸린 상태에서는 신체적·정서적으로 기존의 틀이 강제로 부서지다 보니, 여러모로 그전까지는 보이지 않았던 것들에 눈을 뜨고 호기심 어린 시선으로 그것들을 바라볼 수 있게 된다. 질병과 트라우마를 외상 후 성장으로 빚어낼 수 있을지의 여부는 이렇게 새로이 얻게 된 정보를 우리가 어떻게 사용하느냐에 따라 결정된다. 과연 우리도 그 안에서 마치 암벽을 등반할 때 지지대가 되어주는 피톤처럼 추락을 막아주고 위로 올라가게끔 도와줄 타개책을 찾을 수 있을까?

곁에 아무도 없는 환경의 위험성

2000년대 초, 나는 원격 의료 서비스 제공을 목표로 디지털 상호작용 기술을 적용한 최초의 기업 중 하나인 헬스버디Health Buddy에서 의료 자문위원을 맡았다. 우리는 중증 심부전으로 극도의 호흡곤란을 겪을 위험이 있어 빠른 의학적 조치가 곧 생명줄과도 같은 위급 환자들의 집에 디지털 체중계를 설치했다. 각 체중계는 간호사들로 구성된 중앙 콜센터와 연결되어 있었다. 우리의 목표는 원격으로 환자들의 체중을 매일 확인하고 갑작스러운 체중 증가와 같은 단서를 통해 폐에 체액이 축적되는 위험 상태를 조기에 잡아내는 것이었다. 이렇게 조기에 개입해 약의 용량을 늘리는 방식으로 헬스버디는 서비스 이용자들의 전반적인 입원율을 낮추고 그만큼의 비용을 아끼는 효과를 꾀했다.

 프로젝트는 곧 대단히 고무적인 결과를 내놓았다. 참가자들의 전체 입원율이 50퍼센트로까지 떨어진 것이다. 초기 단계에서부터 이렇게 큰 효과를 보았다는 사실에 우리는 몹시 기뻤고, 이러한 소식이 뉴스 보도를 타면서 프로젝트도 순조롭게 영역을 넓혀나갔다. 그로부터 몇 년이 더 지난 뒤에야 나는 실제로 조기에 개입해 약의 용량을 조절하는 조치가 이뤄진 사례가 매우 드물다는 것을 깨달았다. 이렇게 적은 사례만으로 그토록 극적인 입원율 감소를 설명할 수 있을 리는 만무했다.

이에 나는 입원율의 변화가 외로움과 관련 있을 가능성을 의심하기 시작했다. 중증 심부전을 앓는 환자들의 대다수는 상당히 고립된 생활을 한다. 그렇기에 그저 집에 있는 체중계의 수치를 다른 누군가가 확인해주는 것만으로도 이들은 자신이 타인과 연결되어 있고 헬스버디와 소속 간호사들이 '자기 곁을 지켜주는' 듯한 느낌을 경험한 것이다. 매일 체중을 재고 짧게나마 콜센터와 개인적인 접촉을 함으로써 이들은 외로움을 덜 느끼게 되었고, 그 덕분에 염분 많은 음식을 피하고 시간에 맞춰 약을 복용한다는, 심부전 관리에서 가장 중요한 두 가지를 지킬 동기가 샘솟았을 가능성이 높다.

인터넷이 보편화되기 전인 1990년대에도 나는 이와 유사한 결과를 확인한 바 있었다. 정식 간호사들이 24시간 콜센터 응대를 담당하는 액세스헬스Access Health라는 회사와 함께 일하던 때였다. 당시에는 건강 문제를 상담하기 위해 전화를 건 사람들이 온갖 정서 및 스트레스와 관련된 고충을 털어놓는 경우가 잦았고, 그중 상당수는 감히 입 밖으로 꺼내는 일은 드물었지만 명백히 외로운 상태였다. 나로서는 꽤나 놀라운 일이었다. 디지털 건강관리 분야가 생겨난 초창기에 다른 많은 의료종사자들이 그랬듯 나 역시 이러한 기술의 일차적 가치는 적시에 필요한 임상 정보를 제공하며, 이를테면 두통을 호소하는 사람에게 두통의 다양한 유형들을 알려주고 머리가 아프다 해서 모두 심각한 질병은 아니라는 사실을 설명하는 데 있다고 생각했다. 그런데 이러한 정보는 어디까지나 상담 서비스 이용객 가운데 상당수가 진정으로 바라던 위안과 유대감을 제공하는 과정에서 부수적으로 전달된 것에 불과했다. 간호사들에게 전화를 건 사람은 그들과 대화를 나누는 동안 그들이 준 위안, 그리고 수화기 너머에서 계속 자신의 말을 들어주려고 마음 써주는 모습에 굉장한 평안을 얻었다. 이에 나는 단지 갑작스레 평소와 다르게 몸이 쑤시고 아플 때 말을 들어줄 상대가 없다는 이유로 응급실을 찾는 사람이 실제로는 얼마나 많을지 생각해보게 되었다.

몇 년 앞서 미시간에서 자동차 제조사 노동자들의 보험 청구 자료들을 정리할 때와 마찬가지로, 이 경험을 통해 나는 공중보건이 제 역할을 제대로만 한다면 의료비용을 낮추고 응급실 의료진처럼 부족한 자원을 보다 효율적으로 활용할 수 있을 뿐만 아니라 사람들의 고통도 크게 줄일 수 있다는 사실을 두 눈으로 목격했다. 이 외에도 다른 경험들이 더 쌓이면서, 나는 치유자로서 임상의가 환자의 건강에 충분한 도움을 주려면 신체적 징후는 물론이고 특정한 정서적·사회적 요인들에도 더욱 세심한 주의를 기울여야 한다고 점차 확신하게 되었다.

2018년에는 〈포춘Fortune〉 200대 기업과 협업, 연례 직원 건강 조사에서 흡연이나 음주 여부에 대해 묻는 것과 동일한 방식으로 각사 직원들의 외로움 정도를 수치화해보았다. 외로움 점수와 의료보험금 청구 횟수의 상관관계를 분석해본 것이다. 그 결과 외로움 점수가 높은 직원들과 낮은 직원들의 전반적인 입원율은 비슷했지만, 예방 가능한 질환으로 입원한 사례의 비율 및 재입원율은 놀랍게도 외로움 점수가 높은 직원들에서 두 배나 더 높게 나타났다. 게다가 외로움 점수가 높은 직원들은 아편류 약을 처방받은 횟수 자체야 외로움 점수가 낮은 직원과 동일했지만 아편류 사용장애로 진단받는 비율이 세 배나 더 높은 등 중독에 빠질 위험이 크다는 명확한 징후가 발견되었다. 이 모든 결과를 종합해보면 외로운 상태의 직원은 1인당 의료 서비스 및 처방약에 소요되는 비용이 그렇지 않은 직원에 비해 22퍼센트 가량 높다는, 다소 도발적인 결론이 도출된다.

이처럼 높은 중독 및 입원율은 많은 부분 외로운 사람들이 일상 스트레스·만성질환·정신건강 문제에 제대로 대처하지 못하기 때문일 가능성이 크다. 질환은 외로움을 불러일으키고, 외로움은 건강한 삶을 유지하지 못하게 끝없이 방해한다. 외로움은 질환이 더욱 악화되지 않게 관리하려면 반드시 지켜야 할 건강에 긍정적인 행동 습관들을 무너뜨릴뿐더러, 외로움이 직접적 및 지속적으로 우리 몸에 미치는 악영향은 이미 질환을 앓고 있는 사람이라면 누구에게나 심각한 건강상의 위협으로 작용한다. 설상가상으로 외로운 상태의 사람들은 자신에게 관심을 기울여줄 친구나 가족 등 사회적 안전망이 결여되어 있는 탓에 질환이라는 역경을 이겨내도록 곁에서 지지하고 이끌어주는 이들이 없고, 따라서 이로 인한 부정적 영향에 한층 더 취약해질 수밖에 없다.

만성질환 환자들에게 외로움이 미치는 (대체로 생활 습관과 연관된)

나쁜 영향력은 전 세계적으로 가장 빠르게 증가하고 있는 건강 문제의 원인이 되기도 한다. 현재 대개의 경제 선진국에서 소모되는 보건 의료 비용의 대부분을 차지하는 것은 심장 질환, 당뇨병, 호흡기 질환, 치매 등 어느 정도 예방이 가능한 만성질환들의 치료비다. 미국에서는 연간 의료비 지출액의 무려 90퍼센트가 만성질환 및 정신건강 문제를 앓고 있는 환자들에게 쓰이고 있다.[4] 2021년 기준 보건의료 지출액은 총 4조 3000억 달러인데, 이는 미국 국내총생산GDP의 18.3 퍼센트에 달하는 수치다.[5]

현재 선진국에서는 심장병이나 뇌졸중과 같은 심혈관계 질환이 주요 사망원인으로 꼽히는데,[6] 외로움 문제가 가장 널리 퍼져 있고 점점 확대되는 곳도 바로 이 국가들이다. WHO의 추산에 따르면 심혈관계 질환으로 매년 800만 명이 사망하는 등 전 세계적으로도 심혈관계 질환은 가장 많은 사망자를 낳는 요인이다. 이러한 사망자들 다섯 명 가운데 네 명은 뇌졸중과 심근경색으로 목숨을 잃으며, 사망자들의 3분의 1은 70세 이하에서 발생하는 조기사망에 해당한다. 만약 외로움이 사회에 만연해가는 분위기를 반전하고 그에 수반되는 의료 비용을 경감하는 과제에서 유의미한 진전을 이루어낼 수만 있다면 얼마나 많은 사람의 고통을 줄일 수 있을지, 또 그만큼의 자금을 교육과 교통 여건을 개선하고, 망가져가는 사회기반시설을 보수하고, 기후변화 문제를 완화하는 데 사용할 수 있을지 한번 생각해보라.

혈압 상승, 염증 수치 증가, 면역 반응 저하 등 외로움이 우리 몸에 미치는 영향으로 잘 알려진 상당수는 심혈관 건강에 매우 해로운 것들이다(영국에서 근 50만 명의 기록을 추적, 2018년에 발표된 한 주요 연구에서는 외로움이 심장 질환 발병의 위험을 최대 50퍼센트까지 높이는 것으로 밝혀졌다).[7] 이는 딱히 놀라운 사실도 아니다. 외로움이 촉발하는 투쟁-도피 각성 상태는 위험과 맞서 싸우거나 도망을 칠 수 있도록 우리 몸을 대비시키는 과정에서 혈압 상승 작용을 하는 코르티솔의 생성을 촉진한다. 이는 긴급한 자기방어를 요하는 순간에야 유용하지만, 외로움으로 투쟁-도피 스트레스 신호가 지속되다 보면 장기적으로는 우리 몸에 해로운 영향을 미칠 수 있다.

2015년 백혈구(감염에 대응하는 면역계를 구성하는 세포)의 유전자 발현을 살펴본 한 연구에서는, 외로움 상태에 있는 인간과 고립된 환경에서 생활하는 마카크 원숭이 모두에게서 항바이러스 반응에 관여하는 유전자의 발현은 감소하는 반면 염증 발생에 관여하는 유전자의 발현은 증가하는 현상을 발견했다.[8] 요컨대 외로움으로 투쟁-도피 스트레스 신호가 장기화되면 염증 수치만 높아지고 면역계 기능 자체에는 악영향이 미친다는 뜻이다. 특히 전 세계적으로 수많은 주요 질병과 사망의 원인이 되는 광범위한 신체 및 정신 질환의 유발요인으로 염증을 지목하는 연구가 많아지고 있는 상황에서 이는 매우 우려스러운 결과다.

2018년에 미국심장협회American Heart Association의 지원을 받아 진행된 한 예비연구에서는 외로움과 심장병으로 인한 입원율 및 사망률 증가 사이의 직접적 상관관계가 최초로 도출되었다.[9] 심부전을 앓고 있는 미네소타 거주자 2000명 이상이 연구에 참가했는데, 그 가운데 극심한 사회적 고립감을 느낀다고 답한 비율은 고작 6퍼센트에 불과했다. 그러나 이 비교적 적은 수의 응답자들 중 8개월의 추적 기간 동안 사망한 이의 비율은 외로움을 느끼지 않는다고 답했던 참가자들보다 무려 3.5배나 높았을 뿐만 아니라 입원율은 70퍼센트, 응급실에 실려 간 비율은 60퍼센트나 더 높았다(한편 보통 수준으로 외로움을 느낀다고 답했던 참가자들의 사망률과 입원율은 사회적으로 고립되어 있지 않은 참가자들의 경우와 차이가 없었다). 이러한 결과는 2022년 미국심장협회에서 사회적 고립과 외로움이 심근경색이나 뇌졸중 발병 위험 또는 이 둘 중 하나로 인해 사망할 가능성이 30퍼센트 증가하는 현상과 연관이 있다며 성명을 발표하는 근거가 되었다. 성명서 작성자 대표였던 크리스털 와일리 세네Crystal Wiley Cené 박사는 "미국 전역에 사회적 단절이 만연하다는 것을 고려하면 이것이 국민 건강에 미치는 영향은 상당히 크다"고 덧붙였다.[10]

2018년 연구에서 특히나 내 눈길을 끌었던 점은 PROMIS(국립보건원에서 데이터 관리에 용이하도록 제작한, 환자가 보고한 '결과 측정 정보 시스템 Patient-Reported Outcomes Measurement Information System'이라는 표준화된 조사기법)[11]에 기반한 사회적 고립 질문지의 축약형을 사용했다는 사실이다. 모든 조사 연구에는 일반적으로 질문지 문항의 수가 늘어날수록 자료의 정확도는 높아지지만 응답률은 낮아진다는 한계가 있다. 그런데 PROMIS 사회적 고립 질문지의 축약형은 다음과 같은 단 네 개의 단순한 문장에 동의-비동의 정도를 표기하는 것만으로 몹시 외로운 상태에 있는 사람들을 효과적으로 가려낼 수 있다고 밝혀졌다.[12]

나는 소외감을 느낀다.
나는 사람들이 나에 대해 아는 바가 거의 없다고 느낀다.

나는 다른 사람들로부터 고립되어 있다고 느낀다.

나는 사람들이 주변에 있긴 하지만 내 곁에 있어주진 않는다고 느낀다.

이 네 문항은 다양한 환경에 있는 사람들에게 매우 효과적인 진단 도구로 활용될 수 있다. 메이오클리닉Mayo Clinic에 재직 중인 연구 책임저자 라일라 러튼Lila Rutten은 "지각된 사회적 고립(주관적으로 경험하는 외로움과 사회적 단절감)"을 진단함으로써 "이러한 환자들을 어떻게 하면 더 잘 보살피고 지지해줄 수 있을지 이해하는 기반을 닦을" 수 있으리라는 희망을 드러냈다.[13] 이를테면 이 네 문항에 대한 응답 점수를 바탕으로 상태를 신속히 진단해 환자가 더 많은 보살핌이나 사회적 지지, 혹은 어쩌면 정신건강 검사를 필요로 하는지의 여부를 판단할 수 있다. 이 밖에도 스무 문항으로 구성된 'UCLA 외로움 척도UCLA Loneliness Scale'에서 세 문항을 추출한 축약형 검사가 이와 비슷한 유형의 도구로서 같은 방식으로 외로움을 측정하는 데 쓰이고 있다.

종류를 막론하고 중증의 기저질환을 앓고 있는 사람이라면 이 같은 진단검사를 주기적으로 시행하는 것이 생명을 구하고 치료비용을 줄이기 위해 반드시 필요한 일일 수 있다. 다른 사람과 유대감을 형성하도록 하는 간단한 중재법만으로도 만성질환의 중증도에 커다란 차이가 발생한다는 사실은 무수히 많은 환자들의 사례를 통해 입증되었다. 이러한 방식으로 외로움을 진단하고 금연을 대하는 것만큼의 관심을 다년간 기울인다면 과연 얼마나 많은 생명을 살리고 보건 의료비용을 아낄 수 있을까? 비단 의료 상황뿐만 아니라 다양한 환경에서 다른 사람과 유대감을 느끼고 덜 외로워지게끔 돕기 위해 이 단순한 '진단과 조치screen and refer' 전략을 사용하는 방안에 대해서는 외로움의 다른 구역들을 살펴보면서 다시 이야기하기로 하자.

냉소적 명언들로 유명한 조지 버나드 쇼George Bernard Shaw는 "만인이 돈을 중시하는 것이야말로 우리 문명사회의 한 가지 희망적인 구석"이라는 말을 남겼다.[14] 어떤 공중보건 조치가 지속 가능하다고 여겨지려면 언제나 금전적 비용과 사람들의 고통 모두 줄어드는 효과가 확실하게 입증되어야 한다. 사람들이 괴로움을 덜 느끼고 다시 제대로 기능하게 되며 의료비용이 절약된다는 결과가 제대로 입증되지 않는 한, 외로움을 줄이기 위한 대규모 중재법은 시행 예산 지원이나 반복 검증 기회를 얻기가 어렵다.

이처럼 경제 원리에 기반한 주장은 도발적인 동시에 매우 중요하다.[15] 미국은퇴자협회재단에서 발표한 어느 연구 결과에 따르면 의료보험 수혜자 가운데 외로운 상태에 있는 환자들에게는 치료에 매년 약 1600달러가 추가로 소모된다. 따라서 외로움에 효과적으로 대처 가능한 프로그램이 있다면, 그것을 시행함으로써 잠재적으로 절감하는 비용의 일부 정도는 투자해볼 만한 셈이다. 이에 미국 내 두 번째로 큰 건강보험사 앤섬Anthem의 자회사인 케어모어헬스CareMore Health가 나서서 외로움을 비롯한 고객들의 사회적 문제를 진단하기 시작했다.[16] 사회적 문제를 안고 있는 환자들로 인해 재정이 타격받을 위험이 있음을 인식, 외로움 문제를 해결하는 것이 환자들의 안녕감뿐 아니라 회사의 비용 절감 측면에서도 이익이라 판단했던 것이다. 케어모어에서 외로움 위험군에 속하는 1000명 이상의 노인들을 대상으로 전화·방문·사회적 이벤트 참여를 통해 정기적으로 소통하는 프로그램을 시행하자 참가자들의 응급실 이용 비율은 3.3퍼센트, 입원율은 20.8퍼센트가 낮아졌다. 이 같은 프로그램이 보다 활발하게 이루어질 수 있도록 장려금을 지급하는 제도는 '메디케어 어드밴티지Medicare Advantage'나 '메디케이드Medicaid'와 같은 공공 의료보험 차원에서도 계속 만들어지고 있다.

나와 같은 상황에 처한 사람들과의 유대

앞 장의 PTSD 환자들에게서 관찰되었던 외로움의 악순환은 중증 질환을 앓고 있는 사람들 대부분에게서도 찾아볼 수 있다. 외로움은 사람의 병을 더 깊어지게 만들며, 병이 깊어질수록 환자는 점점 고립되어 사회인지가 왜곡되고 어느 누구도 자신에게 마음을 써주지 않는다는 절망감에 사로잡힐 수 있다. 자존감도 심하게 낮아져 스스로를 보살피고 생존함에 있어 실질적으로 위협이 되는 지경에 이른다. 심리치료사 앨리사 로빈슨Alisa Robinson은 자신의 내담자들에게서 이 같은 하강나선 현상을 발견하고 다음과 같이 묘사했다.[17]

> 상상해보라. 당신은 지금 외롭고 슬프다. 이런 기분은 별로 마음에 들지 않는다. 끔찍한 느낌이기 때문이다. 그래서 생각을 떨쳐내려 애쓴다. 책을 읽고, 바쁘게 일하고, 와인 한두 잔을 마시고, 도넛을 몇 개 집어먹는 등 이 기분을 피하기 위해 무엇이든 한다. 하지만 정작 변화를

만들어내기 위해 한 일은 아무것도 없다. 그러다 후에 또다시 외로움을 느끼게 되면 자신이 꽤나 오랫동안 이 기분을 느껴왔으며 그 사이에 변한 것이 하나도 없다는 사실을 깨닫는다. 이제 기분은 더욱 나빠진다. 전에는 외로움만 느꼈다면 지금은 자존감마저 곤두박질친다. 당신의 절망감과 상실감과 혼란은 한층 더 심해진다.

그리고 이는 신체 질환에만 국한되는 현상이 아니다. 미국인의 정신건강을 위해 힘쓰고 있는 미국정신건강협회Mental Health America는 '나는 우울증을 앓고 있을까?', '나는 양극성장애를 앓고 있을까?'와 같은 제목으로 온라인 조사를 시행하는 데 많은 자금을 투자해왔다.[18] 지금껏 500만 명 이상이 조사에 응했는데, 질문지 말미에는 자신에게 어떤 도움이 필요하다고 생각하는지 묻는 문항이 추가로 제시되어 있다. 그리고 분석 결과 우울증, 양극성장애, PTSD 등 정신질환을 앓고 있을 가능성이 높게 나타난 응답자들이 가장 빈번하게 선택한 도움의 유형은 '나와 같은 상황에 처한 사람과 유대하고 싶다'였다.

질환 탓에 외로움에 시달리고 있다면 누구든 '나와 같은 상황에 처한 사람'과 유대하고 싶다는 마음을 품는 것은 충분히 이해 가능한 일이다. 의사로서 일하기 시작한 지 얼마 되지 않았을 무렵, 나는 우연히 체중 문제로 힘들어하는 사람들이 웨이트워처스Weight Watchers(미국의 다이어트 제품 및 프로그램 서비스 업체로, 오프라 윈프리가 투자한 것을 계기로 크게 유명세를 타기도 했음—옮긴이)를 통해 얼마나 큰 효과를 얻는지 보게 되었다. 다만 당시에는 웨이트워처스가 하는 일이 사람들의 외로움을 달래주는 것과 연관성이 있음을 제대로 이해하진 못했다.

비만인들은 외모에 강박적으로 집착하는 우리 사회 속에서 자주 소외감을 느낀다. 그들은 수치심과 배척당하는 기분을 느끼며, 이 중 상당수는 스스로를 고립시킨 채 마음을 달래는 나름의 수단으로 과식을 택하는 한편 운동처럼 건강한 행동들과는 점점 멀어진다. 지방과 단당류의 함량이 높은 가공음식에서 비롯되는 진정 효과는 마치 코카인 같은 중독성 약물이 몸에 들어왔을 때처럼 뇌의 쾌락중추를 자극하곤 한다. 초창기부터 웨이트워처스는 매주 집단 체중 측정을 진행해 회원들 사이의 소속감을 키워줌으로써 식습관 변화에 필요한 동기와 지지를 제공했다. '열두 단계 프로그램Twelve-step program'('익명의 알코올 중독자들'이라는 자조 모임에서 처음 시작되어 현재는 다양한 중독 문제로부터의 회복을 돕는 집단 심리치료 프로그램―옮긴이)에서도 이와 유사하게, 중독에 빠져 있는 회원들을 모아 집단의 일원으로서 서로의 이야기를 들으며 지지해주고 고충을 알아주는 시간을 마련한다.

이에 더해 열두 단계 프로그램에서는 각 구성원에게 24시간 도움을 청할 수 있고 선배이자 선생님 역할을 해줄 '후견인sponsor'을 찾게끔 장려한다. 다시 말해 두 사례 모두 집단 내 구성원들 사이에서 일종의 유대감이 형성되는 환경을 조성함으로써 그들이 전보다 건강한 행동 습관을 들이는 방향으로 함께 나아가도록 돕는 것이다. 이에 나는 또다시 애초에 외로움 혹은 단절감이 과식이나 통제 불가능한 수준의 음주 습관을 유발한 요인이 아니었을까 하는, '닭이 먼저냐, 달걀이 먼저냐' 식의 의문을 떠올리게 되었다.

만성질환 환자로서 혼자가 아니라는 느낌을 경험하는 것이 얼마나 가치 있는지는 지난 2014년, 보스턴메디컬센터의 당뇨병 여성 환자

열두 명을 대상으로 6회기짜리 이야기원 모임 실험 연구를 진행했을 당시 참가자들이 들려준 후기를 통해 증명되었다. 한 참가자는 매일같이 손가락 끝을 바늘로 찔러야 하는 혈당 검사의 고충을 인정하며 이렇게 말했다. "이 프로그램은 내 삶을 돌아보고 나 스스로 더 나은 선택을 할 필요가 있겠다고 결심하는 계기가 되었어요. 자기가 직접 자기 몸을 바늘로 찌르는 걸 좋아하는 사람이 어디 있겠어요. 아무도 없죠. 그렇지만 내가 오래 살려면 이 방법밖에 없는 거예요. 스스로 검사를 하고, 올바른 식단으로 챙겨 먹고, 내가 하고 싶은 다른 일들에 집중하는 거죠. 그리고 이런 면에선 누구도 예외가 될 수 없다는 걸 알게 됐어요. 얼마나 잘났든, 가방끈이 길든, 돈이 많든 말이에요. 사람은 누구나 당뇨병에 걸릴 수 있어요. 그 이후에 어떻게 대처하는지는 순전히 그 사람의 몫이고요. 나는 굳이 내 목숨을 걸고 도박을 하고 싶진 않아요."

지지집단이 건강에 미치는 긍정적 효과는 오래전부터 객관적 수치로 확인되었다. 30년도 더 전, 하버드 의과대학의 심신의학 선구자이자 당시 아직 햇병아리였던 내게 많은 영향을 미친 스승인 매튜 버드Matthew Budd 박사는 긴장성 두통, 근골격계 통증, 위장 장애 등 심신성 및 스트레스 관련 질환으로 고통받는 사람들을 위해 하버드대학교 필그림헬스케어연구소Harvard Pilgrim Health Care에서 '웨이스 투 웰니스Ways to Wellness('건강으로 가는 길'이라는 뜻—옮긴이)'라는 프로그램을 개발, 진행했다.[19] 그리고 참가자들이 지지집단에 소속되고 얼마 되지 않아서부터 증상의 수가 줄어들고 자신의 질환을 전보다 잘 관리하게 되었으며 치료를 위해 병원을 찾는 횟수가 감소했음을 발견했다.

왜 이런 현상이 발생했을까? 이를 두고 매튜 박사는 우리가 하는 말이 뇌 기능에 얼마나 중요한지 보여주는 결과라고 추론했다. 우리의 뇌는 우리가 하는 이야기, 그리고 그 이야기를 묘사하기 위해 사용하는 언어 유형 및 말의 구조를 통해 세상을 인식한다. 외로움은 "누구도 나를 돕고 싶어 하지 않아"라든지 "내가 애써봐야 무슨 소용이 있어?"처럼 낮은 자존감을 투영한 부정적 혼잣말이 특징이다. 만약 이런 말만 하루 종일 뇌에게 들려준다면 우리의 뇌는 마치 이것이 사실인 양 받아들이고 그에 맞추어 기능하기 시작한다. 반면 하버드대학교 필그림헬스케어연구소의 지지집단 프로그램에 참여한 참가자들은 자신이 앓고 있는 심신성 질환에 대해 다른 사람들과 함께 떠올린, 훨씬 건강한 말을 할 수 있게 되었다. '나와 같은 상황에 처한 사람들'과 대화를 나누고 유대감을 형성하면서 자신의 고통을 보다 긍정적인 관점에서 이야기하는 법을 터득한 것이다. 이는 참가자들의 외로움을 경감시켰고, 신체가 받는 스트레스의 강도를 낮춰주었으며, 회복에도 도움이 되었다. 뿐만 아니라 이들이 병원을 찾는 횟수와 보건의료자원 소모량이 감소하자 전반적인 비용도 줄어들었다.

정신과 의사이자 전 미국 국립정신건강연구소NIMH 소장인 나의 친구 톰 인셀Tom Insel은 1년 넘게 치료를 받았음에도 차도가 없을 만큼 극심한 강박장애를 앓던 중 신약 임상시험에 참가한 어느 대학생 환자의 이야기를 들려주었다. 이후 그 환자에게 벌어진 일은 아주 놀라웠다.

국립정신건강연구소에서 처음 일을 시작하던 당시 톰은 임상시험 부서에 있었다. 카일이라는 이름의 그 젊은 환자는 톰이 진행하던 클로미프라민이라는 세로토닌 재흡수 억제제 신약이 강박장애 환자에게도 효과가 있는지 살펴보는 연구의 참가자 중 한 명이었다. 카일은 밝은 성격이었지만 강박사고와 행동들 탓에 수업 과제들을 제대로 제출하지 못해 조지워싱턴대학교에서 제적 위기에 놓여 있었다.

임상시험은 이중맹검교차설계double-blind crossover trial로 진행되었다. 다시 말해 모든 참가자는 임상시험 기간의 절반 동안은 진짜 약 또는 가짜 약(플라세보) 중 하나를 복용하고, 나머지 절반의 기간 동안에는 반대 조건의 약을 복용했다. 또한 개개인의 편향이 결과에 영향을 미칠 위험을 최소화하기 위해 참가자와 연구자 모두 누가 어느 시점에 플라세보 약을 받았는지 모르는 채로 임상시험이 진행되었다. 이 같은 유형의 교차설계는 모든 환자가 최소한 임상시험 기간의 절반은 진짜 약을 처방받는 것이 보장되기 때문에 참가자를 모으기 쉽다는 장점이 있다.

첫 4주간 카일의 상태는 눈에 띄게 호전되었다. 강박사고가 불쑥불쑥 떠오르는 횟수가 줄어들었고, 강박행동의 강도가 약해졌으며, 수업 과제들도 해낼 수 있게 되었다. 전반기 중 마지막 몇 주 동안에는 사라라는 여학생을 만나 교내 연애를 시작했다. 전반기가 끝나고 약을 교체할 즈음에는 둘의 관계가 깊어졌고, 둘 다 서로에게 푹 빠져 있었다. 카일의 강박장애 진단점수가 0까지 떨어진 것이 바로 이 시점이었다. 클로미프라민 복용을 중단했음에도 강박장애 증상이 완전히 사라졌던 것이다.

자신의 저서《마음이 아픈 사람들 Healing: Our Path from Mental Illness to Mental Health》에서 톰은 이렇게 서술했다.[20] "강박사고, 강박행동, 기분

모두 점수가 정상 범위 안으로 들어왔다. 카일은 신이 났다. 나는 망연자실했다. 사라가 사실상 연구를 망쳐놓은 셈이었다. 둘의 관계에서 카일이 얻은 것이 무엇이었든, 그것은 명백히 클로미프라민보다 효과적이었다." 카일을 제외한 다른 참가자들은 정도의 차이는 있었지만 하나같이 플라세보 약을 복용하면서부터 증상이 재발했다.

이 경험을 통해 톰은 사회적 연결이 정신질환에 매우 중요한 중재법으로 작용할 수 있다는 발상을 떠올리게 되었다. 그리고 이러한 생각을 정신건강에 관한 다른 연구들에도 적용하면서 이를 입증하는 놀라운 연구 결과들을 발견하기 시작했다. 가령 조현병 환자들은 흔히 사회적 관계를 회피하는 성향을 보인다고 알려져 있는데, 최근 연구 결과들은 그 이유가 상대와 가까운 거리에서 눈을 마주보는 상황이 스스로 통제할 수 없을 만큼의 과도한 자극으로 느껴져 그 부담감에 압도되었기 때문임을 시사한다(이는 자폐스펙트럼 환자가 경험하는 느낌과도 약간 비슷하다). 실제로 조현병 환자들은 대체로 극심한 외로움을 느낀다. 이들도 타인과 관계 맺기를 갈망한다. 단지 관계의 깊이를 스스로 통제할 수 있는 상황이어야만 한다는 제약이 있을 뿐이다.

대부분의 선진국에서 정신건강 문제(우울증, 불안장애, 자살경향성, 치매 등)가 우려스러울 정도로 급증하면서 톰은 정신질환이 "사회적 해결책을 요하는 의학적 문제"이며 이로부터 회복하기 위해서는 유대감이 반드시 필요하다고 인정하게 되었다. 그리고 "중증의 정신질환 환자들에 대해 정신과 의사나 심리학자가 가장 모르고 있던 것은 어쩌면 이들이 느끼는 외로움일 수 있다"고 덧붙였다.

복합 PTSD와 관련해 만성적 외로움의 악순환에 빠져 있는 환자들은 상대적으로 훨씬 다루기 까다로운 PTSD 증상들을 치료받을 준비가 제대로 되어 있지 않으므로 외로움 문제를 먼저 해결해야 한다고 주장했던 연구를 나는 앞서 인용한 바 있다. 이처럼 '외로움 문제가 우선'이라는 개념은 다른 질환들의 치료 상황에도 동일하게 적용될 수 있다. 가족이나 가까운 친구도 없이 혼자 사는, 객관적으로 고립된 생활을 하고 있는 환자들의 경우에는 특히나 더 그러하다. 질환의 치료 과정에서 외로움 문제를 다룰 시에는 이들이 치료 기간 내내 정기적으로 연락을 주고받으며 지지와 격려를 얻을 사회적 관계를 구축하도록 도울 수 있다.

정신건강 문제에는 물질남용이나 비만 등 다른 건강 문제가 동반되는 경우들이 많다. 그리고 정신건강 문제를 앓고 있는 사람에게는 특히 외로움이 부정적 행동의 악순환을 유발, 비만이나 물질남용 문제와 상호영향을 주고받는 양방향성 관계를 형성한다. 요컨대 중독과 비만이 외로움을 유발할 수 있는 만큼, 외로움이 물질오남용 및 과식의 원인이 될 수도 있는 것이다.

외로움을 완화함에 있어 어떤 중재법(정서적 지원 동물 입양에서부터 프로그램 참가에 이르기까지 다양한 방법)의 가격 대비 효과를 입증하려 할 때에는 과연 장기적으로 그 이점이 유지되게끔 대규모 적용이 가능한 방법인지를 우선적으로 고려해야 한다. 내가 통합형 창의적 표현활동, 마음챙김, 대화의 잠재력을 그토록 높게 평가하는 것도 바로 이러한 이유에서다. 이 중재법들은 실질적으로 우리의 뇌에 변화를 일으켜 세상을 인식하는 관점을 바꿈으로써 우리가 새로운 세상을 탐색하는 시간이 길어지게 해주고, 시행이 거듭될수록 그 효과가 점점 증대되게 만든다.

그러나 이처럼 잠재력이 높아 보이는 중재법들은 하나같이 그 효용을 결정적으로 증명하는 연구 논문이 부족하다. 본래 외로움처럼 복합적이고 다면적인 문제를 의학적으로 연구할 때에는 질보정수명quality-adjusted life year, QALY 같은 측정법을 활용해 결과를 분석한다. 질보정수명이란 연장된 수명과 삶의 질을 통합적으로 고려해 어떠한 중재법이 건강에 미치는 결과값을 환산한 단순 지수다. 문제는 이미 효과가 있다고 널리 알려진 훌륭한 외로움 중재법의 대부분은 연구 과정에서 질보정수명 계산에 필요한 수치들을 기록으로 남기지 않았다는 점이다. 이처럼 객관적으로 가치가 증명되지 않는 한, 보건사업을 진행하는 기관에서는 여기에 예산을 쓰기가 망설여질 수밖에 없다.

그렇다면 꼭 질보정수명이 아니더라도 미국 질병통제예방센터CDC에서 개발한 '건강일수측정법Healthy Days Measures' 등을 활용해 외로움 중재법의 효과를 측정하는 방안도 생각해볼 수 있다.[21] 이는 "지난 30일 사이 대략 며칠 동안을 신체 혹은 정신건강 문제로 인해 스스로를 돌보거나, 일을 하거나, 여가 활동을 하는 등의 일상생활에 지장을 겪었습니까?" 같은 질문을 던지고 그에 대해 개개인이 떠올리는 기억을 바탕으로 하는 측정법이다. 이처럼 '회상'에 의존한 방법에는 장점만큼이나 한계도 존재하는데, 이미 잘 알려져 있다시피 과거를 정확히 회상하는 능력은 우리의 평가 대상인 외로움과 같은 요인들에 영향을 받기 때문이다.

한편 심장질환, 당뇨병, 일부 신경학적 만성통증장애, 경도인지장애처럼 소위 생활습관병으로 분류하는 여러 질환들의 치료에는 수많은 요인이 상호작용한 결과가 영향을 미칠 수 있음을 감안, 기존의 의학적 연구 방법론에 너무 얽매이지 말자는 움직임도 꾸준히 일고 있다. 확실히 체중 증가나 흡연을 대하는 것과 동일한 방식(합병증을 유발하거나 악화시킬 수 있는 위험요인으로 취급)으로 외로움 문제에 접근해 적절한 중재법을 시행한다면 전체 인구의 전반적 건강이 크게 증진될 것이다. 어떤 질환이든 함께 치료한다면 효과를 극대화할 수 있는 공병(두 가지 이상의 서로 다른 질병이 동시에 발병해 있는 상태 또는 그 병―옮긴이)으로서 외로움을 대해야 한다. 지금 당장 외로움을 겪지 않는 사람에게도 이에 대한 교육과 인식 고취는 도움이 된다. 훗날 질병이든 아니면 다른 이유에서든 외로움이 삶에 끼어들기 시작할 때 조금 더 잘 대비된 상태에서 이를 맞을 수 있기 때문이다.

바로 이 대목에서 일차의료가 매우 중요한 역할을 할 수 있다. 환자들이 일차의료기관을 찾았을 때 PHQ-9 질문지로 우울증 검사를 하는 것이 현재 보건의료의 기준이 된 것과 마찬가지로 진단도구들을 활용해 이들의 외로움 정도를 평가하는 것이다. 이때의 진단도구로는 앞에서 언급한 PROMIS 사회적 고립 질문지 축약형이나 UCLA 외로움 척도에서 세 문항을 추출한 축약형 검사를 활용할 수 있다.

이처럼 질문지로 진단검사를 시행한다는 말은 곧 외로움 점수가 높게 나타난 환자들의 경우엔 그에 이어 더욱 세분화된 검사와 이들이 속한 사회적 관계의 깊이 및 질을 판단할 수 있는 면담을 진행해야 한다는 뜻이다. 그도 그럴 것이, 최초 진단에 사용하는 외로움 척도 질문지들은 일차원적인 반면 외로움이라는 정서는 다차원적이므로 활용도가 제한적일 수밖에 없다. 진단검사에서 똑같이 높은 점수를 받았다 해도 사람마다 전혀 다른 중재법을 필요로 하는데, 이는 각자가 경험하는 외로움의 결이 서로 달라 그로 인해 발생할 위험이 있는 건강 문제에도 차이가 있을 수 있기 때문이다. 가령 친구들과 함께 있을 때 심한 외로움을 느끼는 환자들은 사회불안장애로 고통받을 위험이 큰 반면, 같은 수준의 외로움이라도 주로 가족과 함께 있으면서 느끼는 사람들은 상대적으로 섭식장애와 자해로 이어지는 경우가 많다.

일차의료진은 각 환자가 겪는 외로움의 본질을 밝혀내고 그와 관련해 어떤 건강상 위험이 발생할 수 있는지 파악해야 한다. 그러나 외로움을 둘러싼 부정적 낙인 탓에 대화로 이 같은 정보를 이끌어내기는 쉽지 않을 것이다. 따라서 의료진 가운데서도 상대에게 공감해주고 상대를 배려하며 자극하지 않고 외로움에 대해 이야기를 나누는 훈련을 받은, 소통 능력이 뛰어난 사람이 이를 담당해야 한다.

이 시점에서는 환자가 겪고 있는 외로움이 어떤 유형에 속하는지 임상의가 정확하게 판단하기 위해 다소 민감한 질문들을 활용하는 편이 훨씬 효과적이다. 이와 관련해 2020년부터 나는 펜실베이니아 주립대학교의 사회과학 연구자들과 '다차원적 외로움 및 사회적 연결성 척도Multidimensional Loneliness and Social Connection Scale, MLASC'의 개발을 진행 중이다. 나의 친구이자 오랜 시간 연구를 함께해온 건강심리학자 조슈아 스마이스Joshua Smyth의 지휘 아래 이 프로젝트에서는 지금까지 혼자, 연인과, 친구들과, 가족과, 그리고 직장을 비롯한 공동체 구성원들과 있을 때 등 총 다섯 가지 사회적 맥락 속에서 외로움의 정도와 관계의 질을 살피는 질문들을 완성해 타당성 검증을 마쳤다.

이 질문지는 각각의 사회적 맥락에 대해 외로움 또는 사회적 연결성과 관련된 하위 문항들이 있는 형태여서 임상 및 연구 목적에 따라 다양한 조합으로 섞어 사용할 수 있다. 외로움 연구에서도 특정 영역에 초점을 맞춰 보다 심도 있게 탐구하기 위해 이 같은 질문지 가운데 한 가지 혹은 그 이상의 문항들을 활용해볼 수 있다. 뿐만 아니라 질문지의 응답 내용들을 바탕으로 중재법을 정밀하게 조율해 현재 환자를 가장 힘들게 하는 외로움의 유형을 집중 공략하는 개인별 맞춤 치료를 제공하는 것도 가능하다. 신체 및 정신의 건강을 유지하게 해주는 그 어떤 약이나 치료법도 모든 사람에게 똑같이 적용해 동일한 효과를 내는 만병통치약이 될 수는 없고, 이는 당연히 외로움 중재법들의 경우에도 마찬가지다.

환자가 외로움을 느끼는 원인을 명확히 파악하고 나면 일차의료진은 외로움을 효과적으로 완화할 수단을 추천해줄 수 있다. 이 같은 방법은 영국에서 벌써부터 '사회적 처방social prescribing'이라는 이름으로 널리 활용되고 있다. 먼저 깊이 있는 대화를 통해 환자가 처한 사회적 상황을 평가한 다음, 사회적 연결성의 증대에 도움이 될 수 있는 여러 활동들을 추천해주고 환자 스스로 고르게 하는 것이다. 사회적 처방에는 열두 단계 프로그램과 같은 지지집단 프로그램 외에도 자연 속에서 걷기, 공예, 창의적 예술활동, 스포츠, 교육봉사를 비롯한 지역사회 봉사활동이 포함된다. 사실 이런 활동 프로그램은 이미 전 세계 거의 대부분에서 진행되고 있어 그 자체로는 특별할 것 없다. 그럼에도 영국의 시도가 주목을 받는 이유는, 만성적 외로움에 시달리는 환자들이 일차의료진의 처방 뒤 실제로 이런 활동에 참여할 가능성이 높아졌기 때문이다. 외로움을 겪는 환자들은 의사가 처방을 해주었다는 사실만으로 전에는 경험해보지 못한 방식으로 자신에게 신경 써주는 사람이 있으며 타인과의 유대감에 한 발자국 가까이 다가간 듯한 느낌을 경험한다.

세상에서 가장 외로운 병

1953년 11월 21일자 〈새터데이 이브닝 포스트 The Saturday Evening Post〉에는 '나는 가장 외로운 병에 걸렸다!'라는 제목의 글이 실렸다.[22] 글쓴이는 헬렌 푸르나스라는 여성으로 혈우병이라는 아주 희소한 병, 그 가운데서도 희소한 C형 환자였다. 오늘날 알려진 바에 따르면 C형은 남녀 모두 걸릴 수 있는 비교적 경증의 혈우병이다. 문제는 1953년만 해도 대부분의 의사가 혈우병은 남성만 걸리는 병이라고 여겼다는 점이다. 이에 대해 헬렌은 이렇게 묘사했다. "가뜩이나 꽉 찬 핸드백 안에 나는 언제나 내 몸 상태에 대한 설명과 더불어 갑자기 사고를 당하거나 수술이 필요해졌을 때의 대응 지침을 상세히 적은 전문의 소견서를 갖고 다녀야 한다. 이 서류 없이 낯선 의사를 만나기라도 하면 혈우병이라고 말해봤자 그냥 정신이상자 취급을 받는다. 이런 의사들은 의사 생활 평생 동안 실제로 혈우병 환자를 본 적이 없을 가능성이 크다. 그래서 혈우병에 대해 아는 것이라곤 책에서 본 대로 남성만 걸리는 병이라는 사실이 전부인 것이다."

헬렌의 글은 이어 혈우병에 걸린 아이들을 키우는 고립된 농경마을 사람들의 비통함을 세밀하게 묘사했다. 그러고는 새로이 설립된 혈우병재단이 각 지부에 구성원 간 연결망을 구축하기 시작했다며 희망을 드러냈다. "이러한 조직이 가장 크게 기여하는 부분은 개인적인 측면으로, 혈우병 환자와 그 가족에게 이런 말을 전하는 것이다. '여러분은 혼자가 아닙니다. 여러분과 같은 수천 명이 여기 서로의 힘을 북돋아주기 위해 뭉쳤습니다. 여러분 마을의 빌 아무개에게 연락하세요. 여러분이 어떻게 해야 할지를 그는 다 알고 있으니까요.' 그러지 않으면 혈우병은 통계적으로나 개인이 느끼는 정서적 측면에서나 이 세상에서 가장 외로운 병이다."

이처럼 '외로운' 병은 미국 내 환자 수가 20만 명 미만으로, 미국 식품의약국에서 지정한 희소병으로 분류된다.[23] 이 기관이 발표한 7000가지 희소병 중에는 우리에게 비교적 익숙한 혈우병, 낭포성 섬유증, 투렛 증후군 및 그보다 훨씬 낯선 악성 고열증, 비주얼 스노우 증후군visual snow syndrome 등이 포함되어 있다. 현재 한 가지 이상의 희소병을 앓고 있는 환자의 수는 미국 거주 인구 열 명당 한 명꼴로 추산된다. 하지만 각각의 병 자체는 희소한 탓에 오진되거나, 대중의 오해를 사거나, 대형 제약사들의 관심을 받지 못하는 일이 흔하다. 때문에 그저 적절한 치료법을 찾는 과정만으로도 희소병 환자는 극심한 외로움과 사회적 고립감을 느낄 수 있다. 안 그래도 인생의 다른 시련들로 취약한 시기를 지나고 있는 아동과 청소년은 희소병 환자로서 병을 관리하는 법을 배우는 일에서 특히나 지독한 외로움을 느낀다.

패트릭 제임스 린치는 연극과 학생이었던 스물한 살 때, 자신과 같은 혈우병 환자였던 남동생 애덤을 열여덟 살의 나이에 뇌출혈로 떠나보냈다.[24] 혈우병 환자들은 이처럼 자연출혈이 발생할 위험을 안고 있으며, 이는 때로 애덤의 경우처럼 치명적인 결과로 이어질 수 있다. 위험을 줄이기 위해서는 보통 결핍된 혈액응고인자를 주기적으로 주입하는 등 엄격한 의료수칙을 준수해야 한다. 뿐만 아니라 선수들끼리 몸싸움이 일어날 수 있는 스포츠처럼 출혈관리 능력이 정상적인 보통 사람에게는 크게 위험하지 않은 활동들을 피하도록 각별히 주의해야 한다. 친구들 무리와 어울리고 사회적 활동을 함께하는 경험이 건강한 발달단계상 너무나도 중요한 아동이나 청소년은 말할 것도 없이, 누구라도 이 같은 자기관리 루틴에 얽매인 채 평생을 살아가야 한다면 얼마나 힘들지 한번 상상해보라. 동생을 잃고 큰 충격을 받은 한편으로 패트릭은 애덤이 자기관리를 조금만 더 잘했더라면 죽지 않았을 수 있음을 깨달았다. 이에 그는 혈우병을 비롯한 희소병으로 고통받는 사람들을 위해 멀티미디어 종합 엔터테인먼트와 참여 프로그램을 운영하는 크리에이티브 에이전시 겸 제작사인 빌리브리미티드Believe Limited를 설립했다. 공감 어린 작품을 통해 희소병 환자와 가족 들이 자신들과 같은 이야기를 접한다면 병과 싸우는 과정도 훨씬 덜 외롭고 버틸 만해지리라는 생각에서였다.

내가 패트릭의 이야기를 알게 된 것은 2018년, 희소유전병 약을 전문적으로 개발하는 바이오마린BioMarin이라는 제약회사에서 그가 진행 중이던 프로젝트 중 하나에 도움을 줄 수 있냐며 우리 재단 측에 연락해왔을 때였다. 당시 바이오마린은 청소년 혈우병 환자들을 위해 뉴욕에서 뮤지컬 캠프를 열겠다는 패트릭의 프로젝트를 후원하고 있었다. 사전 작문대회에서 뽑힌 스물네 명이 72시간의 집중적인 뮤지컬 훈련과 리허설을 거쳐 공연장의 정기 휴일인 월요일에 브로드웨이 무대에서 공연을 펼치는 일정이었다. 우리 팀에게 주어진 역할은 참가자들에게 창의적 표현활동의 건강증진 효과를 설명하고 이후 캠프가 이들에게 어떤 영향을 미쳤는지를 평가하는 것이었다.

캠프에 참가한 청소년들은 자신의 경험을 바탕으로 뮤지컬 전문 배우들과 함께 총 여섯 곡으로 이루어진 〈혈우병: 뮤지컬〉을 공연했다.[25] 감탄이 절로 나올 만큼 흥미롭고 웃기면서도(공연 영상은 온라인에서 쉽게 찾아볼 수 있다) 동시에 또래 아이들 대부분이 너무나도 당연하게 누리는 많은 것들을 병 때문에 하지 못하는 10대 아이들이 얼마나 외로움을 겪는가에 대한 통찰을 가득 담은 작품이었다. 또한 이 작품은 대부분의 사람들이 간과하지만 혈우병 환아들은 아주 잘 알고 있는 한 가지를 정확하게 짚어냈는데, 바로 누구나 가끔은 세상 속에 녹아드는 데 어려움을 겪을 수 있다는 사실이었다. 이런 세상에서 외로움으로부터 벗어나려면 우리를 있는 그대로 받아들이고 우리 이야기를 기꺼이 들어주는 '내 사람'을 찾아야만 한다.

이렇듯 일차적으로 희소병 환자들은 다른 질환의 환자들과 마찬가지로 통증, 치료 과정, 병 때문에 생겨난 여러 제약들 탓에 사회적으로 고립됨으로써 심리적 외로움을 겪는다. 그리고 그 단계를 넘어서면 자신이 건강한 사람들은 물론이고 심지어 상대적으로 훨씬 흔한 병을 앓고 있는 환자들과도 다르다는 사실에 깊은 사회적 외로움을 느낄 수 있다. 여기에 한센병이나 1980년대 HIV의 경우처럼 부정적 낙인까지 더해지면 심리적·사회적·실존적 외로움 모두가 지독하게 심해질 수 있다.

그리고 이제는 롱코비드long COVID에 시달리는 수많은 사람들의 외로움이 우려되는 상황이다.[26] 흔히 코로나19에 걸려 경증에서 중증 증상들을 겪다 회복한 인구 가운데 수개월이 지나도록 여전히 브레인포그와 피로감을 비롯한 원인 불명의 후유증을 앓는 비율은 10~20퍼센트가량 되는 것으로 추산된다. 롱코비드 연구자들마저도 어째서 그토록 많은 사람들이 지속적으로 일상에 지장이 생길 정도의 코로나19 후유증을 겪는지 정확히 알지 못한다. 명확한 진단을 내릴 만한 생체지표가 없는 탓에 환자들의 중증도를 추적하거나 치료 효과를 기록할 일관된 방법론도 없는 상태다.

65세 이상보다는 중년의 비율이 더 높으며 남성보다 여성에게서 두 배 더 흔하게 발생하는 이 롱코비드 환자들은 결국 소외되고 보건의료 체계로부터 외면당한 느낌을 받게 된다[27](2021년 10월까지 롱코비드에는 건강보험으로 치료비 혜택을 받는 데 필요한 질병분류코드조차 없었다[28]). 더욱 걱정되는 점은 지금까지 보고된 롱코비드의 증상 가운데 불면증·불안·우울 모두가 환자들을 외로움에 대한 취약성 피라미드의 중간층으로 몰아가는 요인들이라는 사실이다. 이러한 증상들을 그냥 내버려두면 고립감과 외로움이 더욱 심한 외로움을 낳는 악순환의 위험을 초래하고, 결국 외로움이라는 요인 하나가 건강에 큰 문제를 일으키는 결과로 이어진다.

삶의 끝자락에서 전하는 마음

릴리 쇼크니는 자신의 삶에 '베티 붐'을 맞아들이고 2년 뒤, 반대쪽 가슴에 대해서도 암 진단을 받았다. 이번에는 릴리와 남편 모두 사람들에게 어떤 식으로 알려야 할지 잘 알고 있었다. "오늘 베티 붐에게 룸메이트가 생겼다는 소식을 들었고, 그 룸메이트의 이름을 짓는 데 여러분의 도움이 필요하다고 말했죠." 또 한 번의 이름 공모전이 열렸고, 비로소 릴리는 병을 대하는 자신의 창의적 접근 방식이 어떤 효과를 만들어냈는지 깨달았다. 유머를 통해 그녀는 "암이 주는 무시무시한 이미지를 중화"시킬 수 있었던 것이다.

그로부터 20년 이상 릴리는 전이성 유방암 말기인 여성 환자들을 위해 매년 두 차례의 주말 수련회를 개최했다. 둘 중 하나는 연인 혹은 배우자가 있는 여성을 위한 시간이었고, 또 하나는 연인이나 배우자가 없는 여성들이 어머니나 자매 혹은 동성 절친 등의 여성 보호자와 함께 참가할 수 있는 시간이었다. 참가자들은 자신의 삶이 어떻게 마무리지어질 것인지를 주제로 2박 3일의 시간 동안 대화를 나누었다.

그 결과 릴리는 삶의 끝자락에서 겪을 통증과 고통이 이들의 가장 큰 걱정거리임을 발견했다. 그렇지 않아도 그녀는 환자들이 질적인 생활을 가능한 한 오래 지속하게끔 해주기 위해 호스피스 병동에 들어가기 한참 전부터 완화치료를 최대한 효과적으로 운용하는 방안에 대해 생각하고 있었다. 이렇게 대화를 나누면서 릴리는 늘 자신이 환자들에게 정말 필요한 일을 해주고 있다는 느낌을 받았다.

문제는 이 환자들에게 두 번째로 큰 걱정거리, 즉 뒤에 남겨질 아이들이었다. 참가자들 대부분이 20대에서 30대이다 보니 그들의 자녀들은 아직 어머니에 대한 소중한 기억을 충분히 쌓지도 못한 영유아들이었다. 이 고민에 대해서는 릴리도 아무리 위로의 말을 건네봤자 별 도움이 되지 않는다는 것을 깨달았다.

"'당신이 아이들 곁에 있어주지 못하게 되어 정말 안타까워요'라고 말하는 것에도 지쳤어요." 그래서 그녀는 도움도 안 되는 말을 되풀이하는 대신 자신이 할 수 있는 일이 무엇일지 고민하기 시작했다. 어떻게 하면 아이들이 커가는 내내 곁에 있어주고 싶다는, 이 죽어가는 여성 환자들의 바람이 이루어지게 도울 수 있을까?

그러다 불현듯 릴리는 생일이나 성인식처럼 특별한 날과 더불어 자녀들이 운전면허를 따고, 고등학교를 졸업하고, 결혼하고, 아이를 낳는 등 인생의 중요한 순간을 경험할 때마다 엄마가 축하의 말을 전하는 편지를 남기게 하면 어떨까 하는 아이디어를 떠올렸다. 이에 릴리는 매번 수련회 모임에 카드를 수백 장씩 챙겨 가 참가자들이 마음에 드는 카드를 고르게 한 다음, 먼 훗날 자신이 떠난 뒤에도 아이들이 이런 특별한 날에 읽었으면 하는 글귀를 담은 손 편지를 작성하게 했다.

이 편지 쓰기 활동을 시작한 지 20년 가까이 되었던 2016년의 어느 날, 릴리는 일하던 중 전화 한 통을 받았다. 전화를 건 사람은 릴리의 성姓도 모르고 오직 이름만 아는 상태에서 존스홉킨스병원의 대표번호로 전화를 걸어 그녀를 찾은 어느 젊은 여성이었다.

"아직 그곳에 근무하고 계셔서 정말 다행이에요." 젊은 여성이 말했다. "꼭 들려드리고 싶은 이야기가 있어서요." 그녀는 자신이 겨우 열 살이었던 14년 전에 어머니를 여의었는데, 그 어머니가 당시 릴리의 환자였다고 했다. "엄마는 입원과 퇴원을 자주 반복했는데, 엄마가 집에 오실 때마다 사라 이모가 보살펴주러 오셨어요. 그러면 엄마는 사라 이모와 이야기하면서 말끝마다 '릴리가 그러는데', '릴리가 말이야'라고 말하곤 하셨어요. 저는 릴리가 누군지 줄곧 모르고 있었지만, 엄마가 돌아가시고 사라 이모가 편지를 관리하시면서 마침내 알게 됐지요."

이 젊은 여성이 인생에서 중요한 날을 맞이할 때마다 사라 이모는 어머니가 쓴 편지를 전해주었다. 운전면허증을 받은 날 읽은 편지에는 어머니의 필체로 이렇게 적혀 있었다. "꼭 사라 이모처럼 운전하렴. 아빠처럼 하면 안 돼."

릴리에게 전화를 걸기 3주 전에 이 여성은 결혼식을 올렸고, 사라 이모는 가장자리가 노랗게 변색된, 14년 된 편지를 건네주었다. 어머니가 남긴 예쁜 결혼 축하 카드였다. 카드 내지의 왼쪽 면에는 결혼에 대한 애정 어린 조언이 가득 채워져 있었다. 그 맨 아래에 그녀의 어머니는 이렇게 적었다. "아빠가 베일을 걷어 올리고 네 왼쪽 뺨에 키스할 때, 오른쪽 뺨에서는 엄마의 키스가 느껴질 거야."

수화기 너머 여성은 릴리에게 말했다. "그래서 선생님을 찾아야겠다고 생각했어요. 그날 엄마의 키스를 분명히 느꼈다고 꼭 말해드리고 싶었거든요. 이 카드 덕분에 늘 엄마가 제 곁에서 저를 이끌어주는 듯했다는 것도요."

그녀는 앞으로도 받을 편지가 남았을지 릴리에게 물었고, 릴리는 그녀가 아이를 낳을 계획이 있다면 그럴 것이라고 안심시켜주었다.

그녀의 어머니가 아기를 임신했을 때 어떤 기분이었는지 묘사하는 편지가 남아 있을 터였다. 그리고 아기가 태어나면 "어머니께서 아이의 인생에 대한 온갖 희망과 꿈을 품은 채 따님을 처음으로 안았을 때 느꼈던 것들을 묘사한 편지가 전해질 것"이라고 릴리는 덧붙였다. 심지어 그녀의 어머니는 손주에게도 편지를 남겨두었다.

"아기가 걸음마를 뗄 때쯤이 되면 손주가 할머니 목소리를 알 수 있게 동요와 동화를 녹음한 테이프도 있어요."

우리가 죽으면 우리 자신이 느꼈던 외로움은 사라지지만, 우리가 떠남으로써 끊어져버린 관계는 우리와 함께했던 시간을 그리워하는 살아 있는 이들에게 또 다른 외로움을 남긴다. 그런 측면에서 볼 때 릴리의 프로그램에 참가했던 여성들의 창의적 표현활동 결과물인 편지는 그들과 아직 살아 있는 이들 그리고 때로는 심지어 만난 적도 없는 손주들과 결코 끊어지지 않을 관계를 구축해주었다.

수년 전 나는 영국 출신의 제임스라는 금융 전문가를 알게 되었다. 제임스는 중년기 후반에 은퇴한 후 아내와 뉴욕으로 이주했고, 그곳에서 통찰명상이라는 불교 수행법에 푹 빠졌다. 노년기에 접어들어서는 그림을 배우기 시작했는데, 처음에는 단순한 취미였던 것이 암 진단을 받고부터는 아예 전업이 되었다. 그는 온종일 작업실에 틀어박혀 커다란 캔버스 위에 밝은 색채의 굵직한 붓 선과 거친 소용돌이를 남겼다. 병이 말기로 진행되고 치료를 중단한 뒤에도 그림 그리기는 멈추지 않았다.

나는 그의 작업실을 방문해 인터뷰 영상을 찍을 계획이었지만 미처 일정을 조율하기도 전에 그의 병이 급격히 악화되어버렸다. 세상을 뜨기 일주일 전 그는 내게 음성메시지를 남겨, 이제 붓을 들 힘도 없어졌지만 여전히 자신의 작품에 집중하고 있다고 설명했다. "나는 아직도 그림을 그린다오. 내 마음속에서 말이오."

그 뒤로도 몇 년이나 나는 제임스의 메시지를 휴대폰에 간직했다. 그리고 이따금씩 그와 연결되어 있다는 느낌을 받고 싶을 때, 또 그가 삶의 마지막 시간 동안 내면의 창의적 자기와 형성했던 강한 연결고리를 느끼고 싶을 때 다시 듣곤 했다. 그 메시지를 들을 때마다 나도 외로움이 덜어지는 기분이 들었다.

6장

세 번째 구역, 노화

이탈리아 북부 코모 호수 인근에 거주하는 메리넬라 베레타의 이웃들은 그녀를 못 본 지 적어도 2년은 되었다고 말했다.¹ 2022년 2월, 마당의 나무들이 쓰러진 채 방치된 집을 좀 살펴봐달라는 신고가 지역 소방서에 들어왔을 당시, 수수한 그녀 주택의 잠긴 현관문 앞에는 찾아가지 않은 우편물들이 잔뜩 쌓여 있었다. 집 안에 들어선 소방관들은 식탁 의자에 앉은 자세로 백골 사체가 된 메리넬라를 발견했다. 부검 결과 그녀는 2년도 더 전에 70세의 나이로 자연사했음이 밝혀졌다.

메리넬라 베레타가 사망했을 때 어느 누구도 그 사실을 알아차리지 못했다. 유가족이 있었는지는 몰라도 누구 하나 찾아오지 않았다. 이웃들은 2020년 초 팬데믹이 이탈리아를 덮쳤을 당시 그 지역의 많은 사람들이 그랬듯 메리넬라도 그저 다른 곳으로 이사를 간 줄 알았다고 했다. 그보다 몇 년 앞서 메리넬라는 스위스 투자자에게 주택을 팔았고, 이탈리아의 **용익물권**(타인의 토지나 건물을 일정한 목적과 범위 안에서 사용해 이익을 얻을 수 있는 권리—옮긴이)법에 따라 남은 평생을 무상임대하는 형식으로 집에 머물고 있었다. 쓰러진 나무들로 이웃 주민들이 불평하자 지역 경찰서에 연락해 처리를 부탁한 사람도 이 투자자였다. 사람들이 메리넬라를 찾은 이유는 오직 그뿐이었다.

메리넬라 베레타는 살아생전보다 죽고 난 뒤에 훨씬 더 큰 영향력을 떨쳤다. 이탈리아 언론은 사회가 어떻게 메리넬라를 저버렸는지, 또 어떻게 지금도 계속해서 노인 세대를 저버리고 있는지 열광적으로 보도했다. 정부의 2018년 통계에 따르면 이탈리아의 75세 이상 노인 가운데 40퍼센트가 혼자 살고 있었으며, 이 비율은 점점 더 증가하는 추세였다. 당국에서도 유감을 표했지만 별다른 대책은 없었다.

"코모에 거주하던 메리넬라 베레타 씨에게 발생한 고독사 사건에 도의적 책임을 느낍니다." 가족 및 기회균등부 장관이 연설 도중 말했다. "서로에 대한 보살핌은 가족과 기관, 국민의 일원으로서 우리 모두가 마땅히 경험해야 할 것입니다. 어느 누구도 혼자가 되어서는 안 됩니다."[2]

프랑스에서는 그보다 훨씬 전부터 노인 인구와 외로움 문제에 대한 대책을 촉구하는 국민의 목소리가 쏟아지고 있었다.[3] 2003년 8월, 3주간의 맹렬한 폭염이 전국을 덮치면서 1만 5000명 넘게 사망했는데, 한 언론 보도에 따르면 희생자가 "대부분 외로운 노인"이었던 것이다. 특히 파리의 좁고 통풍도 잘 안 되는 다락방에서 혼자 살던 노인들이 아무도 모르게 열사병으로 목숨을 잃었다. 이런 집에서 20년간 생활하던 어느 77세 남성의 사체도 같은 건물 입주민들이 꼭대기 층에서 악취가 난다고 신고하면서 2주가 지나서야 겨우 발견되었.

프랑스 정부가 폭염 참사를 겪고 재난 대비책을 개선하려 허둥대는 사이, 일부 연구에서는 이 참사를 통해 드러난 훨씬 더 심각한 사회 문제를 꼬집었다.[4] 바로 노인들의 사회적 고립과 외로움이 증가하는 문제였다. 파리와 그 근교의 폭염 희생자 가운데 86명은 유족이 없는 데다 이웃들도 사망자의 이름을 몰랐던 탓에 신원 확인조차 불가능했다. 계보학자들이 나선 덕에 대부분은 먼 친척들과 연락이 닿았지만 결국 20명은 신원불명 상태로 장례가 치러졌다.

노인 및 사회적으로 고립되어 있던 사람들의 고독사 사례는 폭염, 홍수, 허리케인 등 자연재해가 닥쳤을 때 빈번하게 발생한다. 2005년 뉴올리언스에 허리케인 카트리나와 홍수가 몰아쳤을 때에도, 2020년과 2021년에 코로나19가 전 세계를 강타했을 때에도 그랬다. 이처럼 온갖 재난 상황이 덮쳐올 때마다 외로운 노인들이야말로 우리 사회에서 가장 취약한 계층임이 새삼 드러나지만, 어린이나 장애인과 달리 노인과 외로운 사람들은 대부분 사회의 지속적인 관심을 받지 못한다. 최초로 의료계 종사자의 관점에서 외로움과 관련해 노인 건강 문제를 연구한 노인의학전문의 칼라 페리시노토 Carla Perissinotto는 노화를 대하는 사회적 태도가 외로움의 부정적 낙인 효과를 더욱 키운다고 주장했다.[5] 칼라는 2017년에 이렇게 말했다. "사람들은 노인을 외면하고 싶어 해요. 성공적으로 나이 들어가지 못하는 모습을 입에 올리기 꺼리는 거죠. 건강하게 나이 들어가는 사례에 대해서만 듣고 싶은 거예요."

노화는 외로움의 세 유형 각각에 매우 특징적인 영향을 미친다. 심리적 측면에서 보면 노화는 연쇄적 상실을 의미한다. 많은 이들이 은퇴 후 정체감 상실을 겪는다. 부고를 전해 듣고, 기동력이 떨어지고,

인지 능력이 감퇴하는 경험 또한 모두 고립감을 심화시킬 수 있다. 나아가 활력을 잃고, 젊었을 때의 모습을 잃고, 친구를 잃고, 가족을 잃는다. 운 좋게 오래 살기라도 하면 친구와 사랑하는 사람들을 먼저 떠나보내며 계속해서 상실감에 시달린다. 특히 가까운 친구나 배우자의 죽음은 헤어날 수 없는 슬픔을 낳아 쉽사리 해소되지 않는 지독한 외로움에 빠지게 만들 수 있다. 필립 로스Philip Roth가 2006년 작품《에브리맨Everyman》에서 말했듯, "노년은 전투가 아니라 대학살이다."[6]

한편 두 번째 유형인 사회적 외로움은 젊음과 건강과 경쟁을 찬양하는 문화 탓에 소외감을 느끼게 되면서 발생한다. 특히 저소득층이나 신체 혹은 정신건강 문제를 앓고 있는 이들에게 극심한 고통을 야기한다. 이민자, 유색인종, 성정체성 등 가뜩이나 사회적으로 배척되기 쉬운 특성을 갖추고 있다면 노화는 여기에 외로움을 더욱 가중시키는 요인으로 작용한다. 2003년 파리의 폭염 참사 희생자들을 면밀히 조사한 연구에서는 신원이 파악되지 않은 시신 가운데 상당수가 극빈층의 타국 출신 남성이었음을 지적했다. 실제로 프랑스에서는 소수 민족의 남성 노인들이 사회적으로 배척당하는 일이 흔하게 벌어진다. 참사 희생자들이 고독사를 맞은 데는 이처럼 사회적으로 배척당한 탓도 있는 것이다.

끝으로 실존적 외로움에 대해 이야기해보자. 노화에는 필연적으로 실존적 고민들이 따라붙을 수 있다. 나는 의미 있는 삶을 살았을까? 이 세상에 무언가 가치 있는 걸 남기고 떠나는 걸까? 내가 사라지고 나면 누가 나를 그리워할까? 나이가 들어가면서 우리는 끝이 다가오고 있음을, 저 멀리서 검은 막이 곧 내려지리라는 사실을 점점 자각하게 된다. 그 검은 막 뒤에 무엇이 있는지 모르는 상태에서 스스로 통제할 수 없는 미래에 대한 자각이 커지다 보면, 이러한 속내를 털어놓을 믿을 만한 사람이 없는 경우 엄청난 불안과 외로움에 시달릴 수 있다.

한편 사람들은 보통 노인들의 외로움 문제가 커지는 이유는 혼자 사는 노인 인구가 많기 때문이라고 생각한다. 그러나 사실 경제적으로 선진한 사회의 노인들은 친구, 가족, 이웃 들과 사회적 교류를 유지하면서도 자율성과 사생활을 중시하기 때문에 혼자 사는 것이다. 연구 결과에 따르면 나이가 들수록 우리는 예전처럼 넓은 대인관계를 지속하지 않고 가까운 친구와 사랑하는 사람들 몇 명만 곁에 두어도 충분하다고 느끼게 된다. 젊을 때처럼 수많은 사람들과 어울릴 필요성 자체를 느끼지 않는 것이다. 팬데믹 시기에 사회적 거리두기가 강화되고 식당들이 문을 닫자 다른 사람들과 어울리는 익숙한 생활 방식에 가장 큰 타격을 입은 젊은 층에서 외로움으로 고통을 호소하는 비율이 압도적으로 높았던 것은 그 때문이다.

노년기란 젊었을 적에는 불가능했던 것들을 탐색할 자유가 주어지고 위대한 깨달음을 얻는 시기가 될 수도 있다. 융 학파의 분석심리학자들은 주로 다른 사람들의 관점과 욕구 및 그들을 배려하는 마음에 따라 많은 결정을 내리는 일차 성인, 그리고 자율성과 자기실현을 중시하며 자신이 속한 집단에 봉사하는 이차 성인기를 가르는 것이 노화라고 여긴다. 이 이차 성인기가 바로 실존적 외로움에 대처하고 해소하는, 소위 '두 번째 산을 오르는climbing the second mountain' 시기가 될 수 있다.

나는 이 같은 과도기에 접어든 노인들을 많이 만나보았고, 나 자신도 여기에 속한다고 생각한다. 지금도 난생 처음으로 자선사업에 참여해 열심히 활동하는 노인들을 볼 수 있는데, 이는 우리가 나이가 들면서 기꺼이 다른 사람들을 돕는 일에 새롭게 눈을 뜨기 때문이다. 지혜는 확실히 나이가 들수록 깊어지며, 많은 경우 이러한 지혜에는 시간이 흘러가고 세대가 바뀌는 속에서 자신의 현재 위치를 있는 그대로 수용하는 능력이 포함된다. 노년기에 자기이해 및 자기수용 능력이 일정 수준에 도달하는 덕분에 대부분은 하강나선에 빠지지 않고 심리적·사회적·실존적 외로움에 대처할 수 있는 것이다. 노인들이 이 같은 주제들로 서로 허심탄회하게 대화를 나누고 교육봉사나 지역사회 내 자원봉사 등 다양한 활동을 적극적으로 권장하는 '두 번째 산'이라는 지지집단이 생겨난 것도 이러한 배경에서였으리라.

그럼에도 외로움은 가뜩이나 취약한 노년기 건강에 몹시 파괴적인 영향을 미칠 수 있다는 점에서 문제가 된다. 외로움은 심지어 충분히 숙면을 취하는 것처럼 아주 단순한 행동에조차 악영향을 끼친다. 최근 다수의 연구 결과에서 수면부족과 외로움의 상관관계가 밝혀졌으며, 존 카시오포의 진화론적 관점에서 봐도 수면부족은 고립되어 취약한 상태에서 생존을 위해 보이는 과각성 및 불안 반응과 연관되어 있다. 외로움을 느낄 때는 말하자면 '한쪽 눈을 뜨고' 아주 얕은 잠만 자도록 프로그램되어 있다는 것이다. 외로움 탓에 이처럼 수면 패턴이 무너지면 사회적 참여 행동을 관장하는 뇌 영역에서도 신경 활동이 감소한다. 결국 수면부족과 피로가 외로움을 심화시키는 악순환에 빠지는 것이다. 그러나 노인층의 수면부족을 건강 지표의 하나로 봐야 한다는 인식이 의료계에서 높아진 것은 불과 최근의 일이다. 그렇기에 의료진이 노인 환자들의 수면 상태를 추적하고 개선을 위해 적절한 처방을 내리는 절차는 아직까지 일반화되지 않은 상태다.

앞서 우리는 외로움이 심장질환부터 우울증에 이르는 대부분의 만성질환들을 악화시킬 수 있다는 사실을 확인했다. 노년기에는 신체의 회복 능력과 인지 능력이 자연히 감소하면서 이러한 질환들이 급성으로 중증화될 수 있다. 나이가 들어 더는 기존의 사회적 관계망에 어울리지 못하게 되거나 친구 또는 가족이 멀리 이사를 가거나 세상을 떠나는 경우, 외로움의 악순환은 서서히 시작된다. 취약해졌다는 느낌이 불안을 낳고, 그것이 고립감으로 이어지며, 결국 인지왜곡을 초래해 스스로가 취약하다는 느낌 및 고립감이 더욱 커지는 과정이 되풀이되면서 경도인지장애, 우울증, 물질남용, 심지어 자살의 위험까지 높아지는 것이다. 칼라 페리시노토가 2012년에 발표한 연구 결과에 따르면 외로움에 시달리던 노인들은 6년의 연구 기간 동안 일상적 활동 능력이 저하되는 정도가 외롭지 않은 노인들보다 60퍼센트 더 심했으며, 사망률은 45퍼센트 더 높았다.[7]

노화와 관련해서는 외로움을 연구하기가 상당히 까다로운데, 외로움의 위험요인들 중 상당수를 제대로 측정하기가 어렵기 때문이다. 이를테면 빈곤은 노인들의 외로움 위험을 높이는 요인이기는 하지만 그로 인해 영향을 받는 정도는 사는 동네에 따라서도 큰 차이가 난다. 또 남성은 스스로 외롭다는 사실을 인정하는 경우가 적다 보니 오히려 극심한 외로움에 시달릴 위험이 여성보다 더 높다. 인지저하와 치매는 외로움을 느끼게 하는 위험요인이기도 하지만, 반대로 외로움이 정신건강 문제의 기여원인이 될 수 있다는 강력한 근거도 있다. 일례로 1만 2000명 이상의 노인을 10년간 추적 조사해 건강과 은퇴에 관해 다각도로 살펴본 한 연구에서는 다른 모든 요인들을 통제하고 분석해본 결과, 외로움이 한 단계 높아질 때마다 치매 발병 위험이 40퍼센트 높게 나타났다.[8]

부유하든 빈곤하든, 남성이든 여성이든, 혼자 살든 배우자와 함께 살든 관계없이 외로움을 느낀다면 치매 발병 위험은 현저히 높아진다. 인생의 황금기에 무사히 다다랐다면 그때부터 나이 들어가는 여정에는 외로움의 세 유형이 던지는 온갖 덫과 시련에 대한 바른 인식이 반드시 함께해야 한다. 상실과 비탄은 피할 수 없을지 몰라도 외로움으로 고통받는 일은 얼마든지 피할 수 있다.

폭염 속에서 외롭게 죽는 노인들

시카고에서 폭염으로 739명의 노인이 목숨을 잃은 1995년 여름이 지나고 미국 질병통제예방센터에서는 희생자들에게서 가장 흔하게 발견된 취약점을 발표했다.[9] 그들 대부분은 빈곤했으며, 제대로 작동되는 에어컨 하나 없이 혼자 살았다. 대다수는 기저질환 탓에 매일 외출하기도 힘들었고, 가깝게 왕래하는 이웃 없이 사회적으로 고립되어 있었다.

빈곤은 당시 목숨을 잃은 시카고의 노인들에게 공통적으로 해당

되는 요인이었지만 특정 동네의 주민들은 상대적으로 훨씬 더 큰 타격을 입었다. 라틴계 주민들은 시카고 인구의 4분의 1에 달하는 데다 경제나 건강 수준이 그 지역 인구 전체에 비할 수 없을 만큼 형편없었음에도, 그들 중 폭염으로 목숨을 잃은 이의 비율은 전체 사망자수의 2퍼센트에 그쳤다.

사회학자 에릭 클라이넨버그 Eric Klinenberg는 시카고의 폭염 희생자들을 한 명 한 명 면밀히 조사한 끝에 한 가지를 발견했다. 빈곤율 수준이 비슷하게 높았던 두 동네 중 주민 대부분이 라틴계인 리틀 빌리지의 노인 사망률은 주민 대부분이 흑인인 인근의 노스 론데일에 비해 훨씬 낮았다는 사실이었다. 리틀 빌리지의 노인들을 폭염으로부터 보호해준 것은 과연 무엇이었을까?

클라이넨버그는 이렇게 설명했다. "시카고의 라틴계는 인구 밀도가 높고, 거리의 상가가 활성화되어 있으며, 공공 공간이 활기 넘치는 분위기에서 생활하는 경향이 있다. 반면 폭염으로 인한 사망률이 높았던 흑인 동네는 대체로 최근 몇 십 년 동안을 고용주도, 가게도, 거주민도 그냥 방치해둔 분위기였다."[10] 《폭염 사회 Heat Wave》에서 클라이넨버그는 그 당시 나이 들고 가난한 사람이 리틀 빌리지와 비교해 노스 론데일에서 얼마나 더 외로웠을지 보여주었다.[11] 그리고 그 차이는 1995년 폭염 속에서 노스 론데일에 거주하던 노인들의 목숨을 앗아갔다.

거동이 자유로운 모든 이가 동네를 버려두다시피 하면 친구도 가족도 별로 없는 노약자만이 남아 자연히 낯선 이에게 문을 열어주기조차 두려운 삶을 살게 된다. 이 참사의 경우에도 폭염 자체야 물론 자연재해였지만 클라이넨버그가 지적한 바와 같이 "시카고 주민 수백 명이 문과 창문을 꼭꼭 걸어 잠그고 친구나 가족, 이웃과도 연락이 닿지 않은 채 공공기관이나 지역사회 단체의 도움도 받지 못하고 혼자 죽어갔다. 이는 어디까지나 인재다."[12] 그의 말에 따르면 폭염은 "늘 존재하고 있었으나 알아차리지 못했던 우리 사회의 위태로운 측면을 우리 눈으로 확인하게 해주었을 뿐이다."

폭염은 1999년에 또 한 번 시카고를 덮쳤는데, 이번에는 시 차원에서도 전보다 한결 대비가 된 상태였다.[13] 에어컨이 없는 주민들을 위해 지정된 '무더위 쉼터'까지 오가는 무료 버스가 제공되었다. 공무원은 노인 주민들에게 전화를 걸어 안부를 물었고, 경찰관은 혼자 사는 이들을 집집마다 방문했다. 그 결과 1999년 폭염 당시에는 전보다 훨씬 적은 수의 사망자가 나왔다. 110명이라는 총 사망자 수는 이 같은 응급대처의 효과와 한계를 동시에 보여준다.

하지만 2020년 코로나19 팬데믹이 터졌을 때에는 비슷한 방법으로 취약한 노인들을 보호하는 데 실패하고 말았다.[14] 시카고의 코로나19 사망자 지도는 25년 전의 폭염 사망자 지도와 매우 흡사한 패턴을 보였다. 두 경우 모두 사망자는 소득 수준이 낮은 사우스 사이드와 웨스트 사이드에서도 가장 외롭고 취약한 노인들의 거주 지역에 집중되어 있었다.

시카고의 사례는 세심하게 계획을 세우고, 적절한 자원을 투입하고, 이를 효과적으로 운용할 실행 전략만 있다면 노인 및 사회적 고립자들의 목숨을 구하는 일이 그다지 어렵지 않음을 시사한다. 필요한 것은 취약 계층을 식별하고, 그들에게 연락을 취해 도움을 약속하며, 그중에서도 가장 취약한 사람들에게는 목숨을 위협할 수 있는 생활환경에서 벗어날 방법을 제공하는 일이다. 현재 취약성 피라미드에서 불안한 중간층에 위치하고, 단 하나의 역경(폭염이나 바이러스성 전염병 등)이라도 추가되면 당장 긴급한 치료를 요하는 피라미드 꼭대기층으로 분류될 위험에 처한 노인들에게 전화나 가정방문을 하는 것은 크나큰 변화를 가져올 수 있는 적절한 중재법이다.

영국에서는 '웰빙을 위한 왓웍스 연구소What Works Centre for Wellbeing'의 주도로 진행된 '외로움 끝내기 캠페인Campaign to End Loneliness'이 고립된 노인들을 이웃과 다시 교류할 수 있도록 이어주는 지역사회 연결망을 지원했다.[15] 또 영국 북부 리버풀 인근에 있는 위럴 자치구의 지방정부는 외로움을 겪고 있을 가능성이 높은 가구에 사회복지사·응급구조사·자원봉사자가 팀을 이뤄 방문하는 '위대한 위럴의 가정방문the Great Wirral Door Knock' 프로젝트로 대성공을 거뒀다. 프로젝트 팀은 방문 가정의 사람들에게 위럴의 어떤 점이 마음에 드는지 묻는 것으로 시작해 어떤 도움과 지원을 받을 수 있는지 설명하는 식으로 대화를 이끌어나갔다. 각 가구 방문 시에는 혹시라도 병원 치료를 권유해야 할 경우에 대비해 치료 동의서도 챙겨갔다. 최근 가족을 잃고 고립감을 호소하는 사람들이 많은 동네에는 애도 지원 서비스를 지원하기도 했다. 이에 위럴 주민 한 명은 이렇게 말했다. "자원봉사자가 저희 집 문을 두드려주지 않았다면 저는 지금도 계속해서 비참하게 살고 있었을 거예요."

5장에서 잠깐 언급한, 캘리포니아에 본사를 둔 건강보험사 케어모어는 2017년부터 노년층 고객들의 건강검진 시에 외로움 여부를 함께 확인하는 '유대감 형성 프로그램Togetherness Program'을 시작했다.[16] 이에 따라 건강검진 때 외롭다고 답한 노년층 고객들에게는 케어모어 직원들이 가정방문 또는 정기적으로 통화 서비스를 제공했다. 뿐만 아니라 자사에서 관리하는 운동 프로그램인 '니프티 애프터 피프티Nifty After Fifty'('50세 이후에도 여전히 멋지게'라는 뜻―옮긴이)에 참가할 수 있는 선택지도 마련했다. 그러자 그룹 운동 수업이 곧장 히트를 쳤고, 그곳에서 만난 인연으로 재혼하는 고객들도 많아졌다.

그렇지만 무엇보다도 가장 큰 효과는 정기적으로 케어모어 직원과 전화를 주고받은 외로움 고위험군 고객들에게서 나타났다.[17] 정신질환 탓에 주변 사람들과 어울리기 힘들어지면서 극도의 고립감과 외로움에 시달리게 된 어느 노인 고객도 그중 한 명이었다. 진료를 잘 받지 않고 정신과 약 복용도 중단하며 그의 상태는 점점 악화되어만 갔다. 그랬던 그가 케어모어 직원과 정기적으로 통화를 주고받은 끝에 마침내 검진을 받았고, 약도 다시 복용하기로 약속했다. 이는 기존 의료 서비스에 정서적 '사회적 돌봄'이 더해짐으로써 얼마나 강력한 시너지 효과가 날 수 있는지를 분명하게 보여주는 동시에, 환자 개개인의 삶의 질은 물론이거니와 보건의료의 질과 비용 효과를 개선하기 위해 나아가야 할 중요 방향성을 조명한 훌륭한 사례다.

노년층의 건강관리를 위해 힘쓰도록 미국 정부가 보험사에 장려금을 지급하는 메디케어 어드밴티지 사업이 성장한 덕분에 이러한 유의 예방의료는 점점 확산되는 추세다. 정책에 따라 비용 절감 점수를 (고객 만족도와 더불어) 높게 받은 보험사는 고객 1인당 더 많은 정부 보조금을 받을 수 있다. 카이저퍼머넌트나 각 지역의 블루크로스블루실드협회와 같은 기존 비영리단체뿐만 아니라 영리 목적으로 운영되는 휴마나Humana, 애트나Aetna, 유나이티드헬스그룹UnitedHealth Group 등의 보험사에서 외로움 문제를 향한 관심이 극적으로 커진 것은 이 때문이다. '2030년에는 미국 내 의료보험 수혜자 가운데 절반이 메디케어 어드밴티지 프로그램에 가입되어 있을 것'이라는 예측 결과를 고려하면, 이처럼 전 국가적으로 외로움에 대한 대화가 이루어질 수 있게 되는 상황은 매우 고무적이다.

'노인들이 건강하고 독립적인 생활을 유지하게 돕는다'는 사회적 사명하에 캘리포니아를 기반으로 활동하는 비영리단체 스캔헬스플랜SCAN Health Plan에서도 자체적으로 유대감 형성 프로그램을 운영하고 있다. 팬데믹 기간을 거치면서 이 단체는 공통 관심사를 가진 사람들이 함께 수강할 수 있는 가상 온라인 강좌와 줌을 통해 온라인으로 사람들과 소통할 수 있게 돕는 기술적 지원으로까지 서비스 범위를 확장했다. 스캔헬스플랜의 유대감 형성 프로그램이 갖는 목표는 외로움과 고립감을 일종의 건강 문제로 여기고 개개인마다 맞춤 처방을 제공하는 것이다.[18] 이 프로그램의 최고책임자 리즈베스 브리오네스로버츠Lisbeth Briones-Roberts는 이렇게 말했다. "우리는 자기가 외롭다는 사실을 숨기는 사람들이 너무나도 많은 현 상태를 바로잡고자 합니다."

'시니어 케어 활동 네트워크Senior Care Action Network'라는 의미의 스캔헬스플랜은 외로움이 건강에 미치는 위험을 인식한 최초의 건강보험사 중 하나다. 2017년에 스캔헬스플랜 주관으로 노화와 외로움에 대해 살펴본 한 조사 연구 결과에서는 노인들이 외로움을 얼마나 부정적으로 생각하고 있는지가 드러났다.[19] 80퍼센트가 넘는 응답자는 현재 외로움을 겪고 있는 사람을 한 명 이상 알고 있다고 답했으나, 전체 응답자의 60퍼센트 가까이는 자신이 외롭다는 사실을 인정하기 꺼려했다. 또 친구가 더 많았으면 좋겠다는 문항에는 약 60퍼센트가 '그렇다'고 답했고, 자신이 어느 누구에게도 중요한 존재가 아니라고 답한 비율도 24퍼센트나 되었다.

현재 스캔헬스플랜의 대표인 사친 H. 자인Sachin H. Jain은 2017년에 케어모어 대표로서 유대감 형성 프로그램 개발을 주도한 인물이기도 하다. 그런 그의 말에 따르면 스캔헬스플랜의 유대감 형성 프로그램이 케어모어와 차별화되는 중요 특징 하나는 노인 자원봉사자들이 노년층 고객에게 정기적으로 전화 거는 횟수를 늘린 것이었다.

"노인들이 다른 노인들을 돕는 활동에 참여하도록 유도하는 데 집중해보기로 했어요." 그가 말했다. "그렇잖아요. 일흔다섯 살 어르신에게 아직 마흔한 살밖에 되지 않은 나름 건강한 제가 전화 걸어 이야기를 들어드리는 것, 같은 연배의 어르신이 거는 것 중에서 뭐가 더 공감대 형성이 되겠어요." 이렇듯 동년배 간에 도움을 주고받는다는 발상은 사실 케어모어에서 처음 시작된 것으로, 자칫 고립되고 사회 활동을 피하며 외로움을 느끼기 쉬운 창피한 질병의 하나인 요실금을 치료받으러 병원을 찾는 노년층 고객의 비율이 25퍼센트 상승하는 성공을 거둔 바 있다.

그런데 팬데믹이 터지면서 통화 서비스 수요가 폭증하자 스캔헬스플랜에서는 도저히 그 많은 수의 노인 자원봉사자를 구할 수 없었다. "그래서 전 직원을 대상으로 공개모집을 진행했습니다. '여러분 모두 유대감 형성 프로그램의 일원이 되실 수 있습니다'라고요. 실제로 그 덕분에 더 많은 직원이 회사의 사명을 실천하는 일에 자기 일처럼 동참하게 되었죠. 제가 정말 멋지다고 생각하는 기업시민의 모습이랍니다." 사친은 그렇게 말했다.

이를 통해 사친의 궁극적인 목표를 알 수 있었다. 바로 외로움을 심각한 건강 문제로 대하는 사회적 움직임을 만들어내는 일이었다. 그는 "더 많은 건강보험사가 책임지고 어르신들의 외로움 문제에 대처하기 시작했으면 좋겠어요"라고 말했다. 나도 여기에 더없이 공감한다. 온라인에 아무리 엄청난 양의 정보가 있어도 환자들은 대체로 의사의 입을 통해 건강하게 생활하려면 어떻게 해야 하고, 어디에 우선순위를 두어야 하며, 어떤 행동이나 습관을 바로잡아야 할지 듣고 싶어 한다. 의사들이 환자들의 신체 및 정신 건강 못지않게 사회적 건강도 중시하며 그에 맞추어 환자들에게 처방과 치료를 해주기 시작한다면 많은 사람들이 더 오래, 더 만족도 높게 살 수 있으리라.

성공적으로 나이 들어가기 위한 방법

노년층은 자녀가 독립해서 떠난 빈자리를 지키거나 특정 거주지 유형(엘리베이터가 있는 고층 아파트 등)을 선호하는 경향을 보이다 보니 의도치 않게 이웃에 나이 든 사람들이 많다. 어떻게 보면 이는 매우 유리한 조건일 수 있다. 물리적으로 가까이에 산다는 것은 유대감 형성이 가능한 활동을 함께한다면 충분히 의미 있는 우정을 형성할 수 있다는 뜻이다. 도시설계 관계자들은 이를 일컬어 '자연발생적 실버타운naturally occurring retirement community, NORC'이라고 한다. 성공적으로 나이 들어가기 위한 창의활동 모임 프로그램을 우리 재단, 즉 FAH가 처음 실험적으로 진행했던 뉴욕 브롱크스의 어느 아파트도 이런 자연발생적 실버타운 중 하나였다.

당뇨병 환자들을 대상으로 했던 창의활동 모임의 성공에 힘입어 우리 재단은 누구나 경험하는 노화를 주제로 비슷한 형식의 워크숍을 개발해보면 좋겠다는 생각을 하게 되었다. 물론 이번에도 창의활동 모임이라는 이름답게 여섯 회기 동안 매회 '창작활동을 하고 이야기를 나눈다'는 요소를 프로그램 안에 녹여냈다. 이를테면 어떤 주는 20분씩 그림을 그리고, 다음 주에는 점토로 무언가를 만들고, 그다음 주에는 동작을 통해 생각과 감정을 표현해보게 하는 식이었다. 아울러 매주 새로운 주제에 맞추어 창의적 표현활동을 진행하고 다 함께 대화를 나누는 시간을 가졌다.

가령 네 번째 회기의 주제로 뇌 건강이 제시되었다고 하자. 진행자는 먼저 뇌 건강은 어떻게 관리해야 하며 뇌 건강에 부담을 주는 요인들로 어떤 것들이 있는지 토의를 이끈 다음 간단한 문답을 통해 참가자들이 충분한 숙면을 취하고 있는지, 기억력을 높이기 위한 요령이 있는지, 지루함을 어떻게 달래고 있는지 등 뇌 건강과 관련해 자신의 생활습관을 평가하게 한다. 이어서 참가자들끼리 유대감과 우정이 얼마나 필요한지 이야기를 나누고 생활 속에서 사회적 상호작용을 늘릴 수 있는 방법들의 목록을 작성해보게 한다. 그리고 그중 한 가지씩을 다음 회기 전까지 실천해보라고 권한다. 한동안 연락이

뜸했던 친구에게 전화 걸어보기 같은 간단한 활동도 괜찮다.

이후 10분간 호흡명상을 하고, 20분간 도톰한 색지를 활용해 두 점의 콜라주 작품을 만드는 창작활동 시간의 순서로 진행된다. 첫 번째 콜라주 작품의 주제는 스트레스를 받고 있다든지, 어떤 책임감에 짓눌려 있다든지, 아무 생각 없이 멍 때리고 있다든지 등 현재의 마음 상태를 표현하는 것이다. 두 번째 작품은 자신의 마음이 어떤 상태가 되기를 바라는지, 어떤 식의 균형을 이루고자 하는지를 표현한다. 참가자들은 자신의 작품을 다른 참가자들에게 서로 보여주며 자신이 현재 느끼는 스트레스나 걱정거리 혹은 희망하는 마음 상태를 표현하기 위해 어떤 색이나 형태들을 활용했는지 이야기를 나눈다. 이처럼 몇 분 사이에 실체적 존재로 구현된 작품들을 통해, 조금 전까지만 해도 완전히 남남이었던 참가자들은 하나로 이어지고 자신의 내면에 품고 있던 가장 은밀한 생각들을 서로 공유할 수 있게 된다.

과학적 측면에서 보면 이 워크숍은 참가자들 사이의 유대감을 기르는 효과가 분명하게 입증된 세 가지 각기 다른 '중재 기법'을 효율적으로 활용하고 있다. 첫 번째 기법은 안내에 따라 심상화心象化를 훈련하는 마음챙김 명상이다. 두 번째는 앞서 이미 그 효과에 대해 설명한 창의적 표현활동이다. 마지막 세 번째는 창작품을 일종의 매개체이자 구심점 삼아 대화로써 자신의 이야기를 풀어내는 법을 익히는 사회정서학습이다.

여기까지는 이론적인 이야기다. 그리고 우리 재단에서 실험차 진행했던 초창기 소규모 프로그램 참가자들의 반응을 보면 실질적 효과 역시 대단히 만족스럽다. 이야기원 프로그램에 참가했던 여성 당뇨병 환자들이 그랬듯, 노년층을 대상으로 한 창의활동 모임의 참가자들 상당수도 다른 사람들과 유대하고자 하는 욕구가 다시 샘솟는 것을 느꼈고, 6주간 이를 실행에 옮겼다. 그 과정에서 이들은 자신의 정서를 관리하고 생활 속에서 마주하는 어려움과 부담에 대처할 수 있다는 자신감을 얻었다. 행동방식 또한 눈에 띄게 변화했다. 기존의 친구들과 연락을 주고받으며 관계를 유지하려 노력했음은 물론이고 다른 공동체 활동에 참여하는 빈도도 증가했다. 전과는 비교할 수 없을 만큼 일상 속에서 빈번하게 마음챙김 명상과 창의적 표현활동을 실천하기도 했다.

그중에서도 아일린이라는 여성 참가자의 후기는 특히 기억에 남는다. 프로그램 종료 후 어떻게 지내는지 묻자 그녀는 이렇게 말했다. "요즘은 미술과 만들기에 푹 빠져 있어요. 모임도 하나 만들었고, 또 다른 모임에도 가입하려 해요. 이젠 이 모임 활동들 덕분에 살아요. 너무나도 고민이 많고 거기에 짓눌리다 보면 사실 한 번씩 이렇게까지 살아야 하나 싶을 때가 있거든요. 그런데 그림을 그리면서 즐거움과 기쁨을 얻고 나만의 열정을 발휘하면 그걸로 계속해서 살아갈 수 있게 돼요."

이후 우리 재단 팀은 꼭 미술치료사를 비롯한 정식 자격증을 갖춘 정신건강 치료사가 없어도 프로그램이 잘 진행될 수 있도록 창의활동 모임을 설계했다. 모임 활동을 이끌 아주 기본적인 능력만 있다면 누구든 프로그램을 진행할 수 있고 참가자들 또한 이를 열심히 따라가기만 하면 효과를 누릴 수 있게 하는 것이 목표였다. 그리고 2019년, 시카고대학교 의과대학에서 운영하는 시카고 남부 지역사회 봉사단체인 셰어네트워크SHARE Network와 협업해 본격적으로 프로그램의 효과를 검토해보았다. 셰어네트워크의 프로그램 관리자 제이슨 몰로니Jason Molony는 창의활동 모임 프로그램 참가자를 모집했다. 범죄율이 높고 소득 수준이 낮은 동네 가운데 하나로 1995년 시카고 폭염 참사 때 고립된 생활을 하던 많은 노인이 목숨을 잃은 잉글우드라는 지역 내의, 노인 거주자 비율이 높은 세인트브렌던 아파트에서였다. 드디어 우리 재단 팀의 직접적 개입 없이 진행되는 첫 번째 창의활동 모임이었기에 우리는 기대 반 걱정 반으로 추이를 지켜보았다. 세인트브렌던 아파트 주민들의 결과를 보면 우리 팀이 개발한 프로그램이 과연 정말 대규모로 확장될 가능성이 있는지 알 수 있을 터였다.

시작은 아주 순탄하지만은 않았다. 전원 60세 이상으로 구성된 참가자들은 이 모임 프로그램이 정확히 무엇을 위한 것인지도 파악하지 못하고 있었고, 사회복지 전문가였던 제이슨은 이런 유의 모임을 이끌어본 경험이 없었다. 그가 다짜고짜 색연필과 다양한 미술 도구들을 나눠주기 시작하자 참가자들 사이에서는 이제부터 미술작품을 만들어야 한다는 생각에 당황한 목소리가 오갔다. 남성 참가자 한 명은 벌떡 일어나더니 "유치원생들이나 하는 걸 나더러…"라고 중얼거리며 나가버렸다.

제이슨은 첫 번째 명상 시간이 지나면서부터 분위기가 달라졌다고 말했다. "마음챙김 명상과 특정 주제로 진행되는 대화와 예술의 조합에는 진짜 마법 같은 무언가가 있었습니다. 그 힘이 거기 모인 사람들에게 미치는 영향을 저는 실시간으로 목격했어요." 그는 참가자들에게 "진솔하고 열린 마음으로" 프로그램에 참여해달라고 부탁했다.

세인트브렌던 아파트에서 열린 워크숍 참가자들은 우편함 앞에서 마주칠 때나 간단하게 인사하는 정도였을지언정 알고 지낸 지는 몇 년이나 된 사이들이었다. 그러나 그중에서 비교적 친근하게 왕래했던 주민들조차도 서로의 속 깊은 이야기까지는 잘 모르고 있었다. 그러던 중 '유산legacy'이라는 주제로 진행되던 회기에서 몇몇 참가자들이 한 명 혹은 그 이상의 자녀를 앞세우고 느꼈던 비통함을 털어놓았다. "그러자 대화의 주제가 곧장 그 상실감과 비통함이 얼마나 힘든지로 넘어갔습니다. 그게 아주 컸어요. 다들 자녀를 잃고, 배우자를 잃고, 친구들을 잃어본 경험이 있었으니까요." 제이슨이 말했다. "모두가 마음속에 커다란 슬픔을 안고 있었어요. 아마 그분들도 이런 대화는 일상적으로 하기 어려웠을 거예요."

이처럼 일상적으로 하기 어려운 대화가 오갈 수 있는 환경을 만들어주는 것이 바로 창의활동 모임의 핵심 기능이다. 물론 지지집단 모임이라면 어디든 이런 환경을 제공하기는 하지만, 모든 사람이 가까운 사람을 잃어 비통하거나 외로울 때 지지집단 모임에 참가하는 것은 아니다. 창의활동 모임은 외로움이나 살면서 겪는 다른 힘든 일들을 위압적이지 않은 분위기에서, 심지어 즐기면서 흥미로운 방식으로 해소할 수 있게 해주기 위해 고안되었다. 안내에 따라 진행되는 명상과 창의적 표현활동을 통해 창의활동 모임은 참가자들이 외로움이라는 정서 자체에 딱히 집중하지 않고도 속마음을 나누고 유대감을 형성하는 습관이 들게 해준다. 그런 의미에서 창의활동 모임은 외로움에게 있어 배고플 때 찾는 식당 같은 존재가 될 수 있다. 타인과 유대감을 쌓기에 안성맞춤인 환경 속에서 인간의 기본 욕구를 충족시켜주는 즐거운 경험을 제공하기 때문이다.

식당 후기에서 배고픔을 언급하는 일이 별로 없듯, 초창기 창의활동 모임 후기에서도 직접적으로 외로움과 관련된 이야기를 하는 경우는 드물었다. 대신 참가자들은 자신의 정서를 다스리고 나이가 들어가면서 마주하는 문제들에 대처할 수 있다는 자신감이 새롭게 생겼다고 보고했다. 이는 뉴욕에서 실험차 소규모로 진행했을 때 얻은 결과와 아주 비슷했다. 창의활동 모임에서 이런 자신감을 키울 수 있다고 명시적으로 설명한 적은 한 번도 없었으므로 이는 매우 고무적이었다. 이에 우리 재단 팀은 마음챙김으로 자신을 들여다보고 세심한 안내에 따라 창작품을 만들어본 다음 이와 관련해 의미 있는 대화를 나눈 경험이 불안 수준은 낮추고 사회인지 능력은 향상시키며 자신감을 키울 수 있는 방식으로 인간의 기본 욕구를 충족시켜주는 것이리라 추측했다.

이렇듯 긍정적인 결과를 바탕으로 우리는 미국은퇴자협회재단에 연락을 취했고, 2020년 3월과 4월에 일리노이, 뉴욕, 메인에 걸쳐 총 아홉 개 시에서 지역사회 단체들과 협업, 창의활동 모임의 진행에 필요한 지원금과 전문적인 조언을 얻었다. 그러다 팬데믹에 가로막혀 일정을 연기하게 되면서 우리는 줌을 활용한 온라인 환경으로 창의활동 모임의 무대를 옮겼다. 그 과정에서 매주 진행되는 모임의 횟수를 총 6회에서 8회로 늘리는 한편, 화면을 들여다보는 시간이 길어지면 참가자들이 힘들어할 것을 고려해 각 회기를 한 시간으로 줄였다. 아울러 기술적 어려움에 도움을 주기 위한 대비까지 충분히 해둔 데

힘입어 마침내 2020년 가을, 8주짜리 워크숍 아홉 개 모두가 순조롭게 진행되었다. 102명의 참가자(연령은 50세부터 101세까지 다양했다)가 작성한 후기를 보면 결과는 대성공이었다.

온라인 워크숍 참가자들 역시 기존의 대면 모임 참가자들과 마찬가지로 정서를 관리하고 나이 들어가면서 마주하는 어려움에 대처하는 데 전보다 자신감이 생겼다고 보고했다. 또한 친구들과의 관계를 이어가기 위해 노력을 기울이고, 창의활동에 새롭게 취미를 붙이게 되었으며, 혼자서도 마음챙김 명상을 하고 있다고 전했다. 온라인 형식 자체에 대한 불만은 거의 없었다. 한 참가자는 이렇게 말했다. "이놈의 팬데믹 때문에 친구나 가족과 서로 안아주고 토닥이는 것도 못하게 되었잖아요. 이렇게 통신 기술을 활용해서라도 사람들과 이어지니 좋네요."

프로그램이 진행되는 8주 동안 참가자 대다수는 다른 외부활동에 전보다 많이 참여하게 되었다. 마치 이 짧은 온라인 모임이 생활 속에서 다른 사람들과 유대할 수 있다는 가능성을 다시 북돋아준 듯했는데, 무엇보다 중요한 사실은 참가자들이 이를 실행에 옮겼다는 점이다. "제가 가장 인상적이었던 건 세 번째나 네 번째 회기 즈음에 생겨나는 이 자연스러운 유대였어요." 온라인 워크숍 두 팀의 진행을 진행했던 셰어네트워크 연계 보건진료 보조원 제닐 베넷은 이렇게 말했다. "사람들이 마음을 열고 진심을 다해 자신이 살아온 인생과 경험 그리고 나이 들어간다는 것에 어떻게 대처하고 있는지에 대한 이야기를 나누기 시작하는 것 말예요."

또한 참가자들의 후기에 따르면 온라인 형식으로 바꾸면서 각 회기당 시간을 줄인 것은 실수였다. 참가자들은 각 회기가 훨씬 길었더라면 좋았겠다고 생각했던 것이다. 뿐만 아니라 횟수도 지금보다 많았어야 했다며, 이런 유의 프로그램이 더 있으면 좋겠다고 말했다. 프로그램 진행 관계자 가운데 이런 반응을 예상한 사람은 아무도 없었을 것이다. 온라인 워크숍을 통해 얻은 이 같은 통찰은 팬데믹이 우리에게 준 선물이었다. 재앙과도 같은 그 시간을 겪은 덕분에 우리는 대면으로 진행했던 기존 방식의 이점은 대부분 살리면서 대규모로 광범위하게 시행할 수 있는 대안적 방식의 창의활동 모임을 개발할 수 있었다.

아울러 이처럼 온라인 모임에서 거둔 성공은 창의활동 모임이 건강 문제나 장애, 거주지 등의 요인 탓에 사회적으로 고립될 위험에 처해 있는 노인들에게 실질적인 생명줄 역할을 해줄 수 있다는 가능성에 눈뜨는 계기가 되었다. 어느 참가자가 말했듯, 매주 온라인에 여럿이 모여 명상, 창의적 표현활동, 대화를 함께하는 경험은 노인들로서는 달리 접할 방법이 없었던 깊은 유대감을 선사했다. 이와 관련해 한 참가자는 이렇게 표현했다. "이 모임은 나에게 긍정적으로 생각할 거리를 줘요. 내 삶의 활력소가 되어주면서 다른 사람들과 교류할 기회도 많이 만들어줬죠."

비슷한 목적으로 우리는 직접 예술작품을 만드는 대신 소규모 화상 회의나 일대일 통화로 예술작품에 대한 감상을 나누는 '감상과 통화Reflect and Connect Calls' 프로그램을 개발하기도 했다. 또 예술작품을 공유하고('외로움 벗어나기 영화제'에서 단편 영화를 상영한 것과 같은 방식으로) 마음챙김 명상과 대화를 통해 이를 함께 감상하는 프로그램도 기획해보았다.

그러는 와중에도 나는 창의활동 모임이 대면 환경에서도 계속해서 활성화되기를 바랐는데, 이렇게 하면 참가자들이 같은 경험을 공유하며 의미 있는 우정을 쌓는 데 특히나 더 큰 도움이 되기 때문이다. 가령 세인트브렌던의 활동지도사 밀턴 라이트는 각 회기가 시작되기에 앞서 그동안 완성된 작품 전부를 모임 공간의 벽면에 게시해두었다며 이렇게 말했다. "그렇게 3~4주가 지나자 그럴듯한 화랑의 모습을 갖추어갔답니다. 온 벽에 작품들이 걸려 있으니 참가자들도 마음 편히 창작활동에 임하는 분위기가 조성된 것 같았어요. 자기 작품을 뿌듯해할 만한 대상으로 여기게 된 거죠." 2022년 세인트브렌던에서 입주민들이 저녁에 모여 함께 빙고 게임을 하는 등 이런저런 공동 활동들을 재개하면서부터, 창의활동 모임이 다시 열리진 않는지 궁금해하는 여성 입주민이 몇 명이나 있었다고 한다. 이미 2년 가까운 시간이 흐른 뒤였는데도 말이다. "미술작품을 만들고 다른 사람들과 감정을 나누는 그 시간이 얼마나 좋았는지 이야기하더군요." 밀턴은 이렇게 말했다. "그분들에게는 말하자면 속내를 털어놓기에 안성맞춤인 환경이었던 거예요."

이 모든 노력을 통해 이루고자 하는 목표는 결국 하나였다. 노인들이 다른 사람들과 유대를 지속하게 도와주어 외로움 때문에 정신 및 신체질환에 시달리게 될 위험을 낮추는 것이다. 나이가 들어서도 외로움에 대한 취약성 피라미드 모형에서 가장 아래층에 머물 수만 있다면 하루하루가 살 만한 나날이 될 것이다. 그저 인간 본성에 내재된 감정의 하나로 정상 범주 내에서 가끔씩만 외로움을 느낀다면 공중보건으로서도, 외로움을 겪을 위험이 있는 사람으로서도 이득이다. 이로써 건강함이란 단순히 질병 없는 상태만이 아님을 되새길 수 있다. 타인과의 유대는 인생 후반부를 성공적으로 보낼 수 있는 방법으로서 건강함이라는 큰 그림의 한 부분을 차지한다.

다가가기 힘든 남자

창의활동 모임을 진행하기 시작하면서 실망스러웠던 결과 중 하나는 남성 참가자의 비율이 겨우 9퍼센트밖에 되지 않는다는 점이었다. 후기를 보면 남성 참가자 역시 여성 참가자만큼이나 모임을 통해 많은 효과를 얻었기에 이 점은 특히나 안타까웠다. 아마도 프로그램에 대한 인식의 차이가 문제였던 듯하다. 이에 나는 용감무쌍한 전사라는 자기정체감과 상충되는 탓에 처음 한동안은 미술치료 받기를 거부했던 참전용사 제이슨 버너를 떠올렸다. 콜라주 작품을 만들고 그 의미에 대해 남들과 이야기를 나누는 활동이 어쩐지 남자답지 못하다는 이유로 창의활동 모임을 외면한 제이슨 같은 남성은 얼마나 많았을까? 세인트브렌던 창의활동 모임에서도 색연필을 보고 유치원생 놀이 같다며 즉각 나가버린 사람도 그나마 참가 신청을 한 소수의 남성 중 한 명이었다.

창의활동 모임에 참가한다는 것은 스스로가 취약한 부분이 있음을 어느 정도 인정한다는 뜻인데, 바로 이 부분에서 남성은 거부감을 느낄 수 있다. 성 고정관념을 물고 늘어지려는 것이 아니라, 실제로 심리학자들도 본래부터 남성이 지닌 성향의 특정 측면들은 남성 노인들을 외로움에 시달리게 만들 수 있다고 지적한다. 예를 들어 남성의 우정은 활동을 함께하거나 같은 직장에서 일하는 등 공통의 주제에 관심을 둠으로써 형성되는 '나란히 유형 side-by-side friendship'인 경우가 많은 반면, 여성의 우정은 서로의 감정을 공유하고 자신의 내면을 드러내 보임으로써 사람 자체에 대한 관심으로 친밀감을 다지는 '마주 보기 유형 face-to-face friendship'인 경우가 많다. 그렇다 보니 나이가 들고 은퇴를 하면 남자들은 함께하는 활동이 줄어들고 직장에서의 관계가 끊어지면서 자연히 친구들도 잃곤 한다. 이처럼 서로를 지지해주던 관계망이 무너지는 탓에 남자들은 흔히 노년에 사회적으로 위축되고, 고립된 상황이 외로움을 낳으며, 그 외로움이 더욱 심한 고립을 낳는 악순환에 빠져들 위험에 처한다.

남성 노인의 외로움과 사회적 고립이 심각한 문제이며 그들 스스로 외로움을 느낀다는 사실에 수치스러워하고 부정적 낙인을 찍음으로써 상황이 악화된다는 증거는 계속해서 제기되고 있다. 스트레스를 받거나 힘든 일이 있을 때면 남자들은 보통 '남자답게 웃으며 버틴다'는 식으로 대응한다. 미국 질병통제예방센터의 연구 결과에 따르면 1995년 시카고 폭염 참사 당시, 그 지역 노인 인구 대다수는 여성이었지만 사망자 수는 남성이 여성보다 두 배 이상 많았다.[20] 일반적으로 여성은 나이 들어서도 사회적 관계를 유지하는 비율이 남성에 비해 월등히 높다 보니, 폭염 사태가 닥쳤을 때에도 여성 노인들의 경우에는 그들이 무사한지 살펴보러 와주는 친구들이 많았다. 게다가 여성은 도움이 필요하면 적극적으로 요청했다. 반면 남성은 누군가 찾아와주는 일도 상대적으로 적었을뿐더러 도와주겠다는 사람이 있어도 도움을 받으려 하지 않았다.

시카고에서 길거리 생활을 하는 참전용사들을 담당하는 사회복지사 캘빈 모슬리도 이러한 악순환을 빈번하게 목격한다. 이 노숙인들도 한때는 가족이 있고 좋은 직업을 가졌으며 적극적인 공동체 일원이었지만, 나이가 들면서 점차 가까운 사람들을 멀리하기 시작했다. "아마도 가족들에게 너무 모질게 대했던 게 아닐까 싶어요." 캘빈은 이렇게 말했다. "제2차 세계대전에 참전했던 분하고 굉장히 가까웠는데 그분을 보고 그런 생각이 들었죠. 그분은 자신이 가족들을 밀어냈다고 하시더라고요." 그가 몹시 엄하고 쉽사리 만족하지 않는 성격이라 자녀들은 자라면서 아버지와 아무것도 함께하고 싶어 하지 않았다고 한다. 아내가 이른 나이에 세상을 떠나자 결국 그는 외톨이가 되었다.

연구 결과에 따르면 은퇴 후 삶의 목적을 잃은 남성은 우울증과 외로움에 시달릴 위험이 높다. 캘빈은 노숙인들과 이야기를 나누면서 상대가 절망감을 느끼는지 자기통합을 경험하는지(발달심리학자 에릭 에릭슨Erik Erikson은 심리사회적 발달단계 가운데 마지막인 노년기를 '자기통합 대 절망' 상태로 정의하며, 지난 삶을 얼마나 긍정적으로 평가하느냐에 따라 평온하게 마지막을 준비할 수도, 비참함에 빠질 수도 있다고 주장했다―옮긴이) 살핀다고 한다. 지난날에 경험한 사건들이 자신의 인생에서 의미 있는 목적성을 띠었다고 통합적으로 수용하는 사람들은 외로움을 겪지 않는다. 하지만 과거에 대해 절망감과 무의미한 느낌을 표현하는 사람은 외로움에 시달릴 위험이 크다.

제이슨 버너는 미술치료를 통해 자신이 실질적으로 나아질 수 있음을 확인하고 나서야 창작활동을 향한 거부감을 겨우 극복해냈다. 이를 보고 나는 어쩌면 실질적 효과와 목적성이라는 요소를 더함으로써 남성도 창의활동 모임에 조금 더 관심을 가지게 할 수 있지 않을까 하는 생각이 들었다. 남성 참가자들이 자신의 창작활동을 어떤 명확한 목적이 있는 수단으로 느낄 수 있게끔 프로그램의 진행 과정을 설계할 방법이 있을까? 이러한 맥락에서 나는 에이즈 퀼트(에이즈 희생자를 상징하는 조각보들을 이어 붙여 이들의 삶을 기리는 대형 추도 기념물─옮긴이)가 떠올랐는데, 각각의 조각보를 만드는 행동이 에이즈에 대한 세계적 인식 제고에 기여하는 수단이라는 측면에서 얼마나 큰 의미를 띠게 되었는지 생각해보면 가능성이 있을 터였다.

어쩌면 이와 유사한 방식으로 남성 노인들의 참여를 유도하는 대형 프로젝트를 진행해, 세상에 무언가 기여한다는 목적을 이루는 과정에서 창의활동 모임의 이점을 누릴 수 있게 할 방법이 있을지 모른다. 다만 이에 대해 아직 나는 분명한 답을 찾지 못했다.

치매에서 구출해준 드럼 연주

2000년대 초 언젠가 나는 샌프란시스코에서 생활하던 수많은 히피들이 나이가 들고 조용한 곳을 찾아 모여든 캘리포니아주 소노마 카운티의 숲속에서 열린 친구네 파티에 참석한 적이 있다. 밤공기에 대마초 연기가 자욱했고, 주최자가 키우던 배 빵빵한 돼지들이 초대객들의 다리 주변을 어슬렁거렸다. 나는 그곳에서 관자놀이 주변이 허옇게 세기 시작한 짙은 색 짧은 머리의 50대 후반 남자와 이야기를 나누게 되었는데, 예술과 건강에 관련된 일을 하고 있다는 내 말을 듣고 그는 눈을 반짝였다.

"아, 저도 그쪽에 꽤 관심이 있어요." 그가 말했다. 실제로 그는 이 주제로 의회에서 증언을 하기도 했다고 한다. 그 상황에서 그의 말이 얼마나 신빙성이 있는지 아리송했지만 그는 아랑곳하지 않고 말을 이어갔다. "저는 드러머거든요." 그가 설명했다. "할머니가 알츠하이머병을 앓으셔서 말을 하지도 저를 알아보지도 못하셨어요. 그런데 제가 드럼으로 특정 리듬만 연주하면 제 이름을 부르시는 거예요. 꼭 제가 드럼 연주로 할머니를 치매에서 구출하는 것만 같았죠."

이후로도 한동안 그와 대화를 나누면서 그의 이야기에 크게 흥미가 동하기는 했지만 그가 의회에서 증언을 했다는 말만은 여전히 믿기가 조금 힘들었다. 그때 또 다른 사람이 곁에 오더니 내가 지금껏 대화를 나눈 상대가 누구였는지 알려주었다. 록 밴드 '그레이트풀 데드Greatful Dead'의 드러머로 오랜 기간 활동한 미키 하트Mickey Hart였다.

미키는 1991년, 의회의 노화특별위원회에서 '영원한 젊음: 음악과 노화Forever Young: Music and Aging'라는 주제로 개최한 공청회 자리에 참석해 요양원과 실버타운에서 드럼 동호회 워크숍을 시행해야 한다고 주장했다.[21] 여기에는 많은 이점이 따르며, 그중에서도 특히 "외로움과 소외감을 즉각 줄여주는 효과가 있다"는 것이 그의 설명이었다.

해당 공청회에는 올리버 색스Oliver Sacks도 참석했는데, 그의 회고록 《깨어남Awakenings》이 로빈 윌리엄스와 로버트 드니로 주연의 영화로 제작된 지 얼마 지나지 않은 시점이었다.[22] 색스 박사는 자신의 경험에 비추어, 기분 좋았던 기억을 음악치료가 불러일으켰을 때 치매 환자들에게 가장 큰 효과를 거두었다고 말했다. "정확히 '그' 음악이어야 합니다. 환자 개인에게 큰 의미가 있는, 중요하게 여겨지는 바로 그 음악이요." 이렇게 함으로써 "치매 환자들이 자기 자신을 되찾아 말을 하고 지각하고 사고하는 능력뿐만 아니라 모든 정서적·지적 구성 능력을 다시금 떠올리고 활용할 수 있게 되는 것"이라고 그는 덧붙였다. 나는 그로부터 몇 년 뒤 색스 박사와 만났는데, 깊게 친해질 기회까지는 없었지만 FAH 초기에 그에게서 사려 깊은 조언들을 많이 받았으며, 그가 맨해튼에서 연 작문 워크숍에 몇 번 찾아가기도 했다. 음악에 대해서도 색스 박사는 뇌의 이로운 기능을 가능케 하는 대단히 중요한 무언가를 되찾아주는 일종의 보조물로 작용할 수 있다는 명언을 남겼다.

그로부터 수십 년, 음악과 무용치료가 치매 환자들의 기억력을 비롯해 생활하는 데 필요한 기능들을 어느 정도 회복시켜줄 수 있다는 인식이 서서히 쌓여갔다. 치매 연구 결과에 따르면 생애 초기에 배운 것일수록 쉽게 되살아났는데, 어린 시절에 즐거움을 경험했던 음악, 춤, 미술, 만들기 등이 여기에 해당되었다.

창의적 예술 참여 활동을 비롯한 집중적인 사회적 관계 맺기 프로그램들을 통해 초기 단계의 치매를 치료할 수 있다는 증거들도 점차 늘어가고 있다. 예술이 다른 사람들과 공감하고 유대하는 방식을 변화시킴으로써 기억에 영향을 미쳐 사람들의 얼굴이나 사건들을 떠올리는 능력에까지 변화를 이끌어낼 수 있다는 과학적 근거는 '예술적 뇌 커넥톰'과 '사회적 뇌 커넥톰'의 중첩 부분들에 대한 연구 결과에서 찾을 수 있다. 이 분야의 혁신적 프로그램과 방안들 가운데 내 관심을 끈 것이 몇 가지 있다. 특히 초창기의 주목할 만한 사례는 메트라이프재단MetLife Foundation의 후원하에 2007년부터 뉴욕 현대미술관에서 진행된 알츠하이머병 환자들의 예술감상 모임 '알츠하이머병의 목요일'이다.[23] 이 선구적 프로그램을 시작으로 박물관을 거점삼아 인지저하 문제에 창의적으로 접근하는 다양한 프로그램이 생겨났고, 현재는 미국박물관협회American Alliance of Museums에서 이들을 적극적으로 지원하기에 이르렀다. 또 한 가지 들 수 있는 사례로는 맥아더상 수상자 앤 배스팅Anne Basting이 창립한, '창의활동 참여를 통해 노인들의 삶에 의미와 목적을 찾아준다'는 목표하에 예술가와 요양보호사들의 세계적 네트워크를 구축하는 단체인 타임슬립스TimeSlips가 있다.[24] 요양원에서 타임슬립스 프로그램을 진행한 결과, 경도에서 중등도의 치매 환자들이 전보다 각성된 상태를 보이며 의료진이나 요양보호사들과 긍정적으로 상호작용하는 빈도가 증가했다.[25] 스위스의 한 미술관에서 프로그램을 진행했을 때에는 치매 환자와 보호자 모두의 기분 상태가 개선되는 효과가 나타났다.[26]

가족은 간병하지만 스스로는 돌보지 못하는 사람들

노화와 외로움을 주제로 한 연구들 대부분은 혼자 생활하는 노인들의 위험성에 초점을 맞춘다. 하지만 실제로는 몸과 마음이 노쇠해가는 배우자를 간병하는 입장의 노인들이 겪는 외로움도 존재한다. 정신질환이나 신체적 장애를 안고 있는 형제자매·룸메이트·성인 자녀를 돌보는 노인들의 경우도 마찬가지다.

2019년, 뉴욕 롱아일랜드의 어느 유대인 지역문화회관과 협업해 가족간병인들을 위한 6회기 분량의 창의활동 모임 프로그램을 진행한 적이 있다. 그 과정에서 겪은 어려움을 통해 우리는 이들이 매일 어떤 힘든 상황들을 마주하는지 똑똑히 알 수 있었다. 일단 열두 명의 가족간병인을 모집하는 것부터가 난관이었다. 연락이 닿은 보호자들은 대부분 매주 한두 시간씩 6주 동안이나 시간을 할애해야 한다는 사실에 자신 없어하거나 회관까지 가는 일 자체가 쉽지 않다고 말했다. 상당수의 보호자가 자기 시간을 갖지 못하고 있었던 것이다. 창의활동 모임에 참가하는 것조차도 큰 부담으로 느끼는 이들이야말로 어쩌면 이 프로그램에서 얻어가는 것이 가장 많은 사람들일지 몰랐다.

치매 환자를 위한 성인데이케어를 이용할 수 있는지 문의해온 보호자들도 있었다. 자신이 프로그램에 임하는 동안 간병을 필요로 하는 가족을 맡길 환경이 제공된다면 참가할 수 있다면서 말이다. 갖은 고비 끝에 마침내 프로그램이 시작된 뒤에도 모든 회기에 빠짐없이 참석한 참가자는 소수였으며, 전반적으로 다들 긍정적인 경험이었다고 하기는 했으나 이 같은 장애물들을 먼저 해결하지 않고서는 다시 하기 어려운 일이었다.

스스로도 나이 들어가는 와중에 배우자를 간병하는 사람들은 진짜 의료진과 연락을 주고받으며 실무를 담당하는 '현장' 실무자이자 물류 공급 및 관리 담당자이자 사랑하는 배우자라는 세 가지 역할을 동시에 수행해야 한다. 그리고 앞의 두 역할은 존재감이 너무나 큰 나머지 흔히 세 번째 역할의 자리를 위협하곤 한다. 인터넷에 의학 정보가 넘쳐나다 보니 복잡하게 꼬인 미국의 건강보험 체계까지 더해지면 어느 것이 가장 적합할지 결정하는 일부터 보호자들에게는 막대한 부담으로 느껴질 수 있다(나도 친구들이 비공식적으로 내게 의학적 조언을 구하거나 치료와 관련해 도움을 청해올 때 약간이나마 이러한 기분을 경험해본 적이 있다). 그런 데다 전문적인 의료 훈련을 받지 않은 사람이라면 겁먹기 쉬운 자가치료 업무까지 맡아야 한다. 필요한 물품을 마련하는 것도 추가적인 스트레스의 원인이 된다. 약을 어떻게 구해야 할까? 특별식은 어디서 구입해서 어떻게 보관해야 할까? 드레싱 교체 방법은 어떻게 배워야 하지? 이처럼 배우자를 간병하는 사람들은 늘 자신이 부족한 것은 아닌지 걱정한다.

 이 모든 실질적 고민으로 인해 마지막 역할에 대한 고민은 가려지는 경우가 많다. 그렇다면 현재 상황에 대한 이들의 정서는 어떤 상태일까? 배우자를 간병하며 막대한 부담감을 느끼는 사람들은 자신이 이 생활을 계속 감당할 수 있을까 하는 불안, 무언가 실수하고 있는 것은 아닌가 하는 두려움, 현재 자신이 처한 상황에 대한 억울함 등 부정적인 정서를 경험할 수 있다. 그런가 하면 이 같은 억울함에 대한 죄책감을 느끼기도 한다. "평생 나를 그토록 챙겨줬던 사람을 보살피면서 억울해하다니 난 대체 어떻게 된 인간이람?"이라면서 말이다. 이러한 감정들과 더불어 하루 중 많은 시간을 간병에 바치느라 자연히 고립된 생활을 하게 되면서 보호자들은 가뜩이나 힘든 와중에 외로움까지 짊어지고 만다.

연구 결과, 다른 사람들과 마찬가지로 가족간병인들도 사회적 지지망이 견고한 경우에 외로움을 덜 느끼는 것으로 밝혀졌다.[27] 결혼생활의 질 또한 이들의 외로움에 영향을 미치는 요인으로 작용한다.[28] 가령 부부 사이가 원만하지 않은 상태인데 둘 중 한 명이 치매 진단을 받으면, 배우자는 결코 해소되지 않을 분노와 억울함의 대상을 보살피기까지 해야 하는 입장에 처하면서 더욱 극심한 외로움을 느끼게 된다. 둘의 관계가 돈독하다고 할지라도 간병을 하다 보면 우울증과 외로움을 겪을 수 있다.[29]

"현재 부인을 간병하고 있는 어르신들과 대화를 나눠보면 책임감 때문에 얼마나 힘든지 토로하곤 하세요." 치매 환자들을 담당하고 있는 시카고의 사회복지사 케이트 크라이치가 말했다. "다른 누군가에게 부인을 맡기는 데 죄책감을 느끼시더라고요. '이러이러한 일들은 내가 해야 한다고 6년 전에 맹세했다'고 말씀하시는 분도 계시고요." 이들은 고작 친구랑 커피 한잔 하는 정도의 활동에도 자기 혼자만 밖에서 즐겁게 지낸다는 생각에 죄책감을 느낀다. "자신이 떠안은 책임감 때문에, 기분전환이 될 수 있는 일이라면 그냥 쇼핑하러 나가는 것조차도 전부 희생하고 계세요."

물론 남편을 간병하는 여성 보호자도 대체로 이 같은 감정을 느끼기는 하지만, 동시에 이들은 상대적으로 훨씬 두터운 사회적 지지망을 갖추고 있는 경우가 많다. 앞서 다른 사례를 통해서도 보았듯 여성 보호자는 필요할 때 도움을 청하고 가까운 친구나 가족과 자신의 감정을 터놓고 이야기할 가능성이 남성보다 높다. 반면 남성 보호자는 사회적 지지망이 부족하거나 가족·친구·사회복지단체의 도움을 거부하면서 점차 고립되곤 한다. 그리고 결국엔 치매 탓에 심하면 자신을 알아보지도 못하는 배우자 외에는 대화 상대가 없는 상황에 처한다. 이는 감히 다른 것에 비할 수 없을 만큼 고통스러운 심리적 외로움을 낳을 수 있다.

크라이치는 이렇게 덧붙였다. "특히 치매로 언어 능력이 저하되는 경우에는 한결같이 '예전처럼 유대감을 느낄 수 없다'는 말을 하세요. 보호자분이나 치매를 앓고 있는 본인 모두 한결같이요." 보호자의 입장에서는 부부간의 대화를 잃어버림으로써 고립감과 더불어 배우자였던 사람을 잃어버렸다는 상실감이 극대화되어, 깊은 우울감을 느끼고 자기 자신마저 뿌리째 흔들리는 듯한 경험을 할 수 있다.

다른 이를 간병하는 일은 비단 나이 들고 노쇠해진 사람이나 그 배우자가 아니더라도 몹시 심한 스트레스가 될 수 있다. 자녀를 양육하는 동시에 연로하고 건강이 좋지 못한 부모를 돌봐야 하는 입장의 중간세대에게도 외로움이 심각한 문제가 될 수 있는 것이다. 이처럼 시간과 관심을 쏟아야 할 중대한 의무가 넘쳐나는 가운데서는 친구들과 만나는 일을 비롯해 자기 자신을 돌보는 데 소홀해지기 쉽다.

하버드의 선구적 의료인류학자 아서 클라인먼Arthur Kleinman은 '돌봄care', 즉 다른 누군가를 '염려하고 보살피는 마음'이 고통·괴로움·기쁨 등의 다른 감정들과 전혀 다를 것 없는 근본적이고 보편적인 감정이라고 주장했다.[30] 그는 아내가 알츠하이머병으로 10년간 투병 끝에 숨을 거둘 때까지 간병한 경험을 바탕으로 2020년에《케어 The Soul of Care》(원제는 '돌봄의 정신'을 뜻함—옮긴이)라는 책을 썼다. 한 인터뷰에서 클라인먼이 말한 바에 따르면 보살피는 마음이란 "타인을 향한 사랑이 한층 정교화된 버전이다. 때문에 나는 이것이 그냥 단순한 정서가 아닌 도덕적 정서라고 생각한다. 우리 인생의 중심을 잡아주는 정서인 것이다. 이러한 이유로 나는 '돌봄의 정신'이라는 용어를 사용한다. 여기서 정신이라는 개념을 사용한 것은 가치에 대한 내면의 감정과 정서가 한데 묶여 우리가 나아가야 할 방향과 중심을 잡아준다는 의미를 담고 싶었기 때문이다. 그리고 이것이 바로 내가 생각하는 보살피는 마음의 본질이다. 이는 다른 사람들과의 관계 속에서 나 자신이 누구인지를 결정짓는 매우 중요한 한 부분이며, 그런 면에서 이 세상 무엇보다도 보편적이다."

사랑하는 사람을 먼저 떠나보낸 뒤

동화작가 모리스 센닥Maurice Sendak은 2011년 미국공영라디오National Public Radio, NPR의 〈프레시 에어Fresh Air〉에서 마지막 인터뷰를 하고 6개월도 채 지나지 않아 84세의 나이로 세상을 떠났다.[31] 그는 이 프로그램의 오랜 진행자 테리 그로스Terry Gross에게 자신은 죽음이 두렵지 않다며 이렇게 말했다. "내가 많이 우는 건 사람들이 그리워서예요. 그들은 죽고 나는 그걸 막을 수 없어서 우는 거죠. 그들이 내 곁을 떠나고 나서 내 애정은 더 깊어지거든요."

센닥은 2007년 세상을 떠난, 50년도 넘게 함께한 동반자의 죽음을 여전히 슬퍼하고 있었다. 그러다 2011년 초, 그와 가장 친하게 지내던 친구 부부가 짧은 간격으로 잇따라 사망했다. "나이도 그리 많지 않았어요." 그가 말했다. "그러니까 제가 가장 무서운 건 저 홀로 남는 거예요." 그러더니 테리 그로스를 보며 덧붙였다. "아마도 틀림없이 제가 테리 씨보다는 먼저 떠날 테니 당신을 그리워하지는 않아도 되겠군요."

2021년, 미국정신의학회American Psychiatric Association에서는 공식 정신장애 분류 기준인《정신질환 진단 및 통계편람Diagnostic and Statistical Manual of Mental Disorer, DSM》에 '지속적 애도장애prolonged grief disorder'를 추가했다.[32] 1년 이상 경과된 타인의 죽음을 여전히 극렬하게 슬퍼하고 그 사람을 그리워하며(혹은 망자에 대한 생각에 거의 매일 사로잡히는 상태가 1개월 이상 지속되며) 그로 인해 다른 사회적 관계 및 업무수행 능력에 지장이 생길 때 지속적 애도장애 진단이 내려질 수 있다.

"최근에 가까운 사람을 잃었다면 자신의 상태를 한번 돌아볼 필요가 있습니다."[33] 당시 미국정신의학회 회장 비비안 B. 펜더Vivian B. Pender는 이렇게 말했다. "이런 상황에서 슬퍼하는 것은 정상이지만 그 강도가 일정 수준을 넘어서며 하루 대부분의 시간 동안을 거의 매일, 몇 개월씩 그러는 것은 정상이 아닙니다."

병리적 애도, 복합성 애도, 박탈된 애도(사회적으로 이해나 인정을 받지 못하는 애도—옮긴이) 등으로 일컬어지던 상태에 겪는 외로움은 다년간 연구의 대상이 되어왔다. 이때 객관적으로 얼마만큼의 기간이 지나면 정상적 애도를 지속적 애도장애로 봐야 된다고 딱 잘라 말하기 어렵다는 것이 내 생각이다. 인간은 사회적 동물이므로 어떤 사회적 맥락에서는 평범하다고 여겨지는 것도 다른 데서는 병리적이라고 여겨질 수 있기 때문이다. 어쨌든 지속적 애도장애의 가장 흔한 증상으로는 극심한 정서적 고통, 정서의 마비, 사는 것이 무의미하다는 느낌 그리고 극심한 외로움 등이 있다. 이 모두가 소중한 사람을 잃고 첫 해에는 누구나 흔하게 경험하는 감정들이지만 그 이후로도 극렬한 슬픔의 증상들이 "사회적·문화적·종교적 규준에 따라 예상되는 정도를 넘어서며 다른 정신장애로는 이를 설명할 수 없을 때" 장애로 볼 수 있다고 DSM은 규정한다.[34] 가까운 이를 잃은 사람들 가운데 무려 15퍼센트가 지속적 애도장애를 겪게 되는 것으로 추산되며, 이는 전 세계 인구의 2~3퍼센트에 해당한다.[35]

몇몇 통계 자료에 따르면 사망자 한 명당 평균 아홉 명이 애도의 감정을 느낀다고 한다.[36] 전 세계적으로 700만 명에 달하는 코로나19 사망자에게서 뻗어 나온 그 어마어마한 슬픔의 자취에 대한 파악도 이제야 겨우 시작되고 있는 실정이다. 2020년 대부분의 시간 그리고 2021년 내내 생존자들은 사회적 거리두기로 인해 장례식에 참석할 수 없었고, 그 탓에 친구와 가족의 죽음을 온전히 받아들일 기회를 얻지 못했다. 이와 관련해 팬데믹이 터지고 7개월이 지난 시점인 2020년 10월, 뉴욕대학교의 정신의학자 나오미 사이먼Naomi Simon은 "코로나19로 인한 심각한 사회적 혼란과 대인관계에서의 갑작스러운 상실은 각 개인 및 가정의 애도 대처 능력을 쉽게 무력화시킬 수 있다"며, 애도의 감정으로 인한 정신장애와 물질남용 사태에 대해 예견하고 '행동을 촉구하는' 논문을 〈미국의학협회저널The Journal of the American Medical Association〉에 발표했다.[37] 논문에서 저자들은 정신건강 위험군을 가려내 현 상태를 평가하고 치료하는 데 지금보다 많은 재정적 지원이 필요하다고 주장함과 더불어 '지속적 애도 12' 질문지를 활용해 유족 및 사망자의 친구들 가운데 지속적 애도장애와 PTSD에 시달릴 위험이 높은 이들을 식별해야 한다고 제안했다.

지속적 애도장애를 겪는 사람들은 대체로 아주 가까운 인물이 죽고 난 뒤 마치 자신의 일부가 떨어져나간 것처럼 외로움과 상실감을 느낀다. 또한 소속감이나 기존에 갖고 있던 사회적 정체성을 잃고 삶 자체가 무의미하다고 느끼게 될 수도 있다. 컬럼비아대학교의 '지속적 애도 지원센터 Center for Prolonged Grief' 원장인 정신의학자 캐서린 시어 Katherine Shear는 인지행동치료 등의 중재법을 활용, 가까운 이를 잃은 사람들이 다시 새롭게 삶의 희망과 목적을 찾을 수 있도록 개인 맞춤 목표를 설정하는 데 도움을 주는 16주짜리 지속적 애도장애 치료 프로그램을 개발했다.[38] 이러한 목표들을 이루기 위해서는 보통 떠난 이의 사회적 역할을 대신해줄 또 다른 인물을 찾는 과정이 필요하다. 누군가를 애도한다는 것은 외로운 일이며, 이러한 슬픔에서 벗어나려면 다른 사람들과 의미 있는 관계를 형성함으로써 외로움을 해결해야 한다.

소중한 사람을 잃는 경험은 다른 트라우마 사건들과 마찬가지로 그 죽을 것만 같았던 처음의 극심한 정서적 고통을 다시 느끼는 일 없이 그 인물의 부재를 슬퍼할 수 있도록 기억 통합 과정을 거쳐야 한다. 그리고 이는 자신이 신뢰하고 친밀하게 느끼는 사람들에게 속 이야기를 들려줄 때에만 가능하다. 그럴 만한 상대가 없을 정도로 지나치게 외롭거나 단절되어 있다면, 몸과 마음을 좀먹는 애도의 고통은 마치 치료하지 않고 방치된 상처처럼 몇 년이 지나도록 계속될 수 있다.

마지막 인터뷰에서 센닥은 수년을 함께했던 배우자, 친구들, 그토록 좋아하는 산책조차 오래 하지 못하게 만듦으로써 심장병이 앗아간 기동성 등 자신이 그동안 잃어버린 것들을 다시금 헤아려보았다.[39] 그렇지만 한편으로 그는 나이가 들면서 얻게 된 생각지 못한 이점도 몇 가지 있다고 언급했다. "요즘은 코에 관한 시를 쓰고 있답니다." 그가 말했다. "원래 전 늘 코에 관한 시를 쓰고 싶었어요. 그렇지만 그 왜 그런 거 있잖아요. 너무 바보 같은 주제 아닐까 싶은 생각이 드는 거요. 그러다 보니 젊을 적에는 아주 의미심장한 주제가 아니라면 쓰기를 겁냈어요. (중략) 이제는 그런 걱정이 전혀 없어요. 뭐든 아무런 상관이 없답니다." 센닥은 나이 들면서 많은 것을 잃어버렸지만 자의식만은 오히려 잃어버려서 다행이라고 말했다.

그는 이렇게 덧붙였다. "책을 더 쓰게 될지 아닐지는 모르겠어요. 아마 쓰겠지요. 어느 쪽이든 상관없어요. 나는 행복한 늙은이니까요. 그래도 무덤에 들어가는 그 순간까지 나다움을 잃지 않을 거예요."

7장

네 번째 구역, 다름

내가 클로디아 랭킨Claudia Rankine을 처음 만난 것은 지난 2006년, 여름마다 캘리포니아주 올림픽밸리에서 개최되는 작가친교회Community of Writers의 열정적인 시 쓰기 워크숍에서였다. 당시 클로디아는 이미 명성 높은 시인으로, 외로움과 열망 그리고 현대 미국인의 삶에 대해 묵상한 바를 글과 사진들로 기록한 169쪽 분량의 책 《나를 외롭게 두지 마세요Don't Let Me Be Lonely》를 갓 출간한 상태였다. 그해 친교회에 초빙된 다섯 명의 강사 중 하나였던 그녀는 집단 워크숍과 일대일 지도 모두를 활기차고 쾌활하게 진행했다. 내 작품을 읽고 건네준 클로디아의 통찰력 있는 의견 덕분에 나는 시를 쓰는 데 자신감이 커졌으며, 무엇보다도 다른 시인들의 작품을 읽으면서 경험하는 유대감이 한층 깊어졌다.

  9·11 테러를 겪고 창작욕이 생겨난 나는 오래전에 쓴 시들을 다듬는 한편 새로운 시도 쓰기 시작했다. 그러다 시를 통해 전하고자 하는 것들을 조금 더 분명하게 조직화하기 위해 그중 50편을 시집으로 엮었다. 다만 문제는 시들의 완성도가 내 기대치만큼 높지 않다는 점

이었다.

 작가친교회에 참가하려고 생각하자 살짝 겁이 나기도 났다. 워크숍이 진행되는 기간 내내 강사를 비롯해 전 참가자가 매일 한 편씩 시를 쓰고, 낭독하고, 다른 참가자들에게 들려주어 의견을 들어야 했던 것이다. 이런 경험이 전무했던 나는 더구나 전혀 모르는 사람들에게 내 시를 들려주고 평가받을 마음의 준비가 되었는지 확신이 서지 않았다. 하지만 막상 도착해서 보니 의외로 따뜻한 분위기에 다양한 사람들이 어우러진 환경이 마음에 들었다. 내 룸메이트는 젊은 멕시코계 미국인이었는데, 몸을 뒤덮은 엄청난 문신이 과격한 로스앤젤레스 범죄 조직에 몸담았던 그의 과거를 말해주었다. 그 밖에 고등학교 교사, 투자은행가 등이 참가했으며, 심지어 나 말고도 의사가 한 명 더 있었는데 대학 시절에 알고 지내던 에이즈 연구원이었다. 이들 모두가 자신만의 경험이자 여럿이 공유하는 경험으로서 함께 시를 쓴다는 단일한 목표를 품고 훈훈한 분위기 속에 한데 모인 것이었다.

 클로디아가 주로 지도해준 내 작품은 어머니에 대한 시였다. 시를 쓰며 나는 어머니가 돌아가신 뒤 엉망이 된 그 집을 돌아보던 기억이 떠올라 끙끙거리고 있었다. 그러다 보니 시는 그 집 안에 늘 켜져 있던 지저분한 TV 등 어질러진 것들에 대한 묘사로 장황설이 되어버렸고, 마지못해 클로디아에게 보여줄 때쯤에는 마치 어머니의 집처럼 몹시 뒤죽박죽인 상태였다. 다행히 클로디아는 내 다른 작품들부터 읽기 시작했다. 그러고는 내 작품들이 시의 형태를 이용해 특칭特稱적인 것들을 배치한 다음, 놀라운 반전을 제시하며 앞의 특칭적 것들에 대한 전칭全稱적 무언가를 드러내는 식으로 이야기를 전개하고 있는 것 같다고 말해주었다. 그 특칭적인 것들은 나에게 중요하다기보다는 타인에게 그 자신의 경험을 상기시킴으로써 의미를 갖는다면서.

나는 깜짝 놀라 더 자세한 의견을 듣고 싶어졌다. 어머니를 향한 복합적 감정에 관해서는 클로디아에게 들려준 적이 없었다. 내게는 확실히 어머니를 존경하는 부분도 많았지만 부끄러운 부분도 있었다. 특히 이 시에는 어머니가 인생이 망가지면서 정서적으로 얼마나 고통스러웠을지 안쓰러워하는 마음과 뒤섞여 그러한 감정들이 일부 담겨 있었다. 읽는 이들에게도 내가 느꼈던 부끄러움과 비슷한 감정을 경험한 적이 있다는 사실을 깨달았을 때에는 외로움과 수치심이 덜어지는 기분이었다. 내 글에서 내가 한 번도 발견하지 못한 부분을 클로디아가 짚어내는 것을 보자, 내가 보지 못하고 있는 또 다른 점으로는 어떤 것이 있을지 호기심이 일었다. 덕분에 나는 아주 까다로웠던 시를 마무리 지을 수 있었고, 그 이후로 나 자신의 글에 대해서도 조금 더 알게 되었다.

클로디아는 창의적 표현이 사람과 사람 사이의 유대감과 연관되어 있다는 중요한 사실을 일깨워주었다. 창작활동은 어떤 식으로든 개개인의 내면에 있는 보편성을 드러내 보이는 기능을 한다. 클로디아도 작품을 통해 이를 이루어내고 있었다. 《나를 외롭게 두지 마세요》는 미국에서 살면서 너무나도 흔하게 경험할 수 있는, 자신만 동떨어지고 주류 사회에 어우러지지 못하는 느낌을 탐구한다.[1] 일인칭 서정시로 써내려간 이 책에는 사회 체계로부터 배척당한 그녀 자신의 개인적 경험이 묘사되어 있다. "외로움의 토대는 자신이 창조한 꿈결

같은 풍경에서 비롯되므로, 그 풍경이 현실과 닮아 있다는 사실은 일단 실망을 초래하기 마련이다."

클로디아의 책에 담긴 단어와 사진 들을 보며 나는 그녀가 당해온, 아무 생각 없이 일상적으로 행해지던 잔인한 인종차별을 생생하게 경험했다. 분노가 치미는 한편 슬퍼졌고, 또 수치스러워졌다. 나는 클로디아의 마음을 고스란히 느낄 수 있었다. 어떻게 우리나라에서 이런 일이 벌어지고 있을 수 있단 말인가? 어떻게 그동안은 이를 전혀 눈치채지 못했던 것이며, 알게 된 지금 어떻게 이를 외면할 수 있겠는가? 그러는 동시에 깊은 외로움을 느끼며 나는 처음으로 나 혼자 경험하던 것보다 훨씬 거대한, 공유된 경험으로서의 외로움을 인식하게 되었다.

클로디아는《시민: 미국의 한 서정시 Citizen: An American Lyric》를 출간한 뒤 2016년에 맥아더재단 MacArthur Foundation의 '천재상'을 수상했다.[2] 이 책은 미국에 사는 흑인 여성으로서 그녀 자신이 경험한 것들, 그리고 백인 남성이 지배적인 사회에서 소수인종 여성이 느끼는 본질적 외로움을 담고 있다. 특히 언어적 괴롭힘에 대한 구절 하나가 내 눈에 띄었다. "우리에게 상처를 준 말은 그저 우리가 그곳에 존재한다는 사실을 모든 면에서 철저하게 활용하려 했던 결과일 뿐이다. 상대를 의식하고, 들으려는 자세를 취하고, 대화에 참여하고자 하는 마음을 품는 것 전부는 사실 우리가 그곳에 존재하고, 상대를 마주보고, 대꾸를 해주며, 아무리 미친 소리 같아도 그에 대해 '제발 좀'이라고 말하기 때문에 가능해진다."

이것이 아웃사이더로서 소외되고, 무력해지고, 폭력을 당하던 자신의 비굴할 정도의 취약함을 바라보는 클로디아의 관점이었다. 게다가 클로디아도 지적했듯, 잔혹하게 아이러니한 점은 사회 체계로부터 배척당할 때 우리의 마음은 스스로가 그럴 만한 인간이며 자신의 잘못으로 이렇게 되었다고 느낀다는 사실이다. 그 결과, 상처만 입는 것이 아니라 수치심까지 느껴 자신의 잠재력을 폄하하게 된다. 이에 따라 타인과의 관계를 피하다 보면 수치심은 결국 생활 경험의 폭을 제한하고 정체감, 친화력에 대한 자신감, 자기가치감마저 느끼기 힘든 상태로 몰아간다. 우리는 그렇게 점점 작고 외로운 세계에 갇히고 만다.

이러한 경험이 바로 외로움의 유형 가운데 두 번째인 '사회적 외로움'이다. 심리적 외로움이나 실존적 외로움과 달리 사회적 외로움은 우리 자신의 내면에서 비롯된 것이 아니라 외부의 집단이 무시 혹은 직접적인 적대로써 우리를 고립시킴에 따라 발생한다. 암묵적이든 노골적이든 사회적 거절을 통해 외로움을 떠안기는 것이다.

사람은 누구나 살면서 한 번쯤은 남들과 달라서, 자신이 있어야 할 곳이 아닌 것 같다는 느낌에, 집단에 어울리지 못한다는 생각에 외로움을 느끼곤 한다. 이러한 느낌은 실제 경험뿐만 아니라 우리가 경험하리라고 예상하는 상황 속에서도 존재한다. 가령 사람들로 가득한 방에 들어가야 한다고 생각해보자. 그 사람들이 나를 보고 싶어 할까? 나를 반겨줄까? 안전할까? 나는 내가 있어야 할 곳에 있다는 느낌을 경험할 수 있을까? 아니면 무시받거나, 아무 관심도 못 끌거나, 슬금슬금 따돌림을 당할까? 크게 보면 사회적 외로움은 인종차별, 성차별, 동성애자 및 성전환자 혐오 등을 겪었을 때 느끼게 된다. 우리

사회는 나이나 체중이 평균에서 벗어나 있거나, 신체장애가 있거나, 혹은 단순히 외모·말투·옷차림·신념이 어떤 식으로든 사회적 규준을 벗어나는 등 '다르다'고 여겨지는 사람들을 거부하는 경향이 있다. 가난 또한 많은 문화권에서 일종의 도덕적 결함이나 수치스러운 것으로 여겨지는 탓에 깊은 외로움의 원천이 되는 경우가 많다.

클로디아 랭킨은 자신의 수업을 듣는 대학생들에게 종종 페기 매킨토시Peggy McIntosh가 웰즐리여성연구소Wellesley Centers for Women에서 근무하던 1989년에 쓴 매우 영향력 있는 글을 읽게 했다.³ 이 글에서 페기는 '백인 특권white privilege'과 '남성 특권men privilege'이라는 용어를 처음 사용하며 백인과 남성 모두 자신이 누리고 있는 특권들이 "스스로 노력하지 않고서 손에 넣은 자산이 담긴 보이지 않는 배낭"임을 거의 인식하지 못한다고 주장했다. 그러면서 이처럼 불로소득으로 얻은 특권들의 예시 46가지를 나열했는데, 여기에는 "회의에 늦더라도 그 때문에 자신의 인종에 대한 인식이 나빠질 염려가 없다", "법 또는 의학적 도움이 필요할 때 인종 때문에 불이익을 당하지는 않으리라 확신할 수 있다", "모든 예술작품 속의 비유적인 말이나 심상이 나와 같은 인종으로서 경험하는 것들을 표현하리라 기대할 수 있다" 등이 있다.

클로디아는 토의 시간에 학생들이 별다른 어려움 없이 이 같은 특권의 예시를 수십 가지는 더 떠올렸으며, 그것들은 하나같이 그 특권을 누리는 당사자들이 스스로 노력해서 얻지도, 제대로 인식하고 있지도 않는 것임에 주목했다. 그리고 이를 바탕으로 "궁극적으로 시민으로서 할 수 있는 모든 것을 결정하는 주체인 백인 남성이 대부분을

차지하는" 사회 구조 속 한 흑인 여성의 외로운 여정을 그린 희곡〈도움Help〉을 써냈다.[4]

남들과 다르다는 것의 고충

내가 가장 처음 사회적 외로움을 느꼈던 기억은 일곱 살에 뉴저지 해안마을에서 피츠버그로 이사했을 때였다. 부모님, 누나들과 함께한 피츠버그 생활 초기에는 특히 아버지가 받는 대학원생 월급에 더해 생활비를 보태기 위해 어머니가 다시 일을 하기 시작하면서 열정적인 탐험 정신으로 가득했다. 당시로서는 아직 흔치 않았던 맞벌이 가정의 자녀로서 누나들과 나는 스스로를 관리 감독한다는 복잡한 일을 해내고 있었다.

그런데 새로 이사한 동네는 이웃끼리 아주 돈독한 분위기였고, 그런 그들에게 우리 가족은 저 멀리서 갑자기 끼어든 존재였다. 따뜻하게 반겨주는 사람들도 있었지만 상당수는 그렇지 않았다. 그 공허한 눈길, 아니, 마치 우리가 투명인간이기라도 한 듯한 그 철저한 무관심을 나는 결코 잊지 못한다. 이런 경험이 바로 우리가 인생의 특정 교차로에서 한 번쯤은 겪는 사회적 외로움이며, 보통은 일시적이다. 그 순간의 고통은 정말 크지만 거의 대부분은 지나간다. 우리가 활기 넘치는 피츠버그 유대인 공동체에 녹아들 수 있게끔 부모님이 애쓴 덕분에 얼마 지나지 않아 나는 새로운 친구를 몇 명 사귀었고, 6개월이 지난 시점에는 더 이상 이방인이 아니게 되었다.

이사로 인한 충격은 나보다는 큰누나에게 훨씬 크고 오래도록 지워지지 않는 영향을 미쳤다. 누나는 어릴 때 뇌성마비를 앓은 이래로 귀가 잘 안 들렸고, 글씨를 쓰는 것처럼 정교한 운동 능력이 필요한 일들에 어려움을 겪고 있었다. 뉴저지에서도 처음에는 학교 교직원 중 누구 하나 누나의 말이 어눌한 이유가 청각장애 때문이라고 생각하지 않았다. 대신 누나에게 당시 말로 '정신지체'라는 딱지를 붙이고 누나에게는 전혀 맞지 않는 '특수학급'에 누나를 집어넣었다. 다행히 부모님은 이 같은 처우에 반발해 의학 및 행동적으로 조금 더 정밀한 검사를 진행했고, 결국 학교 측도 누나의 언어와 사회성 기술 발달이 느린 이유를 제대로 파악해 적절한 조치를 취해주었다. 피츠버그로 이사할 무렵에는 더 이상 누나를 정신지체로 보는 사람이 없었지만, 누나는 아직 일상적 학급활동에 완전히 합류하지는 못하는 상태였다.

새로 이사한 아파트에서 두 블록 거리의 콜팩스초등학교 2학년으로 전학 간 첫날 방과 후, 혼자 복도를 걷고 있을 때였다. 어느 어두운 교실 안 책상과 의자가 줄지어 놓인 가운데 여학생 홀로 앉아 있는 모습이 보였다. 누나였다. 문을 등지고 있었지만 흐느껴 울고 있다는 걸 알 수 있었다. 순간 두려움과 슬픔에 얼어붙어 문가에 멈춰 섰지만 곧 돌아서서 그곳을 떠났고, 집으로 돌아간 뒤에는 내가 본 것을 누구에게도 말하지 않았다. 어떻게 말할 수 있겠는가? 그러려면 내가 왜 교실에 들어가 누나를 달래주지 않았는지 설명해야 했을 텐데. 그 순간에 내가 보인 비겁함에는 60여 년이 지난 오늘날까지도 부끄러움이 올라온다.

지금 이 이야기를 하는 이유는 이 사례가 사회적 외로움의 치명적 본질을 너무나도 잘 보여주기 때문이다. 누나와 나는 전학생이라는 공통의 경험을 하고 있었지만 우리 사이의 유대감은 강해지지 않았다. 오히려 우리를 외부인으로 보는 무리 틈에서 두려움에 떨며 각자 외로움의 궁지로 몰렸다. 우리는 둘 다 사회적 외로움에 단단히 사로잡혀 있었고, 무리에 소속되지 못했다는 그 격앙된 느낌은 반 아이들로부터 소외될 뿐만 아니라 우리끼리도 서로 고립되게 만들었다.

남들과 다르다는 사실과 그에 따라 겪게 되는 사회적 외로움의 문제는, 인간 사회라면 어디에서나 발생하는 집단역동의 힘을 인지하지 않으면 제대로 이해하기 어렵다. 현재 사회적 외로움에 대한 학술적 연구의 거의 대부분은 사회 안에서 집단이 어떻게 기능하는지 탐구하는 사회학 분야와, 개개인이 집단의 행동과 사회적 규범에 어떻게 영향을 받고 이에 대처하는지 연구하는 사회심리학 분야에서 이루어지고 있다.

사회학에서는, 기본적으로 인간은 자신의 생존 확률을 높이기 위해 본능적으로 집단을 형성하는데 이때 집단을 규정하는 방법의 하나로서 해당 집단에 속하지 않는 사람들을 가려내는 전략을 사용한다고 상정한다. 인간은 사회적 동물이므로 우리가 스스로 어떤 사람이라고 정의할 것인지(다시 말해 정체성)는 **자신**이 생각하는 자신의 모습과 **다른 사람들**이 생각하는 자신의 모습이 조합되어 결정된다. 우리는 내면의 자기가 인식하고 있는 자신만의 이야기 혹은 서사를 통해 정체성을 형성한다. 반면 사회는 겉으로 드러나는 모습과 대중적으로 알려진 사실들을 바탕으로 개개인에게 정체성을 부여하고, 이러한 특징을 공유하는 다른 사람들과 하나의 집합적 집단으로 묶는다. 요컨대 개인적 정체성은 내가 나 자신을 어떤 사람으로 인식하고 있는지에 관한 것이며, 사회적 정체성은 남들이 나를 어떤 사람이라고 인식하는지를 반영한다.

2019년 말, 레베카 버리지는 48세의 나이에 여성으로 성전환을 하면서 자신의 예전 모습을 모르는 사람들로부터 여자로 인정받고 싶다는 절박한 욕구를 느꼈다. "낯선 사람들이 필요해요"라고 그녀는 말했다. "트랜스젠더가 원하는 건 딱 그거예요. 사람들이 나를 '아줌마'라고 불러주는 거, '레베카 씨 안녕하세요'라고 인사해주는 거." 레베카는 치마를 입고, 머리 모양과 화장에 신경을 쓰고, 갖고 있는 온갖 여성스러움을 내보인 결과 마침내 진짜 진정한 자신의 모습으로 다른 사람들과 교류할 수 있게 되었다. "내 삶엔 언제나 외로움이 스며 있었는데, 그건 어쩌면 줄곧 나 자신을 숨기고 살았기 때문일 거예요. 마침내 자신의 인생을 살 준비가 되었다면 자기가 어떤 사람인지 정의하는 데는 사회의 도움이 필요해요."

레베카는 성전환을 할 때 아내와 자녀의 지지를 받았지만 그것만으로는 새로운 사회적 정체성을 확인받고 싶다는 욕구를 충족하기에 부족했다. "아내는 저를 '자기야'라고 부를 거예요. 아이들은 '엄마'나 '어머니' 정도로 부를 테고요. 그렇지만 '레베카'라고 불러주지는 않겠죠." 그래도 2019년 연말부터 2020년 초까지, 성전환 이후 처음 몇 달 동안 레베카는 별 탈 없이 공중화장실에 갈 때마다 작은 승리감을 느꼈다. 아내와 함께 옷 쇼핑을 했고, 서로의 스타일링을 봐주는 평범한 여자 동성친구들처럼 둘을 대해주는 가게 점원들을 볼 때면 전율이 일었다.

그러나 2020년 3월부터 팬데믹으로 인해 다른 사람들과 상호작용이 전면적으로 축소되면서 이 소소한 행복은 갑자기 끝이 났다. 레베카로서는 이 시기를 견디기가 특히 힘들었다. "코로나19 때문에 마치 다시 커밍아웃 전으로 돌아간 기분이 들었어요." 레베카는 당시를 회상하며 말했다. "꽤 타격이 크더라고요." 하루는 아이들을 데리러 갔다가 차 안에서 기다리는 동안 아이폰의 음성인식 비서 시리Siri에게 자신의 이름을 불러달라고 함으로써 팬데믹이 초래한 외로움에서 벗어나보려는 시도를 하게 되었다. "부르셨나요, 레베카 님?" 시리가 응답했다. 레베카는 이렇게 말했다. "그렇게 시리에게 계속 말을 시켰어요. 듣기 참 좋았거든요."

우리 모두는 어딘가에 속하고자 하는 기본 욕구를 품고 있으며, 연구 결과에 따르면 소속감을 충분히 느끼지 못하는 사람들은 심각한 문제를 겪는다. 일반적으로 우리는 자신이 속해 있는 집단의 정체성을 자신의 것으로 받아들임에 따라 해당 집단과 정서적으로 이어지고 자존감의 기반이 형성된다.

예를 들어 여러분이 스스로에게 학생이라는 정체성을 부여하고 그렇게 생각할 때 일종의 소속감을 느낀다면 여러분은 학생이 할 법하다고 여기는 행동들을 하기 시작할 것이다. 즉, 학생이라는 집단의 행동적 규준에 맞추는 것이다. 이와 관련해 스스로 자신이 속한 집단과 화합되는 정도가 강하다고 생각하는 사람들은 외로움이나 사회불안, 우울감도 덜 느끼는 경향이 있음이 발견되었다.

우리는 외로울 때면 기분이 좋지 않고, 소속감을 느낄 때면 기분이 좋아진다. 생존을 책임지는 기관으로서 뇌는 이처럼 우리가 고립되는 상황을 피하고 다른 개체들과 협력할 때 보상감을 경험하게 한다. 나아가 우리의 뇌는 사물을 쉽고 빠르게 식별하기 위해 각각을 범주화하는 것과 마찬가지로, 여러 집단들에 속하는 사람들을 범주화해 우리가 사회적 환경에 쉽고 빠르게 대처할 수 있게 해준다. 바로 이러한 과정에서 인종, 성별, 계층 혹은 대학과 스포츠 팀 등에 근거해 '그들'과 '우리'로 세상을 양분하게 된다. 특히 자신이 응원하는 팀과 그 팬들에게 느끼는 강한 친밀감(그리고 상대 팀들과 그 팬들을 향한 적대감)은 경제적 가치가 매우 높은데, 이는 편견과 편협성의 바탕이 되는 인지 과정을 사회적으로 무해한 방식을 통해 풀어낸 결과의 하나라 볼 수 있다.

    이 모두가 우리 자신이 속한 집단과의 결속력을 높이는 동시에 다른 집단들로부터 스스로를 보호하기 위한 뇌의 전략이다. 뇌는 심지어 같은 집단 사람들과의 유사성 및 다른 집단 사람들과의 차이를 실제보다 더욱 크게 인식하도록 우리의 지각을 왜곡하기도 한다. 그런 의미에서 고정관념과 편견은 자연스러운 인지 과정의 결과로 볼 수 있다. 다른 집단에 속하는 사람들에 대해서는 개개인을 자세히 알아갈 기회를 갖기도 전에 사회적 정체성에 따라 분류한 결과를 바탕으로 판단을 내리도록 우리 뇌가 지속적으로 유도하기 때문이다.

    그렇게 일단 자신을 한 집단의 일원으로 분류하고 난 뒤, 우리의 뇌는 그 집단을 다른 집단과 비교하기 시작한다. 두 집단의 구성원들이 사회적 지위 측면에서 서로를 경쟁자로 인식할 때에는 자신이 속한 집단 사람들의 자존감을 유지하기 위해 상대 집단 사람들과 경쟁을 벌이기도 한다. 만약 힘이 세고 지배적 위치에 있는 집단이 상대적으로 규모가 작고 약한 집단, 이를테면 이민자, 유색인종, 성소수자 등에 대해 부정적 관점을 갖게 되면 그 지배적 집단의 구성원들 역시 같은 색안경을 끼곤 한다. 이렇게 편견의 대상이 된 이들이 경험하는 것은 극심한 외로움 그 이상이다. 주류 집단의 눈에 자신이 '외집단'으로 비춰지며 무엇을 하든 그 소수 집단에 덧씌워진 특징을 반영한다고 여겨져 눈에 거슬린다는 취급을 받기 때문이다.

현재 우리가 만들어나가고 있는 새로운 포스트팬데믹 사회는 바로 이러한 다름과 사회적 외로움 현상을 전과 다른 관점에서 바라볼 기회를 마련해준다. 그 속에서 우리는 안전하고 서로를 존중하는 분위기에서 다름에 대해 의식적으로 이야기하는 것이 사실 얼마나 이로운지 확인할 수 있다. 공감 능력을 발달시키고, 사고의 범위를 확장하며, 상상력을 키우는 계기가 될 수 있는 것이다.

이 점을 뒷받침하기 위해, 과거 뇌성마비 후유증으로 발달지연 문제를 겪은 큰누나 타마를 키우면서 우리 부모님이 어떻게 대처했는지 잠깐 돌이켜보기로 하자. 뇌성마비에 대해 알려진 바가 비교적 적었던 그 시절에도 과학자였던 우리 부모님은 누나에게 언어와 운동 능력을 강화할 수 있으리라 여겨지는 여러 계발 훈련을 시켰다.

부모님 입장에서는 매일 저녁 나와 작은누나 나오미에게 "이제 타마의 치료 시간이니까 너희 둘은 저기 가서 놀거나 숙제를 하렴"이라고 말했으면 편했을 것이다. 그게 합리적이고 모두의 시간도 효율적으로 쓸 수 있는 방법이니까. 실제로 오늘날에도 발달지연을 겪고 있는 아동들이 특수치료를 받으러 가거나 집에 치료사를 부르면 으레 발달지연 아동이 치료를 받는 동안 다른 형제자매는 각자 자기 할 일을 하는 식으로 진행된다.

그런데 우리 부모님이 큰누나를 위한 활동들을 진행했던 방식은 이와 전혀 달랐다. 매 저녁 시간을 즐거운 가족활동 시간으로 만들었던 것이다. 일례로 손의 기민성을 발달시키는 훈련으로 어머니는 라이스크리스피(쌀을 튀겨 만든 시리얼—옮긴이)를 젓가락으로 한 알씩 집어 다른 그릇으로 옮기는 게임을 만들었다. 처음에는 우리 모두 엉망이었기에 큰누나와 마찬가지로 다들 연습이 필요했다. 부모님은 이처럼 우리가 다 함께 운동 능력 계발 활동에 참여하면 큰누나가 덜 외로우리라는 사실을 간파하고 있었다. 바깥세상은 누나 같은 아이들에게 그다지 너그러운 환경이 아니란 걸 부모님도 잘 알고 있었으니, 집 안에서만큼은 온전히 가족의 일원으로서 있는 그대로 받아들여지는 느낌을 경험하게 해주고 싶었으리라. 요컨대 큰누나가 소속감을 느끼고 안심하게 해주고자 했던 것이다.

나도 누나의 치료활동에 억지로 참여한다고 생각했던 적은 단 한 번도 없다. 어떻게 보면 누나에게 장애가 있었기에 우리 가족은 더욱 가까워졌다. 누나의 언어 발달이 늦었던 덕분에 아버지는 우리 삼남매에게 매일 저녁식사 후 단어 공부를 시켜주곤 했다. 그때마다 아버지는 《단어부자 Word Wealth》라는 낡은 교재를 꺼내 우리에게 새로운 단어와 뜻을 읽어주었고, 그러면 우리는 새롭게 배운 각 단어를 써서 문장을 만들어본 뒤 다음 테스트 시간까지 암기해야 했다. 아직까지 나 스스로도 왜인지는 잘 모르겠지만, 그렇게 시간이 가면서 나는 단어들을 사랑하게 되었다. 내가 오늘날까지 시를 쓰는 이유도 이처럼 가족의 화합 및 소속감에 대한 기억과 밀접하게 연관된 독특한 방식으로 단어, 그리고 그 의미 들과 관계를 시작했기 때문일 가능성이 아주 높다. 하나의 집단으로서 우리 가족은 장애를 이유로 큰누나를 '외집단'으로 규정하지 않고 누나의 '다름'을 우리 집단의 일부로 감싸안았다. 큰누나와 우리를 갈라놓을 수도 있었던 다름의 벽을 넘어서자 우리 가족은 훨씬 더 끈끈해졌으며, 예상치도 못한 방식으로 삶이 윤택해졌다. 다른 사람들과의 유대는 그것이 어려운 상황일수록 우리를 성장하게 한다는 점에서 특히 값지다. 다양성과 다문화 정책의 기저에 깔려 있는 포부도 바로 이것으로, 다름을 받아들이고 서로를 갈라놓았던 선을 넘어 유대를 쌓는 노력은 결국 개개인을 성장하게 하고 집단을 더욱 단단하게 만들어준다. 정의나 자유와 마찬가지로, 이는 구성원들의 색깔이 모두 똑같을 때 집단이 가장 단단해진다고 생각하는 의심론자들에 맞서 쟁취하지 않으면 손에 넣을 수 없는 이상理想이다. 갈기갈기 찢긴 사회의 구조를 재구축해나가기 위해서는 이러한 점을 명심해야 한다. 다름이 전부 사라지기를 바랄 수는 없다. 그러나 사람 대 사람의 유대라는 이름으로 그 다름을 아우르는 것의 가치를 되새겨볼 수는 있으리라.

현지 말을 한마디도 할 줄 모르는 타국 생활 같은 기분

할리우드에서는 몇 년간 브루스 윌리스Bruce Willis에 대한 이상한 소문이 돌았다. A급 스타였던 그는 어쩐지 2019년 즈음부터 메이저 제작사의 영화에서는 보이지 않고 스트리밍 서비스나 해외 판매용 DVD로만 볼 수 있는 저예산 액션영화에 출연하기 시작했다. 그러자 언론에서는 그가 이런 영화들로 며칠 일하지 않고도 편당 200만 달러씩 벌어들이고 있다는 주장을 제기했다. 그의 이름과 얼굴을 DVD 커버에 내세워 출시된 저질 B급 영화의 수는 단 2년 사이 최소 15편에 달했다.

2022년 초, 마침내 진실이 드러났다.[5] 브루스 윌리스는 보통 뇌졸중 혹은 외상성 뇌손상 후유증으로 말을 하거나 이해하는 능력이 저하되는 뇌장애의 일종인 실어증을 앓고 있었던 것이다. 그동안 대형 영화에 출연하지 않은 이유는 더 이상 한 번에 오랜 시간을 일할 수 없게 된 탓이었다. 그가 촬영에 참여 가능한 시간이 제한됨에 따라 감독들은 어쩔 수 없이 많은 장면에서 배우의 얼굴을 돌리거나 가리는 방식으로 스턴트배우와 대역 들을 썼다. 브루스는 대본을 읽고 암기할 수가 없었기에, 어쩌다 카메라에 잡히는 장면에서도 이어폰을 착용하고 대사를 전달받아야 했다. 영화 제작진에 따르면 그는 이렇게 말했다고 한다. "당신이 여기 있는 이유도 알겠고 당신이 왜 있는지도 알겠는데, 나는 여기 왜 있는 걸까요?"

그해 3월, 브루스의 가족은 그가 68세의 나이로 배우 생활에서 은퇴한다고 발표했다.[6] 그 발표와 함께 의학 전문가들은 현지 말을 한마디도 할 줄 모르는 타국에서 생활하는 것에 실어증 환자의 외로움을 빗대어 설명했다. "일반 대중은 어떤 사람이 자기 말에 대꾸를 하지 않으면 그 사람의 지능에 문제가 있다고 생각해요." 한 언어병리학자가 〈로스앤젤레스 타임스 Los Angeles Times〉와의 인터뷰에서 말했다. "마치 어린애 같은 취급을 받게 되는데, 속은 멀쩡히 예전과 똑같은 사람이거든요. 그런 취급을 받으면 굴욕스럽죠." 실어증 치료단체에서는 브루스가 자신의 병을 알림으로써 실어증에 대한 대중의 인식이 높아지고 부정적 낙인이 줄어들기를 바란다고 전했다. 현재 미국 전체 인구 가운데 200만 명은 실어증의 일종을 앓고 있으며, 자신의 생각과 감정을 말로 표현할 수 없는 탓에 철저히 침묵 속에서 외로움으로 고통받는다.

다름으로 인한 외로움 문제를 내가 처음 접한 것은 노인, 장애인, 만성 및 중증 질환 환자들을 진료할 때였다. 이 환자들은 종종 자신이 더는 사회에 어우러지지 못하는 느낌이라며 마치 노화·장애·질환이 자신을 이 세상 모든 사람으로부터 동떨어진 존재로 만드는 것 같다고 호소하곤 했다. 그리고 자신이 처한 상황 탓에 빼앗겨버린 다른 사람들과의 질적 유대감을 향한 갈망을 묘사할 때 외로움이라는 단어를 사용했다. 어떤 당뇨병 환자들은 명절 가족 모임이 더 이상 즐겁지 않다고 불평했다. 다른 식구 모두 느긋하게 앉아 먹고 싶은 음식들을 마음껏 먹는데 자신만 혈당에 신경 쓰며 인슐린 약의 용량을 조절해야 하기 때문이었다. 그들은 아무리 가족이 배려하고 여러모로 도와주어도 자신이 다른 식구들과 다르며 더 이상 가족의 구성원으로서 어우러지지 못한다는 느낌을 받았다. 여기에 과체중이기까지 한 사람들은 남들이 '그렇게 먹으니 당뇨병에 걸리지'와 같은 시선으로 자신을 보는 것만 같아 수치심도 느낀다. 외로움은 이들만의 주관적 경험이지만, 이 불편한 기분으로 인해 외로움을 줄여줄 수 있는 특정 활동들을 오히려 못하게 됨으로써 악순환이 가속화된다.

1980년대 초, 아직 에이즈가 수수께끼의 질병이던 시절에 나는 보스턴에서 에이즈 증상을 보이는 환자들도 진료한 적이 있다. 대부분 젊은 남성 동성애자였는데, 이들이 게이라는 사실조차 모르는 가족, 그리고 그 사실을 알게 된 뒤 잔뜩 겁먹은 친구들로부터 완전히 버림받은 상태였다. 이후 나는 공중보건활동에 조금 더 적극적으로 관여하기 시작하면서, 배척되었다는 느낌을 심화시키는 요인 가운데에는 인종과 가난이 있음을 알게 되었다. 가난하거나 소수인종에 속하거나 둘 다에 해당하는 사람들은 질환·노화·장애에 따른 외로움이 훨씬 심했던 것이다.

구성원들이 자각하고 있든 그렇지 않든 집단이 가치를 지니는 것은 대체로 배타성 덕분이며, 이처럼 따돌리거나 배척하는 입장에 있는 사람들은 그것을 당하는 이들의 감정을 거의 고려하지 못한다. 대부분의 사람은 일부러 타인을 배척하지는 않는다. 낯선 사람에 대한 두려움은 그저 아주 오래전부터 이어져온 본능이고, 꼭 그렇게 비합리적인 것만도 아니다. 그렇지만 이를 스스로 의식하든 그렇지 않든, 악의가 있든 없든, 배척당하는 사람에게 소외감을 느끼게 만든다는 사실은 분명하다. 솔직히 말하면 이 문제는 생각보다 복잡하다. 물론 집단의 합의하에 다른 사람들을 배척하는 행위는 구성원들만 공유하는 무언가가 있다는 특별한 느낌을 주기에 긍정적으로 받아들여질 수 있다. 그렇지만 여기에는 보통 대가가 따른다는 것이 내 생각이다. 누군가를 배척함으로써 얻어진 유대감은 대부분 깨지기 쉽고, 일시적이며, 지속 가능한 전략이 아니다. 지금까지 오랫동안 남들을 배척하는 데 익숙해져 있던 일부 집단이 이제는 점점 그렇게 행동하기 힘들고 불편해지는 모습을 보면 이러한 사실을 알 수 있다.

인간은 남들로부터 인정받는지의 여부에 대단히 민감하다. 환영받지 못하거나 포용되지 않을 때에는 이를 금세 눈치채며, 이로 인해 유대감과 소속감에 직격타를 입는다. 타인으로부터 의도적으로 배척당한 경험에서 비롯된 외로움은 우울증, 중독, 심지어 자살 위험까지도 크게 높일 수 있다. 그 전형적인 예로 집단따돌림을 들 수 있는데, 일반적으로 청소년 사이에서 많이 보이긴 하지만(아동 다섯 명 중 한 명은 집단따돌림을 경험한다) 실제로는 전 연령대에서 일어나곤 한다. 따돌림을 당하면서 피해자의 말이 무시당하고 자신감과 행위주체성이 약화되면 건강에도 문제가 생길 위험이 높아진다.

드폴대학교 경영학과 부교수 재클린 젠슨Jaclyn Jensen은 살찐 사람들을 향한 직장 내 따돌림과 괴롭힘이 어떤 문제를 일으키는지 연구하고 있다.[7] 언어폭력의 경우에는 대체로 공공연하고 직접적으로 이루어졌는데, 살찐 여성 동료에게 마치 뚱뚱한 암소 대하듯 '음메' 소리를 내는 식이었다. "체형을 갖고 누군가를 비난하는 행위가 직업의식의 측면에서는 부족해 보일 수 있지만, 이제 우리 사회는 뚱뚱한 것을 조롱하고 웃음거리로 만드는 것이 문화적으로 당연시되어버렸다." 젠슨의 연구 결과에 따르면 이 같은 괴롭힘을 당한 피해자들 가운데 80퍼센트가 우울과 불안 증상을 호소했으며, 절대다수가 동료들과의 상호작용을 피하고 회의에서 발언이 줄어드는 등 위축되는 모습을 보였다.[8] 피해자 개인에게 상처가 되고 파괴적인 영향을 미치는 것은 물론이거니와, 이러한 행동이 용인되는 직장 환경이라면 어디든 팀 전체의 기능과 효율도 나쁠 수밖에 없다.

2021년 중반 들어 기업들이 사무직 직원들에게 다시 회사로 출근하라고 불러들이기 시작하자 대부분의 직원은 계속 재택근무하기를 희망한다고 말했다. 특히 사무실로 돌아가는 데 가장 저항이 심했던 것은 여성, 소수집단 등 적대적 업무 환경에 가장 취약한 사람들이었다. 정도의 차이는 있었지만 이러한 집단에 속하는 사람들은 직장생활을 하는 동안 마치 지뢰밭에 떨어진 양 곳곳에서 사회적 배척과 미묘한 차별을 경험했다.

80명의 직원이 근무하는 사무실에서 단 세 명뿐인 흑인 가운데 한 명인 샌드라 맥퍼슨은 팬데믹 이전의 사무실 분위기가 은근히 흑인을 무시하고 비난하는 발언들이 일상인 환경이었다고 회상했다.[9] "백인 동료들의 언행에는 늘 어딘가 불편하거나 공격적으로 느껴지는 부분이 있었어요." NBC 뉴스와의 인터뷰에서 그녀는 이렇게 말했다. "그중 일부는 분명 의도가 담긴 것이었지요. 아니, 사실 대부분이 그랬어요. 무의식적인 경우는 아주 간혹 있었고요. 어쨌든 그 모든 게 사람을 참 힘들게 해요." 한번은 백인 동료가 이렇게 말했다고 한다. "적극적 우대조치(고용시장에서 소외되었던 여성과 소수집단 등에 일정 부분의 혜택을 주도록 강제한 정책―옮긴이)는 이제 끝난 걸로 아는데, 여긴 어떻게 들어왔어요?" 그때를 떠올리며 샌드라는 말했다. "그분 딴에는 그게 웃긴 말이라고 생각했던 모양이에요." 도널드 트럼프가 2016년 대선에서 승리하고 얼마 지나지 않아 샌드라는 상사 한 명이 이런 말을 하는 것을 우연히 듣게 되었다. "아프리카로 떠나는 배가 바글바글해지겠구만." 그러더니 그녀를 보고는 킬킬거렸다고 한다.

그런 상황이었다 보니 90일 내에 다시 사무실로 출근하라는 사장의 이메일을 받았을 때 샌드라는 예상치 못한 불안에 휩싸였다. 재택근무 기간이 1년을 넘어가자 그녀의 표현처럼 "그 아무짝에도 쓸모없는 바보 같은 곳"으로 돌아간다는 생각만으로도 숨이 턱 막혔던 것이다. 결국 그녀는 다시 그곳으로 출근한다는 압박감을 견딜 수 없겠다는 판단을 내렸다. 그 대신 부업으로 작게 사업을 시작했고, 재택근무 기한이 끝나기 몇 주 전 회사에 사표를 냈다.

슬랙테크놀로지스Slack Technologies(업무용 메신저 프로그램 개발사―옮긴이)가 후원하는 연구 협력단 퓨처포럼Future Forum에서 2021년에 발표한 설문조사 결과에 따르면, 당시 재택근무 중인 직장인들 가운데 팬데믹이 끝난 뒤 다시 출근을 희망하는 비율이 백인은 21퍼센트였던 반면 흑인은 고작 3퍼센트에 불과했다.[10] '직장에서 공정한 대우를 받았다'고 느낀 백인 직장인은 74퍼센트였던 데 반해 그렇게 느낀 흑인 직장인의 비율은 53퍼센트에 지나지 않았다. 아울러 백인 직장인은 70퍼센트가 직장에 소속감을 '많이' 혹은 '매우 많이' 느낀다고 답했지만, 흑인 직장인 가운데에서는 겨우 54퍼센트만이 그렇게 답했다.

그렇지만 모든 직장인이 각기 다른 곳에서 일을 한다면 관리자 입장에서는 어떻게 이들에게 동료의식과 직장에 대한 소속감을 키워줄 수 있을까? 바로 이 물음에 대한 답이 앞의 연구 결과에서 가장 놀라운 부분이다. 재택근무하는 흑인·아시아인·라틴 아메리카계 직장인들, 그중에서도 특히 흑인은 이 같은 '업무 장소의 유연성' 덕분에 오히려 직장에 대한 소속감이 향상되었다. 이와 달리 백인 직장인들은 전반적으로 재택근무 시 소속감이 약간 감소했다.[11]

〈허핑턴 포스트The Huffington Post〉에서는 이러한 결과를 발표하며 크리스티나라는 가명을 쓴 흑인 소프트웨어 엔지니어의 말을 인용했다.[12] 블랙 라이브즈 매터Black Lives Matter운동(백인 경찰의 과잉 진압으로 흑인이 사망하면서 촉발된 흑인의 목숨도 소중하다고 외치는 민권 운동―옮긴이)이 한창이던 2020년 여름에 재택근무를 했던 그녀는 동료들이 되는 대로 지껄이는 비난을 면전에서 듣지 않아도 된다는 사실에 안도감을 느꼈다고 한다. "줌으로 화상회의를 한 덕분에 지난 한 해 동안은 인종을 둘러싼 언쟁들을 견디기가 훨씬 수월했어요."

이제 고용주가 해결해야 할 문제는 '다양성이 집단을 더욱 단단하게 만들어준다'는 훌륭한 개념을 어떻게 전달할 것인가다. 고용주들은 개인의 고유한 정체성을 존중하는 동시에 언제나 모든 직원이 환영받는다는 느낌을 경험하고 조직의 목표를 수행하는 일에 가치를 느낄 수 있는 단결된 직장 문화를 구축해야 한다. 이를 위해 규모가 조금 큰 조직에서는 같은 정체성과 관심사를 지닌 직원들이 온라인에서 교류하고 경험을 나눌 수 있도록 '직원 자원 집단employee resource group, ERG'이라는 커뮤니티 환경을 제공하기도 한다. 외로움 벗어나기 프로젝트에서도 이 집단의 도움을 받아 우리 영화제에서 상영했던 단편영화들 가운데 엄선한 작품들을 보여주고 참여한 직원들이 속한 소수집단의 정체성과 관련해 어떤 어려움을 겪고 있는지 이야기를 나눠보는 등의 프로그램들을 자주 진행하고 있다.

더불어 우리 프로젝트에서는 공동의 유대감을 키움으로써 직장 내 외로움 문제를 해결하려는 노력도 기울이고 있다. 일례로 팬데믹 기간 동안에는 뉴욕시의 노스웰헬스Northwell Health(뉴욕주에서 가장 큰 규모의 비영리 보건의료 네트워크―옮긴이) 본사에서 번아웃에 시달리던 일선

보건의료 종사자들을 위한 창의활동 모임을 진행하고, 정서적 소진을 다룬 '외로움 벗어나기 영화제'의 작품에 대한 이야기를 함께 나누는 시간을 마련하며, 정신 및 정서적 문제를 도울 방법들을 담은 인쇄물을 제작하는 등 우리 모두가 이 팬데믹을 함께 겪고 있으며 서로 도움으로써 난관을 헤쳐 나갈 것이라는 주제를 전달하려 애썼다.

교차하는 정체성

사람은 누구나 각기 다른 집단으로서의 정체성을 지니는 동시에 '교차하는 사회적 정체성intersecting social identities' 또한 지닌다. 보통 가장 흔하게는 나이·민족·계급·종교·성정체성·성지향성에 따라 스스로의 정체성을 규정하며, 건강 상태와 신체적·정신적 능력에 따라 결정되기도 한다. 이처럼 여러 항목의 정체성들이 서로 교차하는 특징 탓에 각각이 충돌되는 경우에는 자칫 만성적으로 내적 갈등, 사회적 마찰, 외로움에 시달리게 될 수 있다. 예를 들어 다민족적 혹은 다인종적 정체성을 갖고 자란 아이들은 자신이 걸쳐 있는 어느 한쪽에서도 온전히 일원으로서 받아들여지거나 편안한 느낌을 경험하지 못하다 보니 흔히 외로움을 겪곤 한다.

멕시코계 미국인 아버지와 흑인 어머니 사이에서 태어난 뉴멕시코 출신 테마 리드는 2021년 인터뷰에서 이렇게 말했다.[13] "전 피부색으로 차별을 겪곤 했는데, 사람들한테서 '뭐야, 너는 흑인도 아니고 그렇다고 멕시코인답지도 않잖아'라는 말을 듣고 살았어요. 양쪽 모두에 정말 끈끈한 유대감을 느끼고 있기는 하지만 동시에 때로는 어느 쪽에도 속하지 못하는 기분이 들어요." 그런데 이후 하버드대학교에 진학해 그곳에서 너무나도 다양한 민족과 사회경제적 배경의 사람들이 섞여 있는 것을 본 뒤로는 새로운 세상이 열렸다. "그토록 다양한 생김새의 흑인이 그렇게 많은 곳은 그때까지 한 번도 가본 적이 없어요. 태어나서 처음으로 정말 나 자신이 포용되고 사랑받는 느낌을 제대로 느꼈답니다." 지리 및 사회적 맥락이 변화하자 비로소 그녀는 소속감을 느끼고 일상적으로 포용되는 경험을 하고 싶다는 두 가지 욕구 모두를 충족시킬 수 있었다.

이민자들의 자녀는 흔히 부모가 가져온 이국의 정체성과 자신이 자라면서 형성한 미국인으로서의 정체성 사이에서 혼란을 겪는다. 뉴욕에서 주로 활동하는 화가 송혜승도 거의 평생을 이 두 정체성 사이에서 소속 욕구를 충족시키려 애썼다. 아주 어렸을 때 가족 전체가 한국에서 미국 텍사스로 이주하면서 혜승과 두 동생은 백인 중산층이 주로 거주하는 휴스턴 교외 지역의 몇 안 되는 아시아인 아이들로서 성장했다.

혜승의 부모는 세 자녀에게 너희는 미국인이 아니라고 가르쳤다고 한다. 그녀로서는 부모님과 한국 문화를 거스르지 않으면서 미국 학교에 적응하는 방법을 찾는 것이 숙제였다. "미국 사회는 전적으로 개인주의와 나다움에 가치를 두죠." 혜승은 말했다. "반면 한국 문화에서는 다른 사람들을 위하는 것을 중시해요. 보다 크고 전체적인 관점 안에서의 내 역할이 아주 중요한 거예요."

한국인과 미국인의 정체성을 동시에 만족시키기 위해 그녀가 택한

한 가지 방법은 아주 우수하고 잘나가는 학생이 되는 것이었다. 혜승은 매우 성실하게 공부하며 최상위권의 성적을 받았고, 친구도 많이 사귀었다. 큰 집단 속에서 소수에 속함으로써 사회적으로 불안정한 상황에 있는 사람들은 다른 사람들의 정서를 파악하고 미묘한 사회적 단서에 적절하게 대처하는 특별한 능력이 발달할 수 있다. 혜승의 경우도 그러했다. 혜승은 공감 능력이 몹시 뛰어났고, 다른 사람들이 무엇을 필요로 하는지 재빠르게 파악하고 배려할 줄 알았으며, 친구들의 고민을 늘 기꺼이 귀담아 들어주었다. 외부인인 자신이 소속감을 느끼기 위해 취할 수 있는 방법은 그것이라고 판단했던 것이다.

그러나 이렇게 구축한 정체성은 내면의 자기가 느끼는 단절감을 해소해주지 못했다. 혜승은 남의 이야기를 잘 들어주었지만 정작 자신의 이야기를 털어놓을 만한 상대는 아무도 없어 외로웠다. 어릴 때부터 그림 그리기를 좋아했던 그녀는 10대가 되면서 본격적으로 그림에 몰두했고, 주로 다른 사람들의 얼굴과 손을 그렸다. 자기 자신을 화폭에 담은 적은 거의 없었다.

고등학생이 되었을 무렵에는 마침내 가면에 금이 가기 시작했다. 혜승은 점점 우울감에 빠지며 고립되어갔다. 상습적으로 수업 도중 몰래 빠져나와 동네 영화관에 홀로 앉아서는 같은 영화를 두 번씩 본 뒤 착한 학생의 가면을 유지하기 위해 다시 학교로 복귀하곤 했다. 당시를 돌이켜보며 혜승은 말했다. "제 경우에는 외로움이 그런 식으로 나타난 게 정신건강에 문제를 일으킨 것 같아요." 어린 혜승은 한국인도 미국인도 아닌 '다름'에서 비롯된 실존적 외로움으로 분투하고 있었다.

혜승은 자신이 겪고 있던 문제들을 뒤로한 채 앞으로 나아갈 수 있기를 바라며 프린스턴대학교에 입학했다. 그리고 두 국가의 문화 사이에서 갈팡질팡하던 어려움을 해결하는 데 도움이 되겠다는 생각으로 철학을 전공했다. 하지만 그곳에서도 혜승은 최우수학생의 가면을 유지하는 한편으로 정신건강 문제에 시달렸다. 이후 하버드대학교 법학전문대학원에 진학했지만 그 또한 법에 특별히 관심이 있어서라기보다는 "부모님의 사랑을 받기 위해서"였다. 하버드대학교에서 박사학위 과정을 밟으며 긴 시간 우울증에 시달린 끝에 그녀는 수면제 과다복용으로 자살을 시도해 병원에 실려 갔다. 무사히 깨어난 뒤로도 몇 주간은 입원해 있어야 했으며, 이어 수개월 더 외래 치료를 받아야 했다.

그렇게 정신과 치료를 받는 과정에서야 비로소 혜승은 한국인 가정의 딸이면서 최우수학생이자 변호사 지망생이자 예술가 등 교차하는 수많은 정체성들을 통합하는 과제를 직면하게 되었다. 그녀 안의 수많은 자기는 각기 구분된 존재로서 저마다의 주장을 관철하려 경쟁하고 있었고, 그로 인해 그녀는 마치 자기라는 감각 자체가 와해되어 산산이 흩어지는 느낌에 시달렸다. "저기 허공에 다들 흩어져 있으면 제가 가서 다시 모두를 끌어안고 나라는 사람이 지닌 다양성이자 특이성을 찬미해야만 하는 장면이 눈앞에 그려지곤 했어요." 그녀는 말했다. "저에게 통합은 곧 생존이었어요. 해내지 않으면 그냥 스물다섯 살의 나이로 생을 마감하는 거라고 생각했죠."

혜승은 결국 하버드대학교, 나아가 학계를 완전히 떠나 미술가로서의 삶을 살기로 결정했다. 딸의 학업 성취를 몹시 자랑스러워했던 혜승의 부모는 이 같은 선택을 쉽사리 이해하지 못했지만, 혜승으로서는 처음으로 부모님을 기쁘게 하기 위한 목적에서가 아닌 선택이었다. 자신의 인생에 대한 통제권을 손에 넣기 위해 그녀는 부모도, 부모를 향한 존중의 표시로 따랐던 한국 전통도 끊어냈다.

외로움에 대한 연구 결과에 따르면 1세대 이민자들은 "언어의 장벽, 전과 다른 공동체 분위기, 가족역동(가족 내 갈등과 안정에 영향을 미치는 구성원 간의 심리적 상호작용—옮긴이), 아직 깊이도 역사도 한참 부족한 새로운 인간관계 등 사회적 고립을 심화시킬 수 있는 스트레스원"을 흔히 경험한다.[14] 특히 미국 태생 라틴계에 비해 사회적 유대감이나 사회 통합 정도가 낮은 라틴아메리카 출신 이민자들이 심한 외로움을 겪는 것으로 나타났다.[15]

더욱이 이민자 가정에서 자랐으면서 성소수자에도 해당하는 사람들은 부정적 낙인·차별·부족한 보건의료 접근성으로 인해 고립이 가중되면서 외로움이 한층 더 심각해진다.[16] '제5회 외로움 벗어나기 영화제'에서 상영되었던 작품 중에는 이민자 가정의 젊은 아시아계 게이 남성이 가족에게 커밍아웃한다는 힘든 결정을 내리기까지의 과정을 담은 팀 차우Tim Chau 감독의 〈고백Share〉이라는 12분짜리 1인칭 영상 회고록이 있다. 인스타그램 인플루언서인 팀은 어린 시절에 아버지가 "너희 중의 누구라도 게이가 된다면 이 아비는 콱 죽어버릴 테다"라고 선언했던 장면이 기억에 또렷하게 남아 가족에게 자신의 정체성을 고백할 엄두도 못 냈다고 한다.

이처럼 사회적으로 불리한 비주류 정체성이 둘 이상 중첩되어 독특한 문제들이 생겨나는 상황을 일컬어, 교차하는 정체성들이 낳은

'교차성 현상phenomenon of intersectionality'이라 한다.[17] 교차성이란 흑인 여성이 경험하는 인종차별이 흑인 남성과 다르며 이들이 겪는 여성혐오 또한 백인 여성과 다른 것을 보고 법학과 교수인 킴벌리 크렌쇼Kimberlé Crenshaw가 1989년에 정의한 법적 개념이다.

"교차성은 힘이 만나 충돌하며 서로 맞물리고 교차하는 지점을 지켜볼 수 있는 렌즈와 같아요."[18] 어느 인터뷰에서 크렌쇼가 말했다. "단순히 인종차별 문제가 있네, 성차별 문제가 있네, 계층 혹은 성소수자 관련 문제가 있네 하는 차원이 아니에요. 대체로 이런 프레임은 오히려 이 모두로부터 영향을 받는 사람들에게서 어떤 현상이 발생하는지를 알 수 없게 만들죠." 이를테면 흑인 트랜스젠더 여성은 흑인 또는 여성 또는 트랜스젠더 가운데 한 가지에만 속하는 사람들과 비교했을 때 실업률, 노숙자 비율, 자살률, 살해당할 위험성이 월등히 높다. 또한 흑인 트랜스젠더 여성 스스로는 세 집단 모두에 속한다고 생각하는 것과 달리 다른 흑인, 다른 트랜스젠더 및 비트랜스젠더 여성들이 보내는 편견 어린 시선과 사회적 거절까지 겪을 수 있다. 마찬가지 이유로 이민자 가정의 성소수자 자녀 역시 다른 이민자 자녀들로부터 배척당하는 동시에 이민자라는 정체성으로 인해 성소수자 공동체에서도 겉도는 독특한 어려움을 마주하게 된다.

유형을 막론하고 교차하는 정체성들을 지닌 젊은 사람들은 자신의 성향을 얼마만큼 표현하면 좋을지, 남들의 평가와 따돌림 및 거절의 위험 앞에서 개인적 욕구와 선호도를 어디까지 충족할 수 있는지를 두고 언제나 외로운 계산을 해야만 한다. 이처럼 깊은 고립감은 몹시 외로운 사람들이 흔하게 겪는 "이건 내가 자초한 결과야"라든지 "나는 뭔가 하자가 있는 사람이야"와 같은 수치심과 자기비난의 원인이 될 수도 있다. 가족마저도 있는 그대로의 내 모습을 거부할 때면 다시금 믿을 만한 관계를 구축하고 고민에 대한 깊은 대화를 나누지 않는 이상 극심한 외로움에서 벗어날 방법을 찾기가 쉽지 않다. 이에 성소수자 공동체 내에서는 흔히 자신을 있는 그대로 내보이고 인정받고 싶다는 욕구를 채워줄 사람들을 찾아, 비록 피가 섞이지는 않았지만 마음이 맞는 '스스로 선택한 가족found family 혹은 family of choice'을 꾸리는 것이 필수공식으로 여겨지고 있다.

꼭 성소수자가 아니더라도 스스로 선택한 가족은 버림받고 소외된 느낌을 유발하는 원가족의 부정적 평가들로부터 거리를 두는 데 큰 도움이 될 수 있다. 스스로 선택한 가족의 필요성을 깨닫는 것만으로도 살면서 내 본모습을 지켜보고 존중해준다는 느낌이 들게 하는 사람들과 더욱 친밀한 유대감을 쌓아나갈 기회가 생긴다. 이렇게 관계를 형성한 이들이야말로 내 삶에 의미를 부여하는 다양한 정체성들을 알아보고 인정해줄 가능성이 높은 인물들이다. 소외받는 고통을 경험한 뒤에는 이처럼 존중과 상호수용, 유대하고자 하는 공통의 욕망 위에 쌓은 진실한 관계의 필요성을 더욱 깊이 통찰할 수 있다.

대학생들을 위한 교내 워크숍

마음이 통하는 사람들과 자신만의 '무리'를 이루고 싶은 욕구는 특히 매년 가을, 저마다 익숙한 생활환경을 떠나 갑자기 기댈 곳 하나 없는 새로운 사회적 환경에 놓이게 되는 대학 신입생들이 절실하게 경험할 수 있다. 나 역시 대학교에 처음 입학했을 때, 아는 사람이 한 명도 없는 그곳에 적응은 해야겠는데 그럴 만한 자신감도 기술도 부족한 상황에서 이 같은 욕구를 느꼈던 기억이 있다. 점차 위축되어가던 나는 단일한 일본어 구절을 반복적으로 읊조리며 긴 명상수행을 하는 '니치렌 정종Nichiren Shoshu'이라는 일본 불교종파 수련원에서 마침내 적게나마 친구를 사귈 수 있었다. 불안함에 잠 못 이루는 밤마다 나는 잠이 나를 찾아올 수 있을 때까지 '남무묘법연화경'을 외웠다. 법회에도 참석하곤 했는데 기도문이나 예불은 생소했지만 어딘가 가야 할 곳, 평범한 학교생활 속에서는 느끼지 못했던 환대의 느낌을 받을 수 있는 장소가 있다는 것이 좋았다. 어디까지나 일종의 반창고 같은 임시방편일 뿐이었지만 덕분에 가장 힘든 시기를 무사히 넘길 수 있었다. 외로웠던 그 시기를 기념하기 위해 아직도 나는 염불을 할 때 손에 쥐고 돌릴 수 있는 염주를 갖고 있다.

팬데믹은 안 그래도 성인 중 가장 외로운 상태에 있다고 알려진 18~24세 사이의 젊은 층에게 특히 외로움의 급속한 확산을 몰고 왔다. 이에 우리는 창의활동 모임에서 좋은 결과를 얻은 데 착안해 '색 그리고 유대감'이라는 한 시간 분량의 단일 회기 워크숍을 개발했다. 창의활동 모임의 핵심인 마음챙김 명상·창작활동·대화라는 세 요소는 그대로 가져가되, 색으로 표현한 기분과 정서를 들여다보는 데 온전히 집중하도록 기획했다. 이후 2021년, 감사하게도 로레알L'Oréal 산하의 네일용품 브랜드인 에씨essie의 자선기부 사업의 도움으로 시카고와 보스턴에서 몇 차례의 소규모 워크숍을 진행해 사람들의 반응을 볼 기회도 얻을 수 있었다. 이듬해에는 미국 전역의 대학에서 온라인으로 '색 그리고 유대감' 워크숍에 참가할 수 있는 환경을 구축했다.

워크숍은 열둘에서 열다섯 명의 학생 참가자들, 그리고 그들에게 가로와 세로가 각각 15센티미터 정도인 정사각형의 빳빳한 용지 및 오일파스텔을 나누어주고 짤막하게 참가자들의 대화를 이끄는 진행자로 구성된다. 몇 분간 스트레스, 차분함 등의 정서와 연관된 색을 상상하라는 안내에 따라 명상을 진행하고 나서 참가자들은 문득 생각나거나 머릿속으로 그려본 경험들과 연관된 다양한 정서를 곱씹어보고 그 과정에서 떠오른 색으로 창작활동을 시작한다. 네 칸으로 구획을 나눈 정사각형의 종이에서 처음 세 칸에는 자신에게 의미 있고 기억에 남는 사람·장소·과거의 경험을 회상할 때 느껴지는 정서들을, 마지막 네 번째 칸에는 미래에 대한 희망을 나타내는 색을 칠한다.

그렇게 20분 동안 색을 칠한 뒤 참가자들은 둘씩 짝을 지어 약 10분간 자신이 칠한 각각의 색에 얽힌 뒷이야기를 서로에게 들려준다. 이어 이처럼 창의적인 방식으로 자신의 이야기와 감정을 타인과 나누는 것이 어떤 느낌으로 다가왔는지에 특히 중점을 두며 진행자의 안내에 따라 참가자들 전체가 함께 대화를 나눈다. 끝으로 모든 작품을 바닥이나 게시판에 한데 모아둠으로써 워크숍이 진행되는 동안 협심하여 유대감을 쌓기 위해 각자가 기울인 노력이 반영된 하나의 모자이크 작품을 감상한다.

9·11 테러를 겪고 그림을 그렸던 아이들이 그랬듯 '색 그리고 유대감' 워크숍 참가자들은 "무엇을 그린 건지 설명해줄래요?"라는 단순

한 요청의 말 한마디에 반응해 서로에게 깊은 유대감을 느낄 수 있었다. 2021년 1학기 기말고사 기간에 당시 하버드대학교 2학년 학생이었던 다이애나 샤리가 워크숍 공고문을 게시하자 25명 모집에 60명 넘는 학생이 지원했다. 다이애나는 워크숍이 끝나고 나서 참가자들의 분위기에 대해 이렇게 말했다. "다들 너무나도 차분해져서 하나같이 마음이 편안해졌다는 후기를 남겼어요. 정말 기분들이 나아졌더라고요. 몇몇은 아주 월례행사처럼 진행해야겠다는 말까지 하던걸요." 대면수업을 재개한 지 얼마 되지 않아 아직 모두가 적응하려 애쓰던 2022년 봄 학기, 하버드대학교 공중보건학과에서 진행한 '색 그리고 유대감' 워크숍에는 나도 개인적으로 참석했는데, 그때 나와 짝을 이루었던 빅터 유라는 학생은 이렇게 말했다. "저는 예술은 잘 몰라서 처음에 조금 긴장했거든요. 그런데 별로 스트레스 없이 사람들하고 대화를 나누는 그 분위기가 마음에 들었어요. 이 학교 다니면서 했던 경험 중 최고였어요."

경계하되 내치지 말기를

역사적으로 대부분의 종교에서는 자신들의 집단에 위협이 된다고 여겨지는 행동을 하는 사람들을 배척하기 위한 체계적 방식을 갖추어 왔다. 가령 가톨릭교의 지도층은 이단적 믿음을 가진 자들을 '파문'의 대상으로 언명하고 신앙공동체에서 내쫓았다.[19] 그런가 하면 아미시파Amish(주로 펜실베이니아주에 거점을 두고 새로운 문명을 거부한 채 폐쇄적 생활공동체를 꾸린 재세례파 계통의 개신교 종파―옮긴이)는 오늘날까지도 철저한 '기피shunning' 규정을 유지함으로써 내부적으로 교단의 규칙을 행하고 자신들만의 신념과 생활양식을 보존하고 있다.[20] 만약 투표를 통해 신도 가운데 누군가 교단의 엄격한 규칙을 일상적으로 어겼다는 데 모두가 동의하면 그 사람은 이후 공동체 내 사회활동에서 전면 배제된다. 이러한 처분에 대한 근거로는 데살로니가후서 3장 14절이 인용된다("누가 이 편지에 한 우리 말을 순종하지 아니하거든 그 사람을 지목하여 사귀지 말고 그로 하여금 부끄럽게 하라").

요즘은 소셜미디어가 확산하면서 이 같은 종교적 '기피'의 확장판인 온라인상에서의 기피 혹은 따돌림도 가능해졌다. 온라인상에서의 따돌림 역시 아미시파의 기피 규정과 실질적 기능이 동일하다. 이로써 집단은 구성원들의 행동에 대한 문화적 기준을 유지한다.

2017년, 영화감독 하비 와인스타인Harvey Weinstein이 저질러온 성폭행에 대한 폭로가 터진 이후 연예계의 여성들을 중심으로 대대적인 미투 운동이 시작되었다.[21] 발단은 여배우 알리사 밀라노Alyssa Milano가 수백만 팔로워를 향해 던진 간단한 X(트위터) 게시글 하나였다. "만약 여러분이 성희롱이나 성폭행을 당했다면 이 글에 '미투(저도요)'라고 댓글을 달아주세요." 이틀 안에 100만 명이 넘는 X 사용자가 '미투' 해시태그를 단 글을 올렸고, 1년도 채 지나지 않아 연예·정부·교육 등 다양한 분야에서 이름 있는 수많은 미국 남성이 일자리를 잃었다. 우디 앨런Woody Allen과 찰리 로즈Charlie Rose, 코미디언 루이스 C. K.Louis C. K.와 같은 거물들은 소속사와 계약이 종료되고 제작비 지원도 끊겼다. 〈투데이 쇼Today Show〉의 진행자 맷 로어Matt Lauer는 해고되었고, 아마존스튜디오Amazon Studios와 픽사애니메이션스튜디오Pixar Animation Studios의 중역들도 자리에서 내려가야 했다. 비교적 이름이 덜 알려진 사람들 역시, 그들과 엮임으로써 괜히 소셜미디어 속 대중의 반발을 살 위험을 감수하고 싶지 않았던 기업의 발 빠른 조치로 대거 쫓겨났다.

2018년, ⟨뉴욕 타임스The New York Times⟩는 그때까지의 상황을 종합해 결과적으로 한 해 동안 미투 운동이 '끌어내린' 남성 유력인사의 수가 201명이며 그들이 차지하고 있던 자리의 절반가량이 여성으로 대체되었다고 보고했다.[22] 소셜미디어는 이처럼 문제 있는 대상에게 책임을 묻고 사회적 정의를 실현할 수 있는 도구로서 주목받게 되었다. 가해자에게 대항할 힘을 괴롭힘 피해자의 손에 쥐어줌으로써 평등을 실현하는 것이다. 실제로 2022년 우크라이나 침공의 책임을 물어 서구 정권들이 러시아에 강력한 제재 조치를 발효하자 수천에 달하는 다국적 기업이 자발적으로 러시아와의 거래를 중지했다.[23] 정부의 제재 조치로 인해 강제로 철수해야 했던 기업도 일부 있었지만, (러시아 시장에서 큰 규모를 차지하고 있던 맥도날드McDonald's를 포함한) 대부분은 평화적인 이웃 국가에 느닷없이 공격을 가한 나라와 엮여 평판이 나빠질 위험은 피하는 것이 최선이라고 판단했다.

과도한 캔슬 컬처cancel culture(자신과 다른 생각을 드러내거나 문제 행동을 한 상대에 대한 지지를 철회하는 문화로, 불매운동도 여기에 해당함—옮긴이)에 반발하는 여론이 생겨나기 시작한 것은 몇몇 유명인이 소셜미디어에 인종, 종교, 성소수자 등과 관련된 의견을 남겼다가 마녀사냥을 당하면서부터였다. 캔슬 컬처 사례의 대부분은 인종차별 혹은 비하 발언을 하거나 대중의 시선과 동떨어진 정치적 견해를 밝힌 작가 및 연예인들을 보이콧하려는 시도로 나타났다. 가령 J. K. 롤링J. K. Rowling이 트랜스젠더를 인정하지 않는다는 목소리를 냈을 때는 특히나, 진정한 자기 자신과 다른 모습으로 자라도록 강요받아 외로움에 시달렸던 어린 소년의 모험을 그린 소설로 베스트셀러 작가가 된 사람이 어떻게 그런 무신경한 말을 할 수 있냐며 수많은 팬이 들고 일어섰다.[24]

또한 2020년에는 코미디언이자 〈아메리카 갓 탤런트America's Got Talent〉의 진행자였던 닉 캐넌Nick Cannon이 팟캐스트에서 경솔하게 '시온주의'와 '로스차일드Rothschild 가문'을 들먹이며 반유대주의적 발언을 반복했다가 대형 미디어 기업인 바이아컴Viacom으로부터 계약 해지를 통보받았다.[25] 캐넌은 누군가에게 상처를 주려는 의도는 결코 없었다며 납작 엎드려 사과했지만 스스로도 말뿐인 사과로는 충분치 않다고 인정했다. 이에 바로 다음 날, 시몬비젠탈센터Simon Wiesenthal Center(저명한 유대인 인권단체—옮긴이)의 아브라함 쿠퍼Abraham Cooper 랍비를 자신이 진행하던 팟캐스트에 게스트로 초대했다.

"여러분이 제 실수를 바로잡아주시길 부탁드립니다. 무슨 책을 읽으면 좋을까요. 저를 가르쳐주세요. 저는 빈 그릇이랍니다. 한낱 깨어진 빈 그릇이요. 저를 가르치고, 바로잡고, 이끌어주세요."

캐넌은 캔슬 컬처 대신 '카운셀 컬처counsel culture'(카운셀은 조언 혹은 상담을 뜻함—옮긴이)가 자리 잡기를 바란다고 말했다. 기피하고 배척하는 캔슬 컬처와 달리 카운셀 컬처는 호기심과 대화에 중점을 둔다. 기피와 배척이 외로움을 무기 삼아 휘두른다면, 호기심과 대화는 외로움을 줄여주는 가장 믿을 만한 보호 수단이다.

스미스대학에서 학생들을 가르치고 있는 로레타 로스Loretta Ross는 누군가로부터 피해를 입었던 사람이라면 자신의 과거를 이용해 남들에게 되갚아주고 싶다는 유혹을 느끼기 마련이라고 지적했다.[26] 그리고 한 인터뷰에서 이러한 유혹의 위험성에 대해 설명했다. "나는 강간 피해자니까 다른 사람에게 상처를 줄 권리가 있다고 주장하는 거예요. '나도 피해자야'라는 식의 사고방식인 거죠. 그러다 때로는 남들의 의견을 묵살하고 그 위에 군림하려고 해요." 문제는 피해자가 피해자로서의 정체성에 과몰입한 나머지 스스로를 지키려면 다른 사람들을 희생자로 만들어야 한다는 믿음에 이를 수 있다는 점이다. 트라우마에서 회복하기 위해서는 자기정체성에 대한 서사를 남들에게 들려줌으로써 더 이상 트라우마 기억에 휘둘리지 않게 되는 과정이 필요하다고 앞서 이야기했던 것을 떠올려보자. 이와 관련해 로스는 다음과 같이 말했다. "때로 이들은 피해자로서의 정체성에 너무나도 꽁꽁 싸여 있다 보니 트라우마와 피해자라는 의식 외의 정체성은 형성하지 못한 상태에 있기도 해요."

로스는 제아무리 극도로 용납하기 어려운 혐오 발언일지라도 카운셀 컬처로 접근해야 한다며, 기피하고 배척하는 '콜아웃call-out' 대신 혐오 발언의 근원에 대해 함께 대화를 나누는 '콜인call-in'을 실천하자고 권한다. 전자와 같이 배척 여론을 조성하는 행동은 결국 사람들이 서로 대화를 하지 않게 만든다. 자신도 표적이 될지 모른다는 두려움에 입을 닫아버리기 때문이다. 하지만 로스는 대화가 지닌 힘을 뼈저리게 알고 있었다. 스물다섯 살 때부터 이미 그녀는 여성을 강간살해하고 교도소에 수감된 남성들을 대상으로 흑인 여성주의 이론을 가르쳤다. 1980년대에는 "누군가에게 혐오 사상을 버리라고 요청하려면 그가 그런 언행을 할 때에도 곁에 있어주어야 한다"고 가르쳐준 C. T. 비비언C. T. Vivian 목사가 이끄는 인권단체의 소속으로서 쿠클럭스 클랜Ku Klux Klan(미국의 극단적 인종차별주의 조직—옮긴이) 단원들이나 백인우월주의자들과도 많은 대화를 나누었다.

로스가 말하는 '프랭크 삼촌 전략Uncle Frank strategy'은 전형적인 콜인 방식의 대화법이다. 가령 추수감사절 식사 자리에서 프랭크 삼촌이 특정 인종이나 민족 혹은 성별에 대해 무언가 부정적이고 상처 줄 수 있는 말을 했다 치자. 그러면 먼저 내가 생각하는 프랭크 삼촌의 멋지고 훌륭한 부분들이 무엇인지 말해주고, 이런 말들을 덧붙인다. "프랭크 삼촌, 삼촌처럼 상냥하고 좋은 분 입에서 어떻게 그런 무서운 말들이 나올 수 있는지 이해할 수가 없어요. 착한 프랭크 삼촌의 모습과 못된 프랭크 삼촌의 모습 사이의 차이를 제가 어떻게 받아들이면 좋을지 모르겠네요. 삼촌은 어떻게 그런 게 가능해요? 아니 무엇보다도, 제가 사랑하는 삼촌과 저를 두렵게 하는 삼촌을 저는 각각 어떻게 대하면 좋을까요?" 로스의 설명에 따르면 프랭크 삼촌은 결코 조카인 내가 자신에 대해 나쁜 인상을 품기를 바라지 않을 터이기에, 이렇게 말해줌으로써 삼촌이 자신의 상냥한 면을 더욱 발달시키도록 도울 수 있다.

몬테레이에서 개최된 TEDx 강연 중 로레타 로스가 진행한 특강의 녹화본은 200만 회 이상 조회되었다.[27] 그녀의 이야기는 다름으로 인한 고통과 외로움을 극복하는 데 유대감이 얼마나 강력한 힘을 지니고 있는지 보여준 감동적이고 고무적인 간증이다. 강연에서 로스는 동료 여성운동가 데이즌 딕슨 디알로Dázon Dixon Diallo의 말을 인용해, 과거 인권운동 시대에 비폭력이 핵심이었듯 디지털 시대에는 이 같은 '콜인'을 실천하는 것이 핵심이라고 설명하며 이렇게 말한다. "이건 진정으로 정의를 실현하려면 어떻게 해야 하는지 깨달을 수 있는 새로운 방법입니다. 결국 무엇을 행하는지보다는 그것을 어떻게 행하는지가 중요한 것이죠."

다른 누군가를 외롭게 만들면서 우리 자신의 외로움을 달래는 것은 지속 가능한 방법이 아니다. 하지만 다름은 필연적으로 사람 사이를 점차 멀어지게 만든다. 날이 갈수록 다양성이 커지는 세상에서, 집단에 대한 소속 욕구는 더욱 폭넓은 사람들과 관계 맺고자 하는 우리 마음속 또 하나의 깊은 욕망을 지속적으로 위협하는 탓이다.

8장

다섯 번째 구역, 현대성

2021년 10월, 알래스카에 위치한 카트마이 국립공원에서 팻 베어 위크Fat Bear Week('뚱보 곰 선발대회 주간'이라는 뜻—옮긴이)가 개막했다.[1] 팻 베어 위크란 브룩스 강 급류를 거슬러 이동하는 붉은 연어를 허기진 큰곰 수십 마리가 무리지어 잡아채는 장면을 공원 내에 설치해둔 실시간 관찰 카메라(라이브 캠)로 전 세계에 중계하고, 홈페이지 방문자들이 가장 마음에 드는 곰에게 투표할 수 있게 한 다음, 전미 대학농구선수권대회처럼 치열한 토너먼트를 거쳐 그해 최고의 곰을 선정하는 연례행사. 2021년 대회의 우승은 낮잠을 많이 자고 왼쪽 어깨의 금빛 무늬가 특징인, 움직임이 느릿느릿한 나이 많은 곰 오티스가 차지했다. 투표 참가자들은 오티스의 차분한 태도와 뛰어난 사냥 기술을 매력으로 꼽았다. 이리저리 꿈틀대는 사냥감을 잡으려 우스꽝스럽게 허우적거리는 어린 곰들과 달리, 노련한 오티스는 내달리는 물살에 시선을 고정하고 힘을 비축해두며 연어가 사정거리에 들어와 단숨에 입으로 낚아챌 수 있는 정확한 타이밍이 올 때까지 참을성 있게 기다렸다.

팻 베어 위크 행사를 관리하는 나오미 보크Naomi Boak라는 인물은 70세의 뉴욕 토박이로, 수십 년간 미디어 분야에서 일해온 경험을 바탕으로 행사 기간 동안 한시적으로 공원 관리 업무를 맡아 팻 베어 위크를 전 세계에 알리는 데 힘쓰고 있다. 그녀는 거대한 곰들이 겨울잠을 준비하기 위해 배를 잔뜩 채우는 모습을 지켜보면서 사람들이 일종의 대리만족을 느끼게 된다고 생각한다.[2] 한 인터뷰에서 나오미는 이렇게 말했다. "곰들은 잔뜩 살이 찌면서도 건강할 수 있잖아요. 우리는 그러지 못하는데 말예요."

나오미 보크를 알고 지낸 지는 오래되었지만 그녀가 70번째 생일을 알래스카 야생지에서 보낼 줄은 나도 전혀 생각지 못했다. 나오미는 외로움의 땅에서 열정을 찾아냈다. 그리고 이는 전 세계가 한시도 쉬지 않고 인터넷으로 연결되어 있기에 가능했다.

2010년에 남편을 떠나보내고 나오미는 미네소타에서 맨해튼으로 돌아와 프리랜서 방송 PD 생활을 하며 혼자 생활했다. 그러던 중 2014년 어느 날, 전 세계 야생동물의 관찰이 가능한 실시간 중계망을 운영하는 Explore.org와 카트마이 국립공원 관리단이 함께 제공하고 있던 곰 생중계 서비스를 발견했다. 카트마이 곰 생중계 홈페이지에서는 게시판을 통해 이 아름답고 장대한 생명체의 일상 속 허당미에 열광한 곰 팬들을 중심으로 세계적인 온라인 커뮤니티가 생겨나고 있었다. 나오미는 그들의 대화에 참여해 각 곰의 성격과 행동 방식에 대해 관찰한 내용과 생각들을 함께 나누었다. 디즈니 영화 같은 데서는 다루지 않는 곰의 실질적 생활 모습들을 목격하고 게시판 글 작성자들과 토의를 하기도 했다. 관찰 카메라를 통해 홈페이지 방문자들은 일부 곰이 질병이나 부상, 노화로 힘들어하는 모습까지 생생하게 볼 수 있었다.

이 무렵 나오미는 자율신경계 문제와 고관절염 통증으로 고생 중이었다. 병과 그 치료 때문에 새로운 일거리를 찾기 힘들어 수입이 불안정했던 만큼 외롭고 스트레스가 심한 나날이었다고 한다. 하루는 정말로 별 생각 없이 카트마이 홈페이지 게시판에 자신의 건강 문제에 대한 푸념을 털어놓았다. 그러자 게시판에는 나오미를 위한 응원의 메시지와 기도가 넘쳐흘렀다. 대부분이 그저 재치 있는 닉네임으로밖에 알지 못하는 사람들이었지만, 카트마이 곰들에 대한 애정을 서로 공유하면서 게시판 참여자들은 하나의 공동체로 이어져 있었다. 그중에 그녀와 비슷한 건강 문제를 겪고 있던 사람들도 몇 명 나타나면서 나오미는 그때까지 살아온 동안 다른 어느 누구와 나눈 것보다도 자세하고 깊은 이야기를 하게 되었다. 익명성 덕분에 게시판은 어느덧 특별한 유대감을 형성한 사람들과 어우러져 진정한 자신의 모습으로 있을 수 있는 공간을 마련해주었다. 2017년에 나오미가 인공관절 수술을 받고 난 뒤 가장 먼저 쾌유를 빌어준 인물도 게시판 참가자 가운데 한 명인 독일 슈투트가르트의 유르겐이었다. 힘겨운 재활을 마치고 집으로 돌아온 당일에도 나오미는 곰들을 볼 수 있고 그녀에게 안부를 묻기 위해 기다리는 특별한 사람들이 있는 카트마이 홈페이지에 접속했다.

예순일곱 살이 되던 2019년 무렵 나오미는 건강을 회복했지만 프리랜서 방송 PD로서의 경력은 회복되지 않았다. 그러던 중 카트마이 관리단 페이스북 페이지를 보다 눈에 들어온 '한시적 미디어 업무 관리자' 구인 게시글에 충동적으로 댓글을 달았다. 열흘 뒤인 2019년 5월 14일 나오미는 채용 안내를 받았고, 그로부터 다시 열흘 뒤에는 온라인에서만 보았던 브룩스 강가를 따라 걸으며 오리엔테이션을 받게 되었다. 이후 3년간은 매해 팻 베어 위크를 기획 및 공동제작하며 전 세계 수백만 시청자가 볼 수 있도록 매주 생방송으로 교육 방송을 진행했다. 나오미는 "언제나 이 곰들 모두와 함께할 수 있어서 아주 신나고 활력이 생기며 힐링되는 기분"이라고 말했다. 70대에 접어든 그녀는 대부분의 사람들이라면 벌써 한참 전에 은퇴했을 나이임에도 새롭게 피어난 열정을 통해 전보다 더욱 강한 사회적 유대를 쌓고 보람 있는 일에 온전히 전념하게 되었다.

2021년 팻 베어 위크가 진행되던 시기, 6500여 킬로미터 떨어진 플로리다에서는 머린 맥나마라Maureen McNamara가 케네디 대통령이 1963년에 암살되었던 장소에서 열릴 특별 이벤트에 참석하기 위해 댈러스행 비행기에 올랐다.[3] 그곳에서 머린은 큐어넌QAnon이라는 음모론 단체에 합류했다. 케네디 대통령의 아들 존 F. 케네디 주니어John F. Kennedy Jr.의 1999년 비행기 사고사는 위장된 것이라고 주장하는 남자가 이끄는 수백 명 규모의 단체였다. 그렇게 엘름가街에 모인 단체 사람들은 존 F. 케네디 주니어가 11월 2일, 그의 아버지가 살해당한 것과 같은 시각인 오후 12시 29분에 모습을 드러낼 것이라 약속했다는 말을 들었다. 이제 쉰여덟이 된 케네디가 돌아와서는 2024년 대선에서 도널드 트럼프의 러닝메이트로서 부통령 후보로 나설 계획을 대대적으로 발표할 것이라는 말도 덧붙였다.

머린과 수백 명의 음모론 지지자들은 댈러스의 붐비는 도로 한 옆에 장장 열여섯 시간 넘게 서서 그곳을 '약속의 땅'이라고 부르며 자리를 지켰다. 예정된 오후 12시 29분이 지나고 난 뒤에도 단체의 수장인 남자는 케네디가 언제 나타날지 모른다며 자신의 주장을 계속 고집했다. 저녁이 되자 그는 새로운 소식을 전했다. 롤링스톤스Rolling Stones가 그날 밤 야외 공연을 하러 댈러스에 와 있다는 것이었다. 그러면서 이는 곧 케네디가 공연 중에 등장할 것이라는 신호라고 말했다. 지지자들은 엘름가를 떠나 공연장으로 향했고, 그곳에서 300달러짜리 티켓을 구입했다. 야외 공연을 보기에는 날이 너무 춥고 비도 내리는 데다 롤링스톤스에 아무런 관심조차 없었지만 그래도 머린은 사람들과 함께 움직였다. 공연이 끝난 뒤에도 여전히 케네디가 나타날 기미가 보이지 않자 다수의 지지자들은 들뜬 목소리로 다음 날 다시 엘름가에 가보자고 말했다.

그쯤 되니 머린은 돈도 인내심도 바닥이 났다.⁴ 그녀는 무리를 떠나 플로리다의 집으로 돌아갔고, 단체의 수장인 쉰여덟 살 마이클 브라이언 프로츠먼Michael Brian Protzman에 대해 폭로하기 위해 언론사에 연락하기 시작했다. 그로부터 1년 전, '네거티브48'이라는 닉네임으로 큐어넌 온라인 게시판에 등장한 프로츠먼은 텔레그램을 통해 순식간에 10만 명이 넘는 지지 세력을 구축했다. 추종자들의 마음을 단숨에 사로잡을 만한 영상들을 통해 프로츠먼은 반유대주의적 음모론을 싹틔웠으며, 자신이 케네디가※ 및 트럼프의 측근들과 접촉, 그들이 전 세계에 퍼져 있는 악마 같은 소아성애 일당(헐리우드, 기업, 그림자 정부, 바티칸 등의 유력인사들이 아동 인신매매를 비롯한 소아성애 범죄를 저지르고 있다는 일명 '딥 스테이트Deep state' 음모론의 대상—옮긴이)을 박살내

8장   다섯 번째 구역, 현대성   261

기 위해 비밀리에 작업 중임을 확인했다고 주장했다. 본래 워싱턴주에서 철거 사업을 했다던 그는 여기에 그치지 않고 외화 투기로 큰 수익을 얻을 수 있다며 추종자들에게 자신의 투자 상품을 구매해달라고 촉구하기도 했다.

머린은 기자와의 인터뷰에서 어쩌다 자신이 그런 사람에게 넘어가게 되었는지 설명하려 애썼다. 어떻게 하다 보니 네거티브48의 주장에 관심이 생긴 그녀는 친구와 가족에게 이에 대한 이야기를 해보려 했지만 다들 그녀를 피하기 시작했다. 그렇게 고립되어갈수록 머린은 음모론과 그 집단에 깊이 빠져들었고, 그녀의 사회적 교류 대상은 점차 네거티브48의 온라인 추종자들로 한정되어갔다. 댈러스 모임에 참가하기로 결정한 당시 그녀는 외로움이 극에 달해 새롭게 사귄 온라인 친구들과의 물리적 교류를 갈망하는 상태였다.

"마음이 통하는 사람들과 함께 할 기회라는 생각에 혹했어요."[5] 그녀는 설명했다. "이 운동에 동참한 사람들은 다들 친구를 잃고, 가족을 잃고, 신용을 잃고, 고립되고, 외롭고, '미친년'을 포함해 다양한 별칭들로 불린 경험이 있었거든요." 결국 그녀는 친구도 전부 잃은 채 빚만 떠안고 말았다.

앞의 두 사례는 모두 온라인상의 유대감을 이야기하고 있지만 각각 정반대의 결과에 이르렀다. 이들을 종합해보면 현대 사회가 외로움에 어떤 영향을 미칠지 가늠하기가 몹시 힘들다는 사실을 분명하게 알 수 있다. 그 이유는 외로움이 개인적이고 주관적인 경험인 반면 현대성은 보편적이고 객관적인 현실이라는 데 있다. 요컨대 현대성이 외로움에 미치는 영향을 가늠할 수 있는 유일한 방법은 각 개인이 현대 사회를 살아가면서 겪는 고유의 경험을 살펴보는 것뿐이다.

이처럼 좁은 관점에서 본다면 오늘날 현대성을 나타내는 가장 큰 특징인 디지털 기술 또한 다른 모든 도구와 마찬가지로 양날의 검이 될 수 있다. "기술에 발목을 잡히는 것은 오직 이를 안일하고 창의적이지 못한 방식으로 사용하는 경우뿐이에요."[6] 환경주의 작가 자일스 슬레이드Giles Slade는 첨단 기술이 적용된 하이킹 장비와 낚시 도구를 가리키며 이렇게 말했다. "그 어떤 새로운 기술도 잘만 쓰면 사람 대 사람의 유대감, 사람 대 자연의 관계를 지탱하고 발전시키는 데 활용할 수 있죠."

물론 옳은 말이지만 디지털 기술이 좋은 쪽으로든 나쁜 쪽으로든 아주 극단적인 결과를, 심지어 짧은 시간 안에 어마어마한 규모로 초래할 수 있는 유일무이하게 강력한 도구인 것도 사실이다. 24시간 온라인에 접속되어 있는 현대 문화로 인해 우리가 사는 세상은 고도로 연결된 동시에 전례 없이 단절되어 있으며, 연결과 단절의 파급력은 서로 다른 방향으로 점점 더 빠르게 퍼져나가고 있다.

과거 르네상스와 계몽주의 시대부터 현대성(혹은 근대성)은 줄곧 사회 분열을 유발하는 힘으로 작용해왔다. 쉽게 말해 근대성은 개인의 자유와 진보라는 이상을 찬양하며 전통 사회의 경직된 계급 체계와 종교에 얽매인 관습들에 반기를 든다. 개개인의 '삶, 자유 그리고 행복의 추구' 권리를 주장한 미국의 독립선언 역시 근대성의 선언이었다.

그런데 오늘날의 현대성은, 비교적 변화 속도가 느리고 기계들의 움직임만이 기술의 전부였던 앞 시대의 근대성과 그 양상이 크게 다르다. 모든 것이 빠르고 디지털 기술에 의해 굴러가는 현실의 모습은 이제 우리 사회가 현대성을 넘어 완전히 새로운 무언가로 들어섰음을 시사한다. 이러한 현 시대를 가리키는 유명한 용어가 '후기 현대성late modernity(관점에 따라 후기 근대성, 액체 근대, 유동적 근대 등으로 칭하기도 함—옮긴이)'이다. '액체 현대liquid modernity'라고도 하는 이 개념을 처음 제시한 폴란드 태생의 철학가 지그문트 바우만Zygmunt Bauman은 기계 장치보다 디지털 기술의 중요성(즉, 하드웨어보다 소프트웨어의 중요성)이 커지면서 생활 속 유동성이 큰 폭으로 증가했다고 주장했다.

바우만의 사상에 따르면 오늘날 우리 사회는 과거와 다르게 유동성 상태에 놓임으로써 일, 사랑, 개인주의, 공동체 등 사회를 구축하는 모든 핵심 요소가 안정성을 잃고 작은 단위로 뿔뿔이 쪼개지고 말았다. 현대성 혹은 근대성은 언제나 각 개인을 성별, 종교적 신념, 출생 신분 따위 안에 가두어두었던 전통 사회에서 벗어나 모두가 자신의 사회적 정체성을 스스로 규정할 책임을 지게 하겠다고 약속해왔다. 액체 현대의 디지털 기술은 바로 이러한 정체성에 대한 책임의 크기와 범위를 더욱 확장해, 우리가 누구와 어떻게 관계를 맺고 유대감을 형성할 것인지에 있어 사실상 무한한 자유를 얻게 해준다. 선택의 자유는 액체 현대의 가장 중요한 가치지만 이 자유는 곧 양날의 검으로 밝혀졌다.

예를 들어 바우만은 소셜미디어 플랫폼이 "즐거움을 준다는 점에서 아주 유용하지만 이는 함정"이라고 묘사했다.[7] 그는 온라인상에서 형성한 관계망은 진짜 공동체가 아니라며, 그 이유로 본래 공동체는 우리가 소속되는 대상인 반면 온라인상의 관계망은 우리에게 종속된 것이기 때문이라고 설명했다. 이어 그는, 온라인 관계망에서는 "나 스스로 통제권을 쥐고 있다는 느낌을 경험한다. 마음 내키는 대로 친구를 추가하거나 삭제할 수 있다. 내가 교류하는 중요한 사람들을 통제하는 권한이 나 자신에게 있는 것이다. 그 결과로 기분은 약간 좋아질 수 있는데, 우리가 살고 있는 개인주의 시대에서는 외로움이나 버려진 듯한 기분을 느끼게 되는 것에 대한 두려움이 크기 때문이다"라고 말했다.

문제는 온라인상에서 사람들과 교류하는 시간이 길어질수록 직장, 상점, 길가 등에서 물리적으로 마주치는 사람들과의 원활한 상호작용에 반드시 필요한 포용력이나 인내심 같은 사회적 능력을 상실할 위험이 커진다는 점이다. 바우만은 이렇게 꼬집었다. "대부분의 사람들은 화합하고 자신의 시야를 넓히기 위해서가 아니라, 그와 반대로 자신이 내는 목소리의 메아리만을 듣고 자신의 얼굴을 거울처럼 비추어주는 상象만을 바라보며 외부와의 접촉을 차단한 자기만의 세상에 틀어박히기 위해 소셜미디어를 사용한다."

오늘날 사람들은 사회적 관습이나 기대에 얽매이지 않고 다른 사람과 맺는 관계의 방식과 깊이를 원하는 대로 자유롭게 선택할 수 있다. 이처럼 극단적인 자유도와 잘 맞는 기질의 사람이라면 자신을 충분히 표현하고, 부족함 없는 유대감을 경험하고, 성공적 삶을 살 무궁무진한 기회를 얻을 것이다. 하지만 보다 확실하고 안정적인 것을 원하는 사람에게는 사회관계의 구조도 관습도 불분명한 현대 사회의 특성이 굉장히 버거울 수 있다. 후자와 같은 기질의 이들은 자신의 정체성을 스스로 정립하는 일을 떠안는 자체로 자기무능감·불안·외로움을 느끼게 될 수 있다.

아울러 모든 것이 빠른 속도로 이루어지고 끊임없이 변화하는 액체 현대 사회는 젊고 건강하고 충분한 교육을 받은 등 가용 자원이 많은 사람에게 있어 매력적으로 느껴질 가능성이 높다. 하지만 나이 들고 가난한 사람들, 좋은 일자리를 얻을 희망이 크지 않은 사람들, 건강 문제를 겪고 있는 사람들, 우울증 혹은 불안장애를 앓고 있는 사람들에게는 오늘날의 현대성이 자신과는 동떨어진, 혼란스럽고 제멋대로이며 무정하고 고립과 소외를 유발하는 것처럼 보이기 쉽다. 현대성을 대하는 이 같은 기질적 차이는 곧 외로움의 차이로 이어진다. 요컨대 이렇게 생겨난 외로움으로 정서적 고통을 받는 사람들은 보통 외로움에 대응할 자원이 부족한 사람들인 것이다. 설상가상으로 현대성이 초래한 외로움은 다섯 가지 영역 모두가 공존하는 형태를 띤다. 트라우마를 겪은 사람들, 질병을 앓고 있는 사람들, 나이 든 사람들, 각종 사회적 다름을 안고 있는 사람들에게 있어 현대성이 불러온 외로움은 기존의 고통을 배가시키는 요인으로 작용한다.

종교적 신념, 결혼, 성 역할, 진로 등 전통 사회에서 사람과 사람을 묶어주었던 매듭은 현재 그 어느 때보다 약해진 상태다. 과거에 기질적으로 정해진 체계를 따르는 데 편안함을 느끼던 사람들은 이제 내팽개쳐지고 고립된 듯한 기분에 시달릴 위험에 놓이고 말았다. 이들은 일단 막연히 사회가 자신을 버렸다는 느낌을 받곤 하지만, 실제로는 각자가 자신이 소속될 집단을 직접 찾아나서서 생각과 가치관이 유사한 사람들과 관계망을 형성해야 하도록 변한 것뿐이다. 온라인에서 우리는 무한한 호기심을 따라 어디에서든 유대감을 찾을 수 있는 선택의 자유를 누리게 되었다. 그 호기심의 끝이 누군가에게는 알래스카에 서식하는 뚱뚱하고 배고픈 곰들에게로 이어졌고, 또 누군가에게는 텍사스의 기이한 음모론 광신도들에게로 이어진 것이다.

개개인의 선택이 다른 무엇보다 중요한 가치로 떠받들어진다면 과연 공동체와 사회적 응집성에는 어떤 영향이 미칠까? 또 이처럼 사람들을 기분 좋게 할 수도, 고립시킬 수도 있는 신기술의 강력한 힘이 이대로 아무런 규제 없이 방치되었을 때 발생 가능한 예상치 못한 결과나 사회적 위험으로는 어떤 것들이 있을까? 현대성은 우리가 어느 것에도 얽매이지 않고 자유롭게 창의성을 발휘해 우리 자신과 비슷한 방식으로 스스로를 표현하고 세상에 대한 경이감을 추구하는 사람들을 직접 선택한 뒤 그들과 견고하고 깊고 의미 있는 관계를 다질 수 있게 해준다. 하지만 이토록 무궁무진한 기회를 최대한 효과적으로 활용하려면 이 과정에서 떠안게 되는 새로운 어려움과 책임감에 대해서도 분명하게 인식하고 있어야 한다. 칼같이 날카로운 가능성과 위험성의 길을 무사히 나아가기 위해, 개인주의가 반드시 고립을 낳는 것은 아니라는 사실을 깨닫기 위해 그에 걸맞은 새로운 전략을 익힐 필요가 있는 것이다. 마음 맞는 사람들과의 친밀한 동료애 속에서 자신의 꿈을 좇으면 그렇지 않은 무리에 속해 있을 때보다 훨씬 큰 충만감을 느끼며 효과적으로 그것을 실현할 수 있지만, 성공하기 위해 반드시 갖추어야 하는 덕목으로 추진력·결단력·자기신뢰를 찬양하는 문화에서 이러한 가능성이 항상 명료하게 와닿는 것만은 아니다.

언제 어디에서나 스마트폰과 함께

2019년 어느 날, 뉴욕의 브로드웨이 라파예트 역 승강장에서 다음 열차가 들어오기를 기다리고 있던 내게 한 중년 여성이 휴대폰을 손에 쥔 채 다가왔다.

"그거 아세요?" 그녀가 내게 말을 걸었다. "지금 이 역에서 스마트폰을 들여다보고 있지 않는 건 선생님밖에 없어요." 마거릿이라는 이름의 이 여성은 뉴욕에 처음 와본 중서부 지역 사람이었다. 뉴욕 지하철에 탑승해보는 역사적 첫 경험을 기록하고자 사진을 찍던 마거릿은 수십 명에 달하는 사진 속 뉴욕 사람들이 전부 스마트폰만 뚫어져라 응시하며 자기 세계에 빠져 있는 장면에 충격을 받았는데, 그러던 중 단 한 사람, 열차가 오는지 보기 위해 터널 안쪽으로 시선을 던지고 있던 나를 발견한 것이다.

그렇게 마거릿과 대화를 시작해 서로 어디에서 왔으며 목적지가 어디인지 이야기하다가 나는 문득 그날 특별히 서둘러서 가야 할 필요가 없겠다는 생각이 들었다. 마거릿은 데이비드 보위David Bowie처럼 꾸미고 뉴욕 마라톤 대회에 참가해 도심 이곳저곳을 돌아다니며 뉴욕이란 어떤 곳인지 가까이에서 몸으로 느끼고 자신과 마찬가지로 보위의 팬인 뉴욕의 러너 지인들과 교류할 계획이라고 했다. 이에 나는 폭탄 테러로 수많은 사상자가 발생했던 그 유명한 2013년 보스턴 마라톤에 관중으로 참가했던 경험을 들려주며, 당시 지역사회가 다양한 음악 공연과 행사들을 열어 다 함께 슬픔을 나누고 집단 트라우마에서 회복하기 위해 노력했던 일에 대해 이야기해주었다. 우연이었지만 액체 현대의 유동적 흐름 속에서 디지털 기술을 거치지 않은 그녀와의 만남은 서로가 공유하는 이야기를 매개로 둘 사이를 이어주는 어떤 확고한 기준점을 발견하게 해주었다. 결국 우리는 대화를 계속하기 위해 역을 떠나 근처 카페를 찾았다. 그날 아주 깊고 오래 지속될 만한 우정을 쌓은 것은 아니었지만 후에 뉴욕 마라톤 대회가 열리자 나는 마거릿을 떠올렸고, 마음속으로 응원했다. 그렇게 마거릿은 내 세상의 일부가 되었고, 나는 세상과 한층 더 가깝게 연결된 듯한 기분이 들었다.

스마트폰이 생기기 전이라고 딱히 뉴욕의 지하철역이 친근한 재잘거림으로 가득한 명랑한 분위기의 장소였다고는 말하지 않겠다. 40년 전에 브로드웨이 라파예트 역을 찾았어도 지금과 똑같이 사람들이 입을 꾹 닫고 고개를 푹 숙인 채 책이나 신문, 잡지를 읽고 있는 모습을 보았을 것이다. 단지 달라진 것은 스마트폰에 주의를 빼앗기는 정도가 그 무엇보다 심하다는 점이다. 인쇄물들은 나 이외의 바깥세상에 대한 정보를 제공한다. 그러나 스마트폰은 나 자신의 정보 안에 갇히게 만든다. 이메일, 소셜미디어 피드, 댓글창을 끊임없이 새로고침하고 싶어 하는 우리 안의 자기본위적 충동을 충실하게 충족시켜주는 스마트폰만의 특성에는 무언가 유난히도 중독성이 강하고 자기중심성을 키우는 면이 있다.

양심적으로 고백하건대 나 역시 스마트폰을 멀리하고 있다고는 말하기 어렵다. 그날 마거릿이 지하철역에서 스마트폰을 들여다보고 있지 않은 유일한 인물로서 나를 발견한 것은 순전히 우연이었다. 다른 많은 사람들처럼 나 또한 강박적으로 이메일과 문자 메시지를 확인한다. 또한 나는 1999년에 이메일 송수신이 가능한 블랙베리 휴대폰이 출시되었을 때 바로 구입한 얼리 어댑터 중 한 명이기도 했다.

이렇게까지 광범위한 정보들을 마음만 먹으면 언제든지 뇌에 직접 욱여넣을 수 있는 여건이 조성되었던 적은 역사상 단 한 번도 없었다. 우리의 뇌는 본래 이런 식으로 정보를 처리하도록 진화하지 않았다. 그런 면에서 우리 모두는 실험쥐가 된 셈이다. 이 세상에 존재하는 모든 사람 및 모든 정보, 심지어 여론을 멋대로 휘두르기 위해 만들어진 거짓 정보들에 바로바로 접속할 수 있는 장치가 평범한 인간 수십억 명의 손에 쥐어진다면 과연 무슨 일이 벌어질지를 살펴보는 실험 속에서 말이다.

나는 스마트폰 자체가 문제라고도, '남들에게 뒤처지기 싫은 마음fear of missing out, FOMO'이 이처럼 지독한 중독의 원인이라고도 생각지 않는다. 문제는 끊임없이 주의를 끄는 스마트폰의 특성이 뇌를 종일 자극하지 않으면 참을 수 없다는 절박감을 충족시켜준다는 데서 발생한다. 스마트폰은 '우리가 눈 뜨고 있는 매 순간 쉼 없이 목적의식을 갖고 무언가에 집중하는 것에는 정말 자연스럽다거나 바람직하다고 볼 만한 구석이 있는가'라는, 유동적인 후기 현대성의 딜레마와 직면하게 한다. 오히려 스마트폰은 우리가 홀로 사색에 빠져 있는 시간을 견디지 못하게 만든 것은 아닐까. 우리는 잠시도 지루함을 인내할 수 없게 되어버린 것이다.

2013년, 버지니아대학교의 사회심리학자 티모시 윌슨Timothy Wilson 연구팀은 인간이 지루함을 견디지 못하게 된 정도가 실제로 얼마나 심각한지 확인하는 실험을 진행했다.[8] "일단 가장 직관적으로 떠올린 방법은, 가만히 공상하는 시간을 사람들이 얼마나 편안해하고 즐거워하는지 보는 거였어요." 2014년 〈디 애틀랜틱The Atlantic〉과의 인터뷰에서 윌슨은 이렇게 말했다. "솔직히 말하면 별로 어렵지 않을 거라고 생각했어요. 인간에게는 온갖 즐거운 기억으로 가득하고 상상의 나래를 펼칠 수 있는 이렇게 커다란 뇌가 있으니, 고작 몇 분 동안 혼자 공상하며 시간을 때우는 정도는 어려울 리 없으리라 예상했죠. 그런데 실험을 거듭하면 할수록 나타나는 결과를 보니, 상당수의 사람들이 그렇지가 않더라고요."

열한 차례의 실험 결과, 대부분의 참가자는 6~15분간 아무 할 일 없이 자기 생각 안에만 빠져 있을 수 있는 방 안에서 시간을 보내는 것을 즐거워하지 않았다. 지시문을 통해 즐거웠던 기억을 떠올릴 수 있도록 유도해봐도 참가자들은 가만히 지루하게 있는 경험 자체를 좋아하지 않았다. 어떤 참가자는 펜을 한 자루 찾아내 해야 할 일 목록을 작성하며 시간을 때웠다. 또 어떤 참가자는 연구원이 우연히 흘린 지시문 적힌 종이로 종이접기를 했다. 한 실험에서는 혼자 있는 시간 동안 안전하지만 통증을 동반하는 전기 충격을 스스로에게 가할 수 있는 장치를 참가자들에게 연결해두었다(그리고 그 장치의 스위치를 켜지 않으면 상금을 주겠다고 알려주었다). 그러자 여성 참가자 가운데 4분의 1, 남성 참가자 가운데 3분의 2는 결국 지루함을 참지 못하고 한 번 이상 자기 자신에게 전기 충격을 가했다. 이에 연구진은 "대부분의 사람들은 아무것도 하지 않기보다는 부정적 행동이라도 하는 것을 선호하는 듯 보인다"고 결론 내렸다.[9]

매년 미국 노동통계국BLS에서는 자국민이 무엇을 하며 시간을 보내는지 조사하는데, 2019년 조사에서는 성인 응답자의 약 82퍼센트가 지난 24시간 동안 단 한 순간도 '아무것도 하지 않고 가만히 쉬거나 사색'하지 않았다고 답했다. 마치 대부분의 사람들이 생각 정리나 공상의 중요성을 잊은 것만 같다. 그리고 그로 인해 최근 겪었던 일들의 기억 속 숲을 정처 없이 누비며 나름대로 해석을 붙이고 그를 바탕으로 앞으로 만나게 될 일들을 가늠해보는 '멍 때리기' 시간이 선사하는 적잖은 이로움을 놓치고 있다.

현재 MIT의 인문학 교수로 재직 중인 세계적인 물리학자 앨런 라이트먼Alan Lightman은 2018년 학내 특강 시간에 자신이 이 같은 멍 때리기에 젬병이라고 고백했다.[10] "나는 빈둥거리는 시간이 거의 없어요. 무언가 유익한 결과로 이어진다고 생각되지 않는 길은 거의 가지 않죠. 멍 때리며 시간을 흘려보내는 일은 거의 없어요." 그날 특강의 주제는 '멍 때리기를 찬양하라: 바쁘고 불안정한 현대인의 삶은 어떻게 우리 내면의 자기를 망가뜨리고 있는가In Praise of Wasting Time: How the Rush and Heave of Modern Life is Destroying Our Inner Selves'였다.

라이트먼은 자신도 바쁠 때면 창의적 활동을 하기가 힘들다며, 창의성이란 여유로운 시간 속에서 왕성해지는 법이라고 말했다. 그러고는 그 예로 구스타프 말러Gustav Mahler, 칼 융Carl Jung, 거트루드 스타인Gertrude Stein 등 대자연 속에서 홀로 긴 산책을 하며 시간을 보냈다고 알려진 수많은 창의력 천재들을 언급했다. 라이트먼은 이처럼 자기 자신을 돌아볼 기회를 마련하지 못한다면 "내가 누구인지, 나에게 중요한 것이 무엇인지 알아차릴 수 있는 능력을 잃어버리게 된다"고 말했다.[11] 흥미롭게도 라이트먼은 내면의 자기에 몰입하는 과정을 통해 생각지도 못하게 깊은 유대감을 경험하게 되었다. 딸과 캄보디아를 여행하던 중에 어쩌다 보니 어느 시골 마을의 사람들이 학교를 짓는 일에 깊이 관여하게 되었던 것이다. 이후 어느 인터뷰에서 그는 그때의 경험에 대해 이렇게 말했다. "우린 그들과 식사를 함께했어요. 그들의 의식에 함께 참여했고요. 굉장히 깊이 관여하게 된 거죠. 정말 그 공동체의 일원이 된 것만 같은 기분이었어요. (중략) 그렇게 인간 대 인간으로서 유대감을 쌓았어요. 그건 그냥 후원금만 달랑 부치는 것과는 완전히 차원이 다른 경험이에요."

아무것도 하지 않고 가만히 사색하는 시간은 성인에겐 그저 흥미로운 생각거리의 하나로 여겨질 수 있을지 몰라도, 아동에게는 결핍될 경우 자칫 심각한 정신건강 문제로 이어질 수 있는 매우 중요한 요소다. 선진국의 젊은 층(인터넷 없는 세상에서는 살아본 경험이 없는 소위 디지털 원주민)에서 외로움·불안·우울 문제를 앓는 비율이 크게 증가하고 있는 현상은 결국 우리가 이 새로운 현실에 제대로 적응하고 있는 것이 아님을 시사한다.

특강에서 라이트먼은 최근 몇 십 년 동안 학령기 아동의 창의력이 떨어지고 있다는 연구 결과를 언급했다. 윌리엄메리대학교의 심리학자 김경희 교수가 1970년대부터 시행된 창의력 검사의 결과 자료 30만 건을 조사해보니 1990년부터 아동들에게서는 상상력, 유머 감각, 독창적이며 비범한 발상을 하는 능력이 감소하고 있다는 사실이 발견되었다는 것이다.[12] 김경희는 학교 시험이 점차 표준화되는 추세와 더불어 2001년 의회의 승인을 받아 정식 도입된 낙제학생방지법No Child Left Behind Act이 아이들의 창의력 점수가 하락한 원인일 것이라고 추측했다. 연구 결과가 발표된 뒤 진행된 한 인터뷰에서 그녀는 질문을 던졌다. "낙제학생방지법에 초점을 맞춰 시험, 시험, 시험만 계속 반복한다면 창의적인 학생이 어떻게 살아남을 수 있겠어요?"[13] 또한 그녀는 특히 SAT(미국 대학교에 진학하려면 치러야 할 수학능력시험―옮긴이)와 IQ 점수가 최근 들어 높아지고 있는 반면, 창의력 측정 시 널리 쓰이는 '토런스 창의적 사고 검사Torrance Tests of Creative Thinking' 점수는 하락하고 있다고 지적했다. 이는 곧 아이들이 점점 단순 암기식으로 익힌 답을 맞히는 능력은 향상되었고 스스로 창의적인 답을 떠올리는 능력은 퇴보되었음을 시사한다. 뿐만 아니라 연구에서는 답이 맞냐 틀리냐를 훨씬 중요하게 여기는 성인이 되면 창의적 사고 능력이 더욱 떨어진다는 결과를 보여주었다.

창의력 점수가 낮아지고 학교 시험이 주는 중압감이 커지면서 청소년 가운데 우울증을 앓거나 스스로 목숨을 끊는 비율이 높아지는 현상이 적어도 2011년부터 두드러지게 나타난 것은 과연 우연일까.[14] 30년간 세대 차이를 연구해온 심리학자 진 M. 트웬지Jean M. Twenge는 2012년을 기점으로 청소년의 행동과 정서 상태가 급격하게 달라졌다며, 이는 1930년대에 조사를 시작한 이래로 가장 큰 폭의 변화라고 설명했다. 그리고 그녀는 젊은 세대의 생활 속에서 스마트폰이 지배적 역할을 차지하게 된 것을 이러한 변화의 주요 원인으로 꼽았다. 실제로 2012년은 미국 내 스마트폰 사용인구가 전체 국민의 50퍼센트를 넘어선 결정적인 해였다.

팬데믹을 맞기 전부터 이미 청소년은 과거 어느 세대의 그 나이대와 비교해도 밖에서 친구들과 어울리는 시간이 적은 상태였다.[15] 이들은 집에서 스마트폰을 통해 문자를 보내거나 소셜미디어에 접속하며 방과 후 시간의 대부분을 보냈다. 2017년 〈디 애틀랜틱〉에 쓴 글에서 트웬지는 "거의 매일 친구들과 만나 어울리는 청소년의 비율은 2000년부터 2015년 사이에 40퍼센트 이상 급락했다"고 지적했다. 아울러 연구 결과들을 통해 스마트폰 사용 습관과 심적으로 힘든 상태 사이의 분명한 연결고리가 증명되었다며, "사회관계망 서비스에 매일 접속하지만 직접 친구들의 얼굴을 보는 빈도가 훨씬 적은 청소년은 '나는 많은 시간 외로움을 느낀다', '나는 자주 소외감을 느낀다', '나는 마음 맞는 친구가 더 많았으면 좋겠다는 생각을 자주 한다'와 같은 문장들에 그렇다고 답할 가능성이 매우 높다"고 힘주어 말했다.

그런가 하면 소셜미디어 사용을 제한하는 것이 심적 상태의 긍정적 변화와 연관되어 있다는 연구 결과도 있다. 가령 2018년에 발표된 한 실험에서는 펜실베이니아대학교 학생들에게 페이스북·인스타그램·스냅챗 각각의 접속 시간을 하루 10분으로 제한했더니, 3주 뒤에는 그간 접속 시간을 제한하지 않았던 학생들에 비해 외로움과 우울감이 유의미한 수준으로 낮게 나타났다.[16] 이 실험에서 더욱 흥미로운 점은 두 조건의 학생들 모두 불안감과 FOMO 수준이 유의미하게 감소했다는 점이다. 소셜미디어에 접속해 있는 시간을 엄격하게 제한하지 않더라도, 스스로 사용 습관을 점검하고 계속해서 염두에 두는 것만으로 긍정적 효과가 있는 듯 보였다. 이에 연구진은 다음과 같은 결론을 내렸다. "본 연구 결과는 소셜미디어 총 사용 시간을 하루에 약 30분으로 제한한다면 안녕감이 유의미하게 증진될 수 있음을 강력하게 시사한다."

연구진이 제시한 조언은 분명 타당하지만 각 사용자의 접속 시간을 최대한 늘리는 데 목적을 둔 소셜미디어의 비즈니스모델과는 정면으로 부딪히고 만다. 대부분의 매체가 그렇듯 소셜미디어 기업은 사용자들의 이목을 광고에 집중시킴으로써 수익을 얻는다. 특히 소셜미디어는 개인 맞춤 설정과 상호작용이 가능하다는 특성 덕분에 한 번에 오랜 시간 동안 사용자의 주의를 붙잡아둘 수 있다는 것이 강점이다. 요컨대 소셜미디어에서는 정교하게 조정한 알고리즘이 24시간 쉬지 않고 사용자의 관심을 끌 가능성이 가장 높은 유형의 콘텐츠만을 엄선해 제공한다. 이는 대부분의 상황에서 매우 큰 이점이 될 수 있지만 동시에 대단히 파괴적인 위험성으로 작용할 수도 있다.

하버드대학교에서 학과장을 맡고 있으며 집필 활동에도 열심인, 나와 절친한 사회학자 라케시 쿠라나Rakesh Khurana는 "실제로 느끼는 나의 모습과 정확히 일치하지 않는 방식으로 나 자신을 표현하기도 하는" 소셜미디어의 보여주기식performative 측면이 불편하다고 말한 적이 있다. 이로 인해 젊은 사람들이 소셜미디어 속에 존재하는 '하이브 마인드hive mind'('집단지성' 혹은 '집단적 의견'을 뜻하는데, 여기에서는 '대중'이나 '무리'와도 유사한 의미로 쓰였음—옮긴이)로부터 긍정적 반응을 얻는 데만 지나치게 몰두하며, 그 결과에 따라 자기효능감과 자기가치감까지 휘둘릴 위험이 있다는 것이다.

"그렇게 하이브를 만족시키기 위해 끊임없이 애쓰며 점차 내부지향적이기보다는 외부지향적인 사람이 되어갈 수 있습니다." 라케시는 이렇게 덧붙였다. "타인으로부터 받는 외부의 평가가 자기 내면의 평가보다 훨씬 중요하다고 여겨지게 되는 거죠."

보여주기 식의 소셜미디어 게시물들은 '게시자는 우월하고 다른 사람들은 하등하다'와 같은 해로운 사회적 비교를 낳을 수 있다. 내가 초대받지 못한 파티에서 찍은 선명한 사진들과 그 밑에 달린 친구들의 댓글을 보면 나만 따돌림을 당한 것 같고 스스로 무가치한 사람이라는 기분에 사로잡히는 경우도 있다. 이와 관련해 라케시는 말했다. "외로운 밤에 소셜미디어에 접속해 있다 보면 이 세상 천지에 나만 불행한 것 같다는 느낌을 받을 수 있어요."

2015년 1월 4일 이른 아침, 위스콘신에 거주하던 고등학생 크리스토퍼 달리는 자신의 침실에서 총으로 자살했다. 가족이 발견했을 당시 크리스토퍼는 한 손에 사냥용 소총을, 다른 손에는 피범벅이 되었지만 여전히 전원이 켜진 채 반짝이는 스마트폰을 쥐고 있었다. "아들은 중독이 어찌나 심했던지 삶의 마지막 순간에도 소셜미디어를 놓지 못했어요."[17] 그로부터 몇 년 뒤 크리스토퍼의 어머니는 이렇게 회상했다. 스스로 목숨을 끊기 몇 달 전부터 이 어린 학생은 수면부족에 시달렸으며, 자신의 신체상에 강박적으로 집착하는 모습을 보였다. 특히 인스타그램 중독이 심각했던 크리스토퍼는 새벽 세 시까지 잠도 자지 않고 메시지를 주고받았으며, 그중에는 누드 셀카도 간간이 끼어 있었다.

자사 플랫폼의 중독성 강한 디자인이 청소년의 정신건강에 악영향을 끼치고 있다는 내부 연구 결과를 모른 체한 스냅Snap(스냅챗의 모기업)과 메타(인스타그램과 페이스북의 모기업)를 고소하는 사람들이 점점 늘어나는 가운데, 크리스토퍼의 가족도 이에 동참했다. 2022년에는 한 로펌에서 플랫폼 디자인상의 결함, 경고의 부재, 허위사실 그리고 고소인 등이 섭식장애·수면부족·자살시도 및 실제 자살에 이르게 한 부주의의 책임을 물어 메타를 상대로 여덟 건의 소송을 걸었다.[18] "잠재적 해악을 최소화하는 쪽으로 앱을 디자인할 수 있었음에도 기업의 이익을 위해 청소년들을 공격적으로 중독시키는 걸 택한 겁니다." 비즐리앨런Beasley Allen 로펌의 대표 앤디 버치필드Andy Birchfield는 이렇게 주장했다.

메타에서 유출된 문건에 따르면, 인스타그램 데이터를 기반으로 내부적으로 '청소년의 정신건강에 대한 심층 분석'을 진행한 결과에서도 여성 청소년의 32퍼센트가 "자신의 몸에 불만족을 느끼고 있을 때 인스타그램이 그 정도를 더욱 악화시켰다"고 답했음이 밝혀졌다.[19] 뿐만 아니라 청소년들은 불안과 우울감이 증가한 원인도 인스타그램이라고 지목했다. "이러한 반응은 연구자 측에서 유도한 것도 아니며, 전 집단에서 일관되게 나타났다." 자살을 생각하던 청소년 사용자들 가운데 영국인의 13퍼센트, 미국인의 6퍼센트는 그 시발점을 인스타그램으로 꼽았다.

인스타그램의 내부 연구자들은 자사의 앱이 스냅챗이나 틱톡과 같은 타사 소셜미디어에서는 발견되지 않는 문제를 일으키고 있음을 알아차렸다. 연구진은 인스타그램이 채택한 알고리즘 중심의 탐색 페이지가 화려한 인물들의 콘텐츠만을 보여줌으로써 특히 여성 청소년에게서 사회적 비교로 인한 부정적 감정을 촉발시킨다며 "사회적 비교가 인스타그램에서 더욱 심하다"고 보고했다.[20] 그러고는 "인스타그램의 요소들이 서로 악순환의 고리를 형성해 최악의 상황을 만들어내고 있다"고 결론 내렸다.

현재까지의 연구 결과들을 종합하면 발달단계상 아동청소년기에는 해로운 소셜미디어 사용습관에 특히 취약해지는 결정적 시기가 있다는 것이 정론이다.[21] 남성의 경우에는 소셜미디어로 인한 부정적 영향을 가장 많이 받는 때가 14~15세 그리고 19세다. 여성은 11~13세 그리고 19세가 가장 취약한 시기다.

엠마 렘키는 열두 살밖에 되지 않았을 때 인스타그램에 가입했고, 어느새 하루에 여섯 시간씩 "아무 생각 없이 화면에 떠 있는 온갖 비현실적 신체상을 곧이곧대로 받아들이며 스크롤을 내리기"에 이르렀다.[22] 불안장애와 섭식장애가 생겼지만 소셜미디어 사용을 그만둘 수는 없었다. "이 앱들, 그중에서도 인스타그램에 무한 접속하게 되는 끔찍한 굴레에 빠져버렸어요." 〈뉴욕 타임스〉와의 인터뷰에서 엠마는 이렇게 말했다. "저 자신에 대해 점점 안 좋은 기분이 들었지만, 이게 뭔가 기묘한 힘으로 저를 조종해서 결코 스크롤을 멈출 수 없을 것 같다는 느낌이었어요."

2020년, 앨라배마주 모빌에서 아직 고등학교에 재학 중이었던 엠마는 소셜미디어에 관한 온라인 대화의 장을 마련하고 사용 습관을 되돌아보자는 취지의 로그 오프Log Off 운동을 발족했다. 그리고 2년 뒤 워싱턴대학교의 신입생이 되어서는 빅테크 기업들을 규제하는 법률 제정을 촉구하기 위해 다른 대학생들과 힘을 모아 '테크(니컬리) 폴리틱스Tech(nically) Politics'라는 모임을 설립했다. 이 모임에서는 16세 미만 인터넷 사용자에 한해 자동재생 설정, 푸시 알림, '좋아요' 버튼, 팔로워 수, 앱 사용시간에 따라 배지를 수여하는 등의 보상 체계처럼 중독성을 높이는 앱 환경 다수를 금지함으로써 아동 사용자들을 보호할 수 있는 새로운 방안인 '아동 인터넷 디자인 및 안전법Kids Internet Design and Safety Act, KIDS Act'이 의회를 통과할 수 있도록 목소리를 높이고 있다. 테크 기업의 주요 인사들 또한 이 같은 규제의 필요성을 인식하고 있다.[23] "이는 담배 산업을 규제하는 것과 같다고 봅니다." 소프트웨어 기업 세일즈포스Salesforce의 최고경영자 마크 베니오프Marc Benioff는 2018년에 이렇게 말한 바 있다. "디지털 기술에는 중독성이 있어서 우리가 고민을 해봐야 해요. (중략) 제품 디자이너들은 자사 제품들의 중독성을 더 높이려고 노력하는데, 그 정도가 과해지지 않도록 제지할 필요가 있습니다."

그러는 와중에 엠마는 여전히 범불안장애에 시달리면서도 계속 인스타그램을 하고 있다.[24] 그래도 인스타그램으로부터 받는 영향을 조금이나마 줄이기 위해 몇 가지 전략을 고안하기는 했다. 그중 한 가지는 스마트폰을 한 번씩 흑백모드로 전환하는 것이다. 접속 시간을 제한하기 위해 스크린타임 지니Screentime Genie나 해빗랩HabitLab 같은 앱을 사용하기도 한다. "이렇게 하면 중독성 높은 앱에 저항하는 힘이 어느 정도는 생겨요."

이처럼 새로운 규제가 만들어지고 소셜미디어를 경계하는 인식이 높아지면서 스마트폰과 인간의 주종관계가 역전되는 일은 막을 수 있을지 모른다. 스마트폰 앱들은 우리의 마음을 좀먹기도 하지만 사실 그만큼 마음의 평안을 가져다주는 도구로서 갖는 유용성이 입증되기도 했다. 가령 피츠버그대학교의 에밀리 K. 린지Emily K. Lindsay는 스마트폰 앱을 통해 마음챙김 훈련을 하고 그 경과를 추적 관찰하는 활동이 외로움을 줄이고 사회적 접촉을 늘리는 데 매우 유용할 수 있다는 파급력 있는 결과를 발견했다.[25] 연구는 어느 정도 심한 외로움을 겪고 있는 성인 참가자 153명을 모집해 지금 이 순간 경험하는 것들을 관찰하고 그대로 수용하는 마음챙김의 특정 기술들을 바탕으로 14회기 동안 다양한 중재법을 적용하는 식으로 진행되었다.

결과는 대단히 놀랍고 또 고무적이었다. 참가자들이 하루 동안 느끼는 외로움의 강도가 22퍼센트 감소했으며, 상호작용을 나누는 상대가 중재법 시행 전보다 하루에 평균 한 명이 늘어나고 사회적 접촉 횟수도 평균 두 차례 증가했던 것이다. 외로움으로 고통받는 사람들에게는 타인과의 접촉 횟수가 하루에 단 한 차례라도 늘어나는 것이 굉장히 큰 차이로 느껴질 수 있으며, 이 같은 사회적 접촉을 이루어내기 위해 매일 노력하는 자체가 즐거움이자 자기강화(스스로 설정한 목표를 성취했을 때 자기 자신에게 보상을 줌으로써 목표를 위해 나아가는 행동을 확고하게 다지는 행위—옮긴이)가 될 수 있다.

자신이 마주하는 것들을 있는 그대로 수용하는 마음챙김 훈련은 극심한 외로움을 느끼는 사람들이 자신에 대한 부정적 평가로 인해 점점 고립되어가는 외로움의 순환 고리를 끊는 데도 도움이 될 수 있다. 외로움을 느낀다 해서 꼭 더 많은 친구가 필요한 것은 아니어서, 더 많은 친구를 사귀기 위해 애쓰기보다는 이미 곁에 있는 친구들을 더욱 소중히 여기고 그 존재를 마음 깊이 새기는 편이 외로움의 고통을 완화하는 데 훨씬 효과적일 수 있다. 결국 외로움이란 우리가 타인과 맺고 싶어 하는 유대감과 실제 경험하는 것 사이에 간극이 있다는 주관적 느낌이기 때문이다. 그런 측면에서 마음챙김 명상은 자족감을 증진시키고 자기 자신에 대한 부정적 평가와 불안감을 가라앉혀 자신의 유대 욕구가 의외로 크지 않으며 쉽게 채울 수 있다는 사실을 알아차리게 해줄 수 있다.

캄Calm, 헤드스페이스Headspace, 메디토피아Meditopia 등 마음챙김 명상 앱들의 다운로드 횟수는 팬데믹이 터지고 첫해에만 수백만 건에 육박했다. 스마트폰이 지금처럼 보급되기 전에는 별도로 심리치료사를 찾아가거나 명상 모임에 가입하지 않는 한 이러한 유의 훈련을 받기가 쉽지 않았다. 스마트폰 앱이 지닌 이처럼 무한한 확장 가능성과 뇌 곳곳을 자극하고 활용하게 하는 데 효과적이라는 특성 덕분에, 이 시대의 해악과 기회 모두를 가져다주는 유일무이하게 강력한 매개체로서 스마트폰이 갖는 입지는 한동안 흔들리지 않으리라.

선택의 자유와 제약

중서부 지역 출신 여행객 마거릿이 스마트폰을 들여다보지 않는 내 모습을 발견한 2019년의 그날은 내가 비행기 시간에 맞추어 서두르지 않아도 되는 몇 안 되는 날 중 하루였다. 2020년 초에 팬데믹이 발효되기 전까지 나는 다양한 공중보건 프로젝트뿐만 아니라 당시 내 관심도가 급증하고 있던 외로움·예술·치유를 주제로 강연을 하고 회의에 참석하느라 보스턴과 뉴욕 그리고 그 외 다른 지역들을 오가다 보니 매주 서너 번은 비행기에 오르는 나날을 보내고 있었다. 팬데믹으로 여행이 제한된 건 어찌 보면 내게는 잘된 일이었다. 강제로라도 멈춰 서서 어쩌다 내가 다람쥐 쳇바퀴 돌 듯 정신없이 같은 일상을 반복하게 되었는지 돌아보게 해주었으니까. 그렇게 멈춰서 보니 나는 내가 가치 있게 여기던 여러 건강한 습관을 더는 실행하지 않으며 본래 이 일에 뛰어드는 계기가 된 내 삶의 목적을 잃어버리기 시작했음을 깨달았다. 집에 머무르는 시간은 나 자신에 대해 더 알아가고 이 세상에서 살아갈 남은 날들을 나는 어떻게 꾸려가고 싶은지 숙고해보는 기회가 되었다. 은퇴 또는 퇴사를 선택하거나 혹은 일주일에 닷새를 꼬박꼬박 사무실로 출퇴근하는 고된 일상으로 돌아가기를 거부한 이들이 그토록 많았다는 통계자료를 보면 나 외에도 이런 사람들이 많았던 모양이다. 나는 이제 예전처럼 매주 서너 차례씩 비행기를 타고 이동하는 삶으로 돌아간다는 것은 상상조차 할 수 없다.

사회적 거리두기로 인해 사람들이 전보다 더 외롭고, 고립되고, 타인과 교류함에 있어 디지털 기술 의존도가 높아졌다는 걱정도 아주 터무니없지는 않다. 그렇지만 그것만이 전부는 아니다. 내 경험상 사회적 거리두기 덕분에 얻게 된 것도 몇 가지 있다. 먼저 그동안 정말 필요했던 외로움을 주제로 한 대화의 물꼬가 트였다. 또한 다른 사람들이 웃는 모습을 바라보고 포옹을 주고받고 싶다는 우리 내면의 욕구가 깨어났다. 마지막으로 대면회의의 차선책으로서 줌을 비롯한 화상회의 앱들을 우리 생활에 받아들이게 되었다. 물론 일과가 끝날 즈음이면 사람들이 죄다 줌비Zoombie('줌'과 '좀비'의 합성어—옮긴이)가 되어버린다며 '줌 피로 현상Zoom fatigue'을 호소하는 목소리도 있다. 하지만 화상회의 대신 얼굴 모를 목소리들이 뒤섞인 허공에 한쪽 귀를 기울인 채 전화 통화로 이 모든 회의를 해결해야 했다고 한번 생각해보자. 지옥이 따로 없지 않았을까?

사회적 거리두기는 다른 사람들과 직접적인 접촉을 하지 않게 함으로써 우리가 그동안 놓치고 있던 것들을 볼 수 있게 해주었다. 우리 자신에게 가장 중요한 것이 무엇인지 깨닫는 계기로 삼아 더 나은 삶을 살 수 있게 도와준 것이다. 하버드대학교 경영대학원에서 리더십에 대해 가르치고 있으며 저술 활동으로도 잘 알려진 아서 C. 브룩스Arthur C. Brooks는 이처럼 실용적이고 낙관적인 관점에서 팬데믹이라는 역경을 톺아본 결과를 정리해 '사회적 거리두기는 궁극적으로 우리에게 덜 외로워지는 법을 가르쳐준다'는 제목으로 〈워싱턴 포스트Washington Post〉에 발표했다.[26] 타인과의 유대감을 주제로 여러 심리학자들과 이야기를 나누어본 그는 사회적 거리두기와 마스크 착용의 위험요소가 구체적으로 두 가지라고 정의했다. 하나는 다른 사람들의 표정, 특히 미소를 보지 못한다는 점이었고 다른 하나는 피부 대 피부의 접촉을 통한 물리적 자극을 느낄 수 없다는 점이었다. 이어 브룩스는 두 가지 실질적인 해법까지 고안했다. 사람들의 얼굴 표정을 보지 못하는 문제와 관련해서는 대화를 나눌 때 상대의 눈에 특히 더 집중하는 것이 도움이 된다. 전반적으로 피부 대 피부의 접촉 경험을 하지 못하는 문제는 가까이에 있는 사람들을 더 많이 안아줌으로써 만회될 수 있다.

"두 시간마다 가족 모두가 20초씩 포옹 주고받기를 규칙으로 정해보세요. 만약 혼자 살고 있지만 개든 고양이든 햄스터든 반려동물이 있다면 정시마다 하던 일을 멈추고 반려동물을 쓰다듬어주세요."[27] 그는 사람들이 이 같은 습관을 들이고 생활화한다면 사회적 거리두기에서 훨씬 현명하게 헤어날 수 있으리라는 희망을 드러냈다. "소셜미디어 사용을 줄이고 다른 사람들과 눈을 맞추며 가족과 친구들을 꼭 껴안아주세요."

현대성에서 비롯된 우리의 생활 속 다른 문제들에도 브룩스가 제시한 독특하고 실용적인 접근법을 적용해보면 큰 도움이 될 것이라는 생각이 든다. 현실을 직시하자. 현대성은 이제 엎질러진 물이다. 예전과 같은 삶으로는 더 이상 돌아갈 수 없다. 사람들 사이를 멀어지게 만들 만한 새로운 유혹거리를 현대성이 끊임없이 만들어내다 보니 이제 세상은 지속적으로 변화하는 것이 현실이 되었다. 그렇다면 우리는 결국 이 혼란의 와중에 무엇이 상실되었는지 알아차리고, 변화된 상황에서도 계속해서 타인과의 유대감을 이어가려면 어떻게 해야 할지 다시 고민해보는 방식으로 대응해나가야 한다. 그러려면 우리에게 주어진 유대감을 증진시켜주는 새로운 도구들(우리 재단 연구팀이 줌을 이용해 성공적으로 나이 들어가기 위한 창의활동 모임 프로그램을 진행하고서 발견한 바와 같은)을 활용하고, 고립될 위험성이 지나치게 클 때에는 어떻게 하면 사람들 간의 경계를 조금 더 창의적이고 받아들이기 쉽게 설정할 수 있을지 학습해야 할 것이다.

지금처럼 선택의 자유를 찬양하는 문화에서는 자신의 자유에 제약을 걸고 한계를 설정함으로써 얻는 이점도 있다는 사실이 간과되기 쉽다. 하지만 어느 정도의 제약은 좋은 것이다. 생각을 집중할 수 있으며, 끝없는 선택지들 탓에 인지적 피로 및 과부하가 발생해 결정장애 상태에 빠지는 상황을 피하는 데 도움이 되기 때문이다. 특히 시를 써본 경험을 통해 나는 제약을 적절하게 활용하는 것이 창의적 사고의 흐름을 촉진한다는 생각을 품게 되었다. 셰익스피어가 즐겨

쓰던 형식인 14행 분량의 소네트는 운율과 보격에 대한 규칙이 매우 엄격한데, 그 덕분에 영문학계에 길이 남을 수많은 보석이 탄생했다. 내가 개인적으로 좋아하는 형식인 하이쿠俳句(일본 특유의 단시―옮긴이)는 세 행을 각각 5·7·5 음절로 구성하라는 제한이 걸려 있어 아주 단순하면서 시를 쓰는 재미를 주고, 그렇다 보니 현재 우리 창의활동 모임의 과제로도 자주 활용되고 있다. T. S. 엘리엇T. S. Eliot의 말처럼, 엄격하게 정형화된 형식은 상상력을 혹독하게 몰아붙임으로써 풍부한 아이디어를 샘솟게 한다.[28] 그는 "전적으로 자유에 맡길 경우에는 작품이 지저분하게 제멋대로 전개되기 십상"이라고 덧붙였다.

그렇다면 하이쿠가 무병장수의 묘약이 되어줄 수 있을까? 나도 잘 모르겠다. 넷서핑 대신 창의적으로 '시간 흘려보내기'를 한다 해서 반드시 불안감이 줄어들고 유대감이 향상된다고 단언할 수는 없다. 단지 같은 10분이라면 초점 없는 눈으로 인스타그램 피드를 스크롤하는 것보다는 하이쿠를 써보는 편이 훨씬 낫다는 말을 하고 싶다.

파편화되는 우리 존재의 기반

"사랑과 일은 인간을 인간답게 만들어주는 초석들"이라고 프로이트Freud는 묘사했다.[29] 오늘날 우리의 두 초석은 모래 위에 세운 성처럼 위태로운 상태다. 혹자는 이미 둘 다 모래바닥 저 아래로 가라앉고 있다고 말하기도 한다. 현대성이 사랑과 일에 얼마나 깊은 영향을 미쳤는지는 대표적으로 온라인 데이팅 앱과 '긱 경제gig economy'(정규직보다 계약직 혹은 임시직으로 노동자를 고용하는 경향이 커지는 경제 상황—옮긴이)가 확산하는 현상을 통해 똑똑히 확인할 수 있다. 두 현상 모두에서 현대성은 우리에게 광대한 자유를 선사함과 동시에 예상치 못한 불안과 외로움에 시달릴 위험성을 떠안긴다.

온라인 데이팅에서 매우 긍정적인 경험을 한 사람도 무수히 많다. 조사연구 결과에 따르면 미국 성인 열 명 가운데 세 명은 온라인 데이팅 앱을 사용해본 적이 있다고 답했으며, 12퍼센트는 앱에서 만난 상대와 실제로 깊은 관계로 발전하거나 결혼에 성공했다.[30] 성소수자들로 한정하면 그 비율은 더욱 높아져, 응답자의 절반가량이 앱 사용을 경험했으며 다섯 명 중 한 명은 상대와 진지하게 만나거나 결혼에 이르렀다.[31]

그러나 온라인 데이팅도 디지털 기술의 손길을 탄 다른 분야들과 크게 다르지 않다. 누군가에게는 최고의 기회인 반면 또 다른 누군가에게는 최악의 경험이 되기도 하는 것이다. 구체적으로 데이팅 앱 사용자 가운데 약 45퍼센트는 불만족스러운 경험을 했는데, 특히 35세 미만 여성들은 거절 의사를 전했음에도 상대가 제멋대로 지속적인 연락이나 노골적인 성적 메시지 또는 사진을 보내는 등의 탓으로 괴롭힘을 당한 비율이 60퍼센트나 되었다.[32]

가볍게 연락할 상대가 필요해서 혹은 평생을 함께할 소울 메이트를 찾으려고 데이팅 앱에 가입하는 사람이 많다. 그렇지만 이런 앱들을 운영하는 입장에서는 사용자 하나하나가 수익원이므로, 이들을 앱 자체에 얼마나 붙들어놓는지가 다른 무엇보다 중요하다. 데이팅 앱 가입자 가운데 3분의 1은 앱을 통해 알게 된 상대와 단 한 차례도 실제 데이트를 한 적이 없다고 한다. 가장 유명한 '만남 주선' 앱인 틴더Tinder 사용자들을 대상으로 조사한 결과에서는 응답자의 무려 70퍼센트가 틴더 친구들 중 어느 누구와도 오프라인에서 만난 적 없다고 답했으며, 44퍼센트는 단순히 앱 내에서 인기를 누림으로써 '개인 만족'을 위한 용도로만 틴더를 사용하고 있었다.[33]

틴더의 공동창업자인 조너선 바딘Jonathan Badeen은 작가 낸시 조 세일즈Nancy Jo Sales와의 인터뷰에서, 다른 사용자들의 프로필을 좌우로 쓸어 넘기며 자신의 취향에 따라 분류하는 행위가 주는 본질적 쾌감에 대해 설명했다.[34] "일종의 슬롯머신 같은 거예요. 다음에 뜰 프로필은 어떤 인물일지, 나와 매칭이 되었을지, 두근두근하게 된달까요? 기분 좋은 설렘이죠." 이 슬롯머신 비유가 아주 절묘한 것은, 둘 다 쾌락을 느끼게 하는 도파민의 분비량이 짧게 치솟았다가 뒤이어 훅 가라앉으면서 사용자가 더 많은 도파민을 원하게 되는 과정을 거치게 하기 때문이다. 우리 뇌에 있는 보상중추는 쾌락적 경험에 대한 반응으로 도파민을 분비함으로써 우리가 해당 경험을 기억하고 같은 행동을 반복할 동기를 느끼게 만든다. 도파민 그 자체는 중독성을 띠지 않지만 과거의 쾌락적 기억을 강화해 중독적 행동을 부추기는 결과를 낳는 것이다. 데이팅 앱들은 매 순간 화면을 쓸어 넘기는 행동을 통해 다량의 쾌락적 자극을 빠르게 얻게 함으로써 이 같은 중독의 순환이 이루어지게 만들고, 그에 따라 사용자가 앱에 더 오랜 시간 머물고 비싼 프리미엄 요금제를 구독하게끔 유도한다.

세일즈는 주당 열 시간 이상 데이팅 앱에 접속해 있는 사용자들도 있다는 점에 착안, 사실상 이 앱들이 사람들의 외로움을 키우고 있는 것은 아닐까 하는 의문을 품게 되었다.[35] 그러고는 요즘 세대가 이전 세대에 비해 성관계 횟수가 적다는 연구를 인용하며 다음과 같은 물음을 던졌다. "그저 화면을 쓸어 넘기기만 해도 일종의 만족감을 얻을 수 있다면 왜 데이트가 필요하겠는가? 무엇 하러 성관계를 하겠는가? 내 손 안에 이렇게 흡인력 있는 작은 앱을 두고 다른 사람을 왜 필요로 하겠는가?" 데이팅 앱의 중독성이 어찌나 강한지, 한 조사 결과에 따르면 데이트를 하는 와중에 앱을 열고 다른 사용자들의 프로필을 들여다본 적이 있다고 답한 응답자도 13퍼센트나 되었다.[36]

틴더 사용량은 2020년 3월 팬데믹이 발생함에 따라 미국을 중심으로 자가격리와 사회적 거리두기가 시행되면서 폭발적으로 증가했다. 술집과 식당이 무기한 휴업에 들어가자 데이팅 앱은 새로운 사람들을 만나고 온라인으로 관계를 형성할 수 있는 수단으로 자리 잡았다. 문제는 데이팅 앱 사용자의 상당수가 설문조사에서 인정한 바와 같이, 실제로 만날 의도가 전혀 없는 상대들과 메시지를 주고받는 양상이 팬데믹 이전부터 이어져왔다는 점이다. 이런 경우 앱은 안전거리를 확보한 채로 별다른 의미 없이 단순히 재미삼아 추파를 던지는 환경을 제공할 수 있고, 그렇다 보니 데이팅 앱 사용자의 절반가량이 말했듯 진정으로 의미 있는 관계를 바라며 대화를 시작한 사람은 기만이라고 느낄 수 있다. 이에 연애 코치이자 저술가인 제스 매캔Jess McCann은 다음과 같이 경고한다. "단순히 메시지를 주고받는 행위에는 사람 대 사람의 접촉이 빠져 있기에 외로움을 더는 데 아무런 실질적 도움이 되지 않는다. 몇 시간 동안의 심심풀이는 될지 몰라도 결코 영혼의 허함을 채워주지는 못하는 것이다."[37]

데이팅 앱이 그 밖에도 여러 측면에서 사용자들에게 부정적 영향을 끼치고 있으며 특히 외모에 지나치게 치중하게 만든다는 점에서 유해하다고 비판하는 사람들도 있다. 혹자는 데이팅 앱의 기본 알고리즘이 차별을 심화하고 '편견을 공식화'하는 매개체가 되고 있다고 주장하기도 한다.[38] 분석에 따르면 흑인 여성과 아시아계 남성, 그리고 인종을 막론하고 키 작은 남자는 매칭이 성사되는 수가 현저히 적다.[39] 데이팅 앱을 통해 배우자를 찾은 사람 중에는 자신은 이런 방법이 아니었다면 결혼을 할 수 없었을 것이라고 말하는 이들이 많지만, 데이트 상대로 고를 수 있는 선택지가 이토록 다양하게 제시되는 환경에서 인간은 극도로 까다로워질 수 있는 것도 사실이다.

디지털 기술의 이렇듯 양가적인 면은 앱 기반으로 운영되는 긱 경제의 플랫폼 노동자들도 비슷하게 경험하고 있다. 퓨리서치센터Pew Research Center의 대규모 조사 연구에 따르면 2021년 기준으로 미국 성인 중 약 5분의 1이 온라인 긱 플랫폼을 통해 수익활동을 하고 있으며 대체로 그럽허브Gubhub, 도어대시DoorDash 같은 배달 앱이나 우버uber, 리프트Lyft 같은 운전 서비스 앱을 이용하는 것으로 나타났다.[40] 이들 대다수는 탄력적으로 근무하면서 부가 수입을 얻을 수 있다는 장점 덕분에 정해진 시간 동안 일해야 하는 정식 일자리를 구하는 것보다 플랫폼 노동을 하는 것이 마음에 든다고 답했다. 또한 대부분은 자신이 받는 보수가 정당하다고 생각했으며, 풀타임으로 일하는 플랫폼 노동자 열에 아홉은 독립적으로 일할 수 있는 환경이 만족스럽다고 말했다.

그렇지만 동시에 플랫폼 노동자 가운데 상당수는 다른 유형의 노동자들에 비해 외로움을 많이 느끼고, 행복도가 낮으며, 자신의 인생을 통제할 수 없다고 느끼는 경향성도 한결 두드러졌다. 퓨리서치센터 조사 결과, 플랫폼 노동자들은 외로움을 자주 경험한다고 답한 비율이 전통적 직장인들보다 두 배나 높았고, 무력감을 경험할 가능성도 50퍼센트 더 크게 나타났다. 젊은 플랫폼 노동자들은 고객으로부터 무례한 대우를 받는 일이 흔했으며, 젊은 여성 노동자들은 원치 않는 성적 접근을 빈번하게 경험한다고 답했다. 아울러 이들 대부분은 야간에 배달을 하거나 차에 손님을 태우는 일을 위험하다고 느꼈고, 실제로 많은 수가 폭행 피해를 경험했다.

앞서 설명했다시피 데이팅 앱의 알고리즘은 사용자를 앱에 오래 묶어두도록 설정되어 있다. 긱 플랫폼 앱의 알고리즘은 노동자끼리 경쟁해 서로 요율을 깎게끔 만들어졌다. 이른바 '게임화gamification'라는 기법이지만, 이러한 플랫폼 앱이 실제 작용하는 방식 뒤에는 재미 및 게임 요소가 거의 없다. 수요에 따라 보수가 높아지기도 낮아지기도 하는 알고리즘의 복잡한 계산 방식 탓에, 퓨리서치센터의 조사연구에 참여한 플랫폼 노동자들 중 자신의 보수가 어떻게 책정되는지 이해하고 있다고 답한 비율은 절반에도 채 미치지 못했다. 노동력의 일시적 부족에 따라 높아졌던 요율은 플랫폼에 등록하는 노동자의 수가 늘어나면 언제 그랬냐는 듯 줄어들고 만다.

중요한 것은 데이팅 앱이든 긱 플랫폼이든 사회적·정서적 위험요소가 있다는 점을 충분히 인지하고 사용하는 것이다. 디지털 기술은 사랑과 일 모두를 거대한 유동성을 띤 게임화 시장으로 변모시켰고, 게임이란 것이 으레 그러하듯 승자에게는 보상이, 패자에게는 고통이 주어지는 환경으로 만들어버렸다. 사용자들은 이런 유의 앱들이 우리의 가장 내밀한 정서적 욕구를 충족시킬 수도, 좌절시킬 수도 있는 힘을 지녔음을 인지해야 한다. 두 가지 앱 모두 어느 정도는 사람 대 사람의 유대를 위태롭게 만들 위험성을 띠고 있다.

온라인 데이팅 앱의 한 가지 미묘한 점은 데이트 상대를 선택함에 있어서 양성애자 여성에게 역사상 그 어느 때보다도 막강한 힘을 쥐어준다는 사실이다. 불과 얼마 전까지만 해도 여성은 직장 내 차별 대우가 심한 탓에 부모로부터 독립하려면 결혼을 서두르는 것이 최선이었다. 그런데 오늘날에는 대부분의 여성이 경제적 자립에 성공하다 보니 굳이 고등학교 때 만나던 남자와 일찌감치 결혼할 필요가 없어졌다. 그런 여성에게 온라인 데이팅 앱은 연령대를 막론하고 수십 년 전에는 감히 상상조차 할 수 없었던 다양한 데이트 상대 선택지를 제공해준다. 반면 남성은 온라인에서 감당할 수 없을 만큼 극심한 경쟁을 치러야 하는 상황에 처했다. 데이팅 앱으로 인해 남성은 수십 년 전과는 비교도 되지 않을 만큼 많은 거절을 맛보게 되었다.

상황이 이렇게 전개되면서 발생한 결과 가운데 하나가 바로 '비자발적 독신자involuntary celibate', 줄여서 '인셀incel'이라고 스스로를 칭하는, 분노에 차 있고 외로운 여성 혐오자 남성들의 온라인 활동 증가다. 인셀은 데이팅 앱과 소셜미디어가 여성의 '시장가치'를 왜곡하는 바람에 여자들이 자신들처럼 외모가 평범하거나 못생긴 남자들과는 만날 일이 없어졌다고 주장하며, 이러한 신념 체계가 레딧Reddit이나 포챈4chan 등의 온라인 커뮤니티에 확산하게 만들었다. 인셀의 온라인 커뮤니티를 분석한 연구자들에 따르면 이들의 화법은 "반反페미니

즘, 여성을 향한 폭력의 옹호, 여성 권리의 묵살, 자기혐오, 인종차별주의 성향이 특징"이다.[41] 2014년 캘리포니아 남부에서 여섯 명이 사망한 총기난사 사건과 2018년 토론토에서 자동차로 보행자 무리를 덮쳐 열한 명의 사망자를 낸 사건 모두는 인셀 식의 신념을 지지하는 남자들의 범행으로 드러났다.[42]

2021년 1월, 벤이라는 레딧 유저는 레딧에 이름하야 '인셀 엑시트Incel Exit'라는 하위 게시판을 개설했다.[43] 이로써 인셀 문화 내에서는 처음으로 그 마수로부터 벗어나기 위한 방법을 논의할 곳이 생겼다. 〈바이스Vice〉와의 인터뷰에서 벤은 인셀을 조롱하는 게시물을 올리며 대놓고 갖가지 괴롭힘을 자행하는 또 다른 하위 게시판인 '인셀 티어스Incel Tears'를 레딧에서 보고선 '인셀 엑시트'를 만들 생각이 들었다고 말했다. "그런 분위기가 마음에 들지 않았어요." 이를 계기로 그는 인셀에서 벗어나고 싶어 하는 외로운 젊은 남성들이 괴롭힘 당할 걱정 없이 터놓고 이야기할 수 있는 커뮤니티 공간의 필요성을 깨닫게 되었다.

'인셀 엑시트'의 게시글 일부를 인용한 〈바이스〉의 사설을 보면 온라인상에서 증오와 두려움과 고립의 원천으로 변질되어버린 젊은 남성들의 유대 욕구와 정체감을 확인할 수 있다.[44] 어느 유저는 이런 글을 남겼다. "보통 온라인 게시판 내에서는 공동체의식과 더불어 기묘한 권능감을 느끼게 된다. 정당성을 부여받은 느낌이랄까. 이런 곳은 비판적 사고가 이루어지는 공간이 아니라 그저 각자가 가진 두려움을 재확인하고 다지는 반향실이다." 또 다른 유저는 이렇게 썼다. "나는 내가 여자들에게 얼마나 실망했으며 지금 얼마나 슬프고 외로운

지 푸념하는 글을 올리기 시작했다. 외모가 문제라고 생각하면 아무리 고민해본들 달라질 게 없다는 기분이 들어서 오히려 마음이 편했다. 지금과 같은 상황에 처할 수밖에 없다는 변명거리가 생긴 거니까." 그런 그에게 '인셀 엑시트'는 인셀을 조롱거리로 삼던 게시판들을 확실하게 끊어낼 수 있도록 도움을 주었다. "당시 나는 긍정적인 에너지가 절실했다. 이제 더는 나 스스로가 글러먹었다고 생각지 않는다. 나도 희망을 품을 수 있게 되었다."

총기난사 사건을 막는 방법

옆집 남자 혹은 여자와 혼례를 올리고 은퇴자에게 금시계를 선물하던 시대는 이미 오래전에 저물었지만 모든 사람이 새로운 사회를 맞이할 준비를 마친 것은 아니다. 액체 현대에 타인과 유대를 맺는 데 활용할 수 있는 강력하고도 새로운 도구들 모두는 좋든 싫든 활용 여부 및 방식을 각자의 몫으로 떠넘긴다. 그렇다 보니 그 과정에서 발생할 수 있는 오남용의 위험성까지도 개개인의 책임이 되어 어마어마한 부담으로 작용한다.

그렇지만 이 같은 책임이야 각자의 몫이라 해도, 새로운 사회에서 커져가는 외로움의 고통은 셀 수 없이 다양한 방식으로 우리 모두가 짊어지고 있다. 외로움은 전염되며, 그로 인해 우리가 살고 있는 이 세상에는 악영향이 미친다. 우리 모두는 연결되어 있기 때문에 누군가가 고통스러워하면 전체가 힘들어지고, 다른 이들이 겪는 외로움의 고통은 어떤 식으로든 모두가 함께 느끼게 된다. 민권운동에서 외치던 구호처럼, 모두가 자유롭지 않다면 어느 누구도 자유롭지 않은 것이다.

내가 외로움의 본질을 처음 탐구하기 시작하던 2012년, 코네티컷주의 샌디후크초등학교에서 젊은 남자가 학생과 교직원 스물여섯 명을 쏘아 죽인 뒤 스스로 목숨을 끊은 사건이 발생했다. 언론에서는 스무 살 범인 애덤 란자Adam Lanza가 정신질환을 앓는 외톨이었다고 묘사했다. 사건이 너무 끔찍했던지라 나도 속으로 '대체 무슨 정신질환을 앓고 있었던 거지?'라고 생각했던 기억이 난다. 그가 사람을 죽이라는 환청을 듣거나 해리성 정체감 장애(흔히 다중인격으로 알려진 정신질환의 일종—옮긴이)를 겪고 있었다는 증거는 최초 보도에서 나오지 않았다. 나는 애덤 란자가 어떤 상황에 있었는지 더 깊이 들여다보았고, 그러자 스스로 취약하다는 느낌에 불안감이 커지고 그에 따라 점차 고립되며 사회인지가 왜곡되는 등 인간이 만성적 외로움에 시달릴 때 나타나는 패턴이 오히려 눈에 띄었다. 그가 살아온 길지 않은 삶은 배척과 소외 그리고 분노로 점철되어 있었고, 결국 대규모 살인과 자살이라는 끔찍한 결말을 맞았다.

자신이 이방인에 불과하며 반짝반짝 빛나는 이 세상은 전부 남들의 것인 것만 같다는 심리적 혹은 사회적 외로움에 시달리는 사람들은 자기취약감이 커져가고, 얼른 뒤로 물러나 다른 이들로부터 거리를 두지 않으면 안 된다는 불안감에 사로잡힌다. 그 결과 자기파괴적 성향을 보이며 흔히 약물이나 알코올에 의존하다 비극적 최후를 맞이하는 사람이 많다. 그런데 어떤 사람들(대체로 남성)의 경우에는 이 같은 고립과 배척에 분노가 쌓이다 이따금 이루 말할 수 없는 무시무시한 폭력으로 표출되기도 한다.

무분별한 폭력 행위로 기존 윤리관에 충격을 주는 사건이 터질 때마다 우리는 그 근본적 원인으로 정신질환을 지목하거나, 가해자를 괴물이라고 칭하며 인간도 아닌 존재로 묘사하곤 한다. 하지만 총기난사는 이성적이고 계획적인 범행이다. 총기난사범들은 자신이 무슨 짓을 저지르는지 충분히 인지하고 있으며 그것이 잘못된 행동이라는 사실 또한 알고 있다. 그럼에도 치밀하게 계획을 세우고 혹시라도 자신을 막아설지 모를 사람들에게는 이를 철저하게 숨긴다. 어떻게 인간이 그럴 수 있는지 상상조차 되지 않는다면, 그건 우리가 살인과 자살이 논리적으로 납득 가능하며 바람직한 행동방식이라고 여겨질 만큼 왜곡된 사회인지를 경험해본 적이 없기 때문이다. 총기난사범들은 자기만의 정서적 고통이 너무 극심한 나머지 피해자들에게 동정심을 가질 여유가 없다. 그런데 대규모 살인 계획을 세우다 보면 강력한 권력감이 느껴지면서 내면의 정서적 고통이 가라앉는다. 그렇다 보니 보통 사람이라면 상상도 못할 일이 이들에게는 논리적으로 합당한 선택지라 여겨지는 것이다.

애덤 란자의 인생은 외로움과 사회적 고립의 소용돌이 속으로 서서히 가라앉는 전형적인 패턴을 띠었다.[45] 청소년 시절에 그는 온갖 유형의 불안장애를 앓으면서도 치료받기를 거부했고, 부모가 이혼한 뒤에는 총기에 대한 관심사를 공유하고 함께 사격장에 감으로써 아들과 가까워지려 했던 어머니와 단둘이 생활했다. 점점 고립되어가던 애덤은 방 밖으로 나가는 일조차 뜸해지며 어머니와도 문자메시지로만 말을 주고받기 시작했다. '월드 오브 워크래프트'처럼 폭력적인 게임을 하거나 온라인 커뮤니티에서 다른 게임 유저들과 소통하는 것만이 외부와의 유일한 연결고리였다.

최악의 죽음을 결심한 그날 아침, 애덤은 침대에서 일어나 가장 먼저 컴퓨터 하드드라이브를 파기했다.[46] 그런 다음 어머니의 총기보관함에서 부시마스터 소총을 꺼내들고 안방으로 건너가 잠들어 있던 어머니의 머리를 네 차례 쏘았다. 이어 주머니가 많이 달린 작업용 조끼를 걸쳐 입고 선글라스와 귀마개를 착용한 그는 어머니를 쏘았던 소총과 더불어 글록 권총과 탄창 서른 개를 챙긴 뒤, 어머니의 차를 몰아 자신이 어릴 때 다녔던 샌디후크초등학교로 향했다. 잠긴 문 옆 유리벽을 쏘아 학교에 침입한 그는 5분도 채 지나지 않아 아이들과 교직원 총 스물여섯 명을 살해하고 스스로에게 권총을 발사했다.

총기난사 사건 수는 지난 수십 년 동안 외로움에 힘들어하는 인구의 비율이 높아지면서 덩달아 증가하고 있다. 이러한 현상을 연구한 학자들은 총격범 대부분이 우울과 불안에 시달리며 강박행동에 사로잡힌, 지독하게 외로운 젊은 남자들이라고 말한다. 총격범들은 흔히 다른 총기난사범들의 배경을 조사하고 스스로를 그들과 동일시하며 자신과 같은 감정을 느낀 사람이 또 있다는 사실에 사회적 정체성을 찾은 기분을 느끼며 위안을 얻는다.

"하나같이 아주 똑같은 과정을 밟아요."[47] 범죄학자이자《폭력성 프로젝트: 유행처럼 번지는 총기난사 사건, 어떻게 막을 것인가 The Violence Project: How to Stop a Mass Shooting Epidemic》를 쓴 질리언 피터슨 Jillian Peterson의 설명이다. "폭력 가정에서 자랐든 성폭행 피해를 입었든, 부모가 자살한 아픔을 겪었든 지독한 괴롭힘을 당했든, 어쨌거나 어린 시절의 트라우마가 기본이 되는 것으로 보여요. 그 위로 절망, 비관, 자기혐오, 또 많은 경우에 친구들로부터 거절당한 경험이 쌓이는 걸 볼 수 있죠." 그러다 어느 순간 위험 신호를 나타내는 행동 변화가 생기는데, 그중 하나가 자살 시도다. 이때를 기점으로 혐오의 대상이 자기 내면에서 외부로 향할 수 있다고 피터슨은 말한다. "그러면서 자문하기 시작해요. '내가 이렇게 된 게 누구 때문이지? 특정 인종 때문인가? 아니면 여성? 종교 집단? 혹은 동급생들이 문제인가?'라고요."

피터슨은 총기난사범을 악마나 괴물로 치부해버리는 태도는 자칫 주변에서 위험 신호를 보이는 사람을 발견하더라도 알아차리지 못하게 할 수 있다는 점에서 위험하다고 주장한다. 그러면서 2022년에 버펄로의 한 슈퍼마켓에서 흑인 열 명을 쏘아죽인 18세의 백인우월주의자가 자신은 졸업 후 사람들을 죽이고 스스로 목숨을 끊겠다고 고등학교 선생님에게 말한 적 있다는 사실을 지적했다. "사람들은 총기난사범을 악마나 사이코패스 괴물이라고 생각하고, 그래서 자기 반의 평범한 아이가 이런 이야기를 하면 그 말이 현실이 될 수 있다는 생각을 못해요."

2018년 2월 플로리다주 파크랜드의 한 고등학교에서 열아홉 살짜리 소년이 학생과 교직원 열일곱 명을 사살하는 사건이 발생하고 얼마 뒤, 지역 방송사에는 편지 한 통이 도착했다. 덴버에서 두 아이를 키우는 애런 스타크라는 서른아홉 살 남성이 쓴, "저는 교내 총격범이 될 뻔했던 사람입니다"라는 문장으로 시작하는 진심 어린 고백 편지였다.[48] 편지에는 그가 어릴 때 폭력적이고 혼란스러운 가정환경

속에서 부모로부터 학대를 받았으며 고등학교에서는 똑똑하다는 이유로, 뚱뚱하다는 이유로, 또 옷이 더럽고 냄새난다는 이유로 괴롭힘을 당했다는 내용이 묘사되어 있었다. 우울증과 자살 충동에 시달리던 그는 열일곱 살에 집에서마저 쫓겨나자 더는 아무것도 잃을 것이 없다고 느끼기에 이르렀다. 편지는 다음과 같은 문장들로 끝이 났다. "내가 이 편지를 쓴 이유는 아내와 딸이 '어떻게 하면 사람이 저렇게까지 될 수 있는지 이해할 수 없다'는 말을 계속했기 때문입니다. 슬픈 일이지만 나는 이해할 수 있거든요. 차마 입에 올리기 힘든 주제지만 그래도 대화를 나눠야만 해요."

2022년, 또 다른 교내 총기난사 사건이 벌어지고 뒤숭숭한 분위기 속에서 애런은 CNN 방송에 출연해, 아직 10대였던 1996년의 자신은 어떻게 대규모 살인범이 되지 않을 수 있었는지 상세하게 설명했다.[49] 그의 말에 따르면 그건 다른 이가 그에게 베푼 친절 덕분이었다.

집에서 쫓겨나 머물 곳이 없던 시기에 그는 친구에게 거짓말을 하고 몰래 그 집 뒷마당에 있는 창고에서 지내고 있었다. 마음의 준비는 끝났다. 갖고 있던 물건은 이미 대부분 처분했다. 무기를 손에 넣기 위해 폭력조직의 단원과 약속도 다 잡아두었고, 이제는 그걸 들고 학교로 갈지 쇼핑몰 내의 푸드코트로 갈지 고민에 빠진 참이었다. 그때 친구가 다가와 그에게 집으로 들어오라고 권했고, 집 안에 들어간 애런은 그동안 너무나도 찝찝했던 몸을 말끔히 씻었다. 그러고 나자 친구가 식사를 내주었고, 둘은 함께 영화를 보았다.

"당시 저는 스스로 인간이라는 느낌도 없었어요." 애런은 말했다. "그저 터질 때만 기다리는 폭탄 같았죠. 그런 상황에서 그걸 모두 꿰

뚫어보고 저를 고통스러워하는 한 인간으로서, 도와달라고 울부짖는 어린아이로서 봐준 사람을 만난 거예요. 그 덕분에 저는 문자 그대로 구원을 받았고, 제 인생이 완전히 달라졌어요. 제 평생 겪은 것 중에 가장 엄청난 일이었죠."

애런은 한 인간을 점점 고립 상태로 몰아붙이다 끝내는 끔찍한 짓들을 저지를 수 있게 만드는 내면의 고통에 대해 털어놓고 말하는 것을 안 좋게 바라보는 인식이 바뀌어야 한다고 믿는다. 그는 "가장 사랑받을 가치가 없다고 여겨지는 사람은 사실 가장 사랑을 필요로 하는 사람이기에 그런 그들을 사랑해주는 것"이 열쇠라며, "그렇게 하면 그들에게 도움이 되는 만큼 우리 자신에게도 돌아올 것"이라고 힘주어 말했다.[50] 잠재적 총기난사범 가운데 자신의 계획을 실행에 옮기는 것은 극히 일부만이라 한다. 그리고 그보다 훨씬 많은 젊은이들은 지금도 10대 시절의 애런처럼 다른 사람의 온기를 절실히 필요로 하고 있다.

"그렇게 자신에겐 아무런 가치가 없다고 느끼는 상태에 있는 사람을 발견한다면 그 사람이 가치 있는 존재임을 깨닫게 도와주세요."[51] 2022년 CNN 인터뷰에서 그는 말했다. "그 사람을 품어주고 친구처럼 대해주세요. 제가 끔찍한 범죄를 저지르지 않게 붙잡아준 건 평범한 우정이었어요. 어쩌면 여러분도 간단히 인사를 건네는 것만으로 다음 범행을 막을 수 있을지 모릅니다."

현대성은 우리가 기존에 맺고 있던 사회와 타인과의 관계를 재정의하도록 가차 없이 몰아붙이며 우리의 정신과 영혼에 점점 더 감당하기 힘든 부담을 가하고 있다. 외로움이 전염되는 현상은 이제 현실이며 지금도 계속해서 확산 중이다. 불안과 외로움은 커지고, 창의성은 쇠퇴하고 있다. 어린아이들의 자살률은 전례 없이 높아졌고, 총기 난사 사건 수도 지속적인 상승세를 보인다. 이 같은 현상은 현대성이 뻗어오는 유혹의 손길에 넋 놓고 끌려 다니지 말고 인간성의 본질을 깨닫게끔 각자가 조심하라는 일종의 경종이다. 이를 올바로 받아들일 수만 있다면 사람 대 사람의 유대를 확립하기 위한 창의적이고 새로운 방식 및 상황을 찾아나설 동기도 생겨날 수 있다. 유대 욕구는 우리 모두가 태생적으로 지니고 있는 것이기에, 일단 여기에 가치를 두어야 한다는 것을 깨닫기만 하면 누구나 쉽게 터득할 수 있다.

경외심의 힘

2021년 제프 베이조스Jeff Bezos가 블루오리진Blue Origin의 준궤도 우주비행 캡슐 '뉴 셰퍼드'를 쏘아올림으로써 우주여행을 향한 첫발을 내딛던 당시, 아이디어가 비상한 홍보팀은 고도 107킬로미터에서 10분간 진행될 이 여정에 한 사람을 초대했다. 〈스타트렉Star Trek〉에서 우주선 선장 제임스 커크 역을 맡았고 이제 90세가 된 배우 윌리엄 섀트너William Shatner였다.

'뉴 셰퍼드'가 낙하산을 펴고 모래 구름 속에서 유타주의 사막 위에 안착하는 장면은 비디오카메라를 통해 기록되었다. 비록 나이는 있지만 아직 정정한 섀트너가 캡슐 밖으로 나오자 베이조스가 그를 반갑게 맞았다. 비행이 성공했다는 사실에 몹시 들뜬 베이조스는 얼른 샴페인을 터뜨려 자축할 생각뿐이었다.

그런데 착륙 후 몇 분 사이에 섀트너의 기분 상태가 완전히 달라졌다. 말이 많던 평소와 달리 그는 입을 꾹 닫고 있었다. 그러더니 (빨리 파티를 열고 싶어 안절부절 못하고 있던) 베이조스와 눈을 맞추고는 마침내 입을 열었다. "회장님은 정말이지⋯ 상상 속에서만 가능했던 가장 엄청난 경험을 선물해주셨어요. 조금 전의 경험으로 나는 너무나도 충만해진 기분입니다. 이런 건 처음이에요. 이 느낌이 평생 사라지지 않았으면 좋겠군요. 지금 이 느낌을 잃지 않고 계속 간직할 수만 있다면 얼마나 좋을까요."[52]

나는 이 영상을 보고 웃음을 터뜨릴 수밖에 없었다. 그에게 무슨 일이 벌어졌는지 알아차렸기 때문이다. 섀트너의 이 같은 모습은 인간이 '경외심'을 경험했을 때 나타나는 매우 전형적인 반응이었다. 횡설수설하며 두서가 없는 것으로 봐 그가 머릿속에 미리 생각해둔 대본대로 연기하는 것이 아니라는 사실은 누구나 알 수 있었다. 그는 오감과 인지 체계가 압도되어 문자 그대로 말을 잃은 상태였다.

지금까지 나는 인간이 트라우마를 경험하면 자신의 서사를 언어로 표현하는 능력에 제약이 생기는 탓에 고립되고 외로움을 느끼게 된다고 줄곧 설명했다. 경외심은 그런 트라우마 경험과 정반대다. 두 경험 모두는 정신을 온통 해당 사건에만 쏠리게 만들며 형언할 수 없는 강렬한 정서를 불러일으킨다. 하지만 외상이나 위협을 당해 경험하는 트라우마와 달리 경외심은 안전하고 스스로 통제 가능한 상황에서 정서가 극한까지 치달았을 때 경험하게 된다. 윌리엄 섀트너가 '뉴 셰퍼드'에 올라 경험한 것이 바로 이것이다.

경외심을 경험하면 얻을 수 있는 첫 번째 효과는 하찮은 자기중심적 고민들로부터 잠깐이나마 벗어날 수 있다는 것이다. 경외심을 느낄 때 우리 몸에는 소름이 돋는데, 이 동안에는 다가올 연휴를 어떻게 보낼 것인가에 대한 불안이나 허리 혹은 어깨의 통증이 의식의 중심에서 저 멀리 밀려난다. 경외심은 우리의 주의를 잡아끌며, 창의적 표현활동을 비롯해 극도의 집중력을 요하는 여타 활동들이 그렇듯 상상력을 자극하고 고립되어 있던 내면의 자기를 강제로 끄집어내 외부와 이어준다.

자연 현상에서부터 영적인 계시에 이르기까지 다양한 상황 속 경외심 경험담에서 공통적으로 등장하는 표현이 있다. "내가 너무 작게 느껴졌다"라는 묘사다. 이처럼 경외심은 자기 자신보다 훨씬 거대한 존재 앞에서 자아가 쪼그라드는 경험을 통해 우리가 '작은 자기small self'를 인식하게 해준다. 그 옛날 1902년에 윌리엄 제임스William James(미국의 철학자이자 심리학자—옮긴이)도 경이와 종교적 황홀감에 대해 "이기심이 모래 알갱이처럼 흩어져 사라지고 상냥함이 지배"하게 되면서 이 같은 '하나 되는' 효과를 경험하게 해준다고 묘사한 바 있다.[53] 어쩌면 이것이야말로 우리 존재에 심오한 의미를 부여하는, 우리가 살면서 경험할 수 있는 가장 진실한 겸허함인지도 모른다. 철학자 헬런 드 크루즈Helen De Cruz는 "경외심은 불확실성을 견딜 힘을 키워주며 새롭고 색다른 발상을 열린 마음으로 받아들이게 해준다"[54]고 주장하는데, 이러한 능력은 모든 창의력과 상상력의 핵심이다. 상상조차 해본 적 없는 것은 창조해낼 방법이 없다는 점에서 경외심은 상상력을 확장해 완전히 새로운 창의력의 세계로 가는 문을 열어주는 역할을 한다. 권투선수이자 시인이었던 무하마드 알리Muhammad Ali는 "상상력이 없는 자는 날개가 없는 것과 같다"고 말한 바 있다.[55] 그런 그였기에 "나비처럼 날아 벌처럼 쏜다"는 전략을 쓸 수 있었으리라.

경외심은 사회적으로도 유용한 기능을 한다. 외로움이라는 경험이 타인과 유대를 형성하는 행동에 나서도록 우리를 이끌 듯, 연구에 따르면 경외심 경험은 우리 내면의 이기심이 줄어들고 우리를 관대해지게 만드는 효과가 있다. 미국 전역에서 1500여 명을 대상으로 연구해보니 살면서 경외심을 많이 경험한 사람일수록 낯선 이에게 너그럽게 대하는 경향성이 관찰되었던 것이다.[56] 알아차리기 어렵지만 경외심과 관대함 사이의 관계는 사실 매우 깊다. 앞의 연구자들은 또 다른 실험에서 한 무리의 참가자들에게는 UC버클리 교정 내에서 키가 60미터에 달하는 거대한 유칼립투스 나무들을, 나머지 참가자들에게는 과학관 건물 정면을 올려다보게 했다. 그런 다음 연구진은 '실수로' 펜을 한 움큼 떨어뜨렸는데, 두 집단 가운데 거목들을 올려다보았던 참가자들 쪽이 허리를 숙여 펜을 함께 주워주는 비율이 훨씬 높았다.

이 모두가 시사하는 바는 결국, 인간을 서로 멀어지게 만드는 이토록 원심력 강한 세상에서 우리가 맞잡은 손을 놓지 않게 도와줄 일상 속 경험으로서 창의성과 대화만큼이나 경외심도 반드시 필요하다는 것이다. 머리로는 이미 이 지구상 모든 생명체가 상호의존적 존재들임을 알고 있지만, 새롭고 흥미로운 관점에서 스스로가 작은 존재임을 새삼 느낌으로써 주의를 전환하지 않는다면 눈앞의 근심걱정과 더불어 최악의 사건사고 뉴스만 강박적으로 보게 만드는 소셜미디어에 매몰되어버리기 십상이기 때문이다.

2019년, 뉴욕에서 개최한 아폴로 11호 달 착륙 50주년 기념행사에 맞추어 동화작가 올리버 제퍼스Oliver Jeffers는 맨해튼 하이라인 파크에 지구와 달의 축척 모형을 실제 거리 비율대로 61미터 간격을 두어 설치했다. 지구 모형 위에 세계지도를 그린 다음, 그는 자신이 생각하는 지구의 본질을 강조하기 위해 각 국가명 대신 '사람이 살고 있어요People live here'라 써 넣었다.[57] 달에는 '아무도 살지 않아요No one lives here'라는 문구가 붙었다.

지구 모형에서 달 모형까지 몇 십 발자국을 걸어간 다음 다시 지구 모형을 돌아보면 작아진 크기가 눈에 들어오는데, 이처럼 새삼 특별한 관점에서 바라보다 보면 우주 공간이 주는 냉혹한 고립감을 느끼게 된다. 이 지점이 바로 우리가 사는 별을 우리 두 눈으로 직접 바라볼 수 있는 가장 먼 곳으로, 시야각도 실제와 동일하다. 여기서 더 나아가 이를테면 화성까지 가기 위해서는 적어도 10킬로미터를 더 걸어야 하는데, 그곳에 이르면 지구가 더는 보이지 않고, 그런 만큼 지구에서 무슨 일이 벌어지든 하찮게 느껴질 것이다. 이에 대해 제퍼스는 이렇게 말했다. "우리가 사는 이 세계는 아름답고도 깨지기 쉬운 한 편의 극작품이에요. 우리에게는 전부와 같지만 저 밖에서 보았을 때는 아무것도 아닐 장대한 연극 속에서 우리는 배우이자 관중인 거죠."[58]

우주비행을 마치고 다시 지구로 돌아왔을 때 윌리엄 섀트너는 너무나도 고양된 나머지 "이 땅의 모두가 이걸 경험해봐야 해요"라며 간절하지만 비현실적인 바람을 내비쳤다. "이 땅의 모두가 이걸 봐야 해요. 믿을 수 없는 장면이었어요. 믿을 수가 없어요. 내 말은, 정말 어찌나 작고 가벼운지 말이에요. 푸른색이 획 하는가 싶더니 어느새 눈앞에 암흑이 있더라고요. 바로 그거예요. 우리가 덮고 있는 이 푸른색은 그저 시트 한 장, 담요 한 장, 이불 한 채였어요. 우리는 '하늘이 파랗구나'라고 생각하잖아요. 그런데 그걸 뚫고 나가니 순식간에, 마치 자다가 뒤집어쓰고 있던 이불을 차 던진 것마냥 암흑, 볼품없는 어둠이 눈앞에 있는 거예요. 그때 아래를 내려다보면요, 푸른색이 저 아래에 있고 검은색이 이 위에 보여요. 저 아래에 어머니와 지구와 이불이 있는 거예요."[59] 이때의 경험은 그에게 우리가 사는 작은 별과 더욱 깊은 유대감을 느끼게 해주었다고 한다.

 물론 모든 사람이 30만 달러에 달하는 티켓 값을 지불하고 제프 베이조스의 우주비행선에 오를 수는 없겠지만, 무섭게 성장하는 가상현실 기술 덕분에 우리 대부분은 그에 버금가는 경외심을 경험할 수 있다. 가상현실 장치를 활용한 몰입 경험은 2030년 무렵이면 직장, 학교, 쇼핑 등에서 일상으로 자리 잡으리라 예상된다. 가상현실 장치의 판매량도 어느덧 신형 게임기들과 견주어서 지지 않을 정도에 이르렀다.[60]

 가상현실 장치를 착용하든 우주비행선을 타고 실제로 지구 밖으로 날아오르든 우리가 느끼는 시각·청각·촉각 경험은 매우 흡사할 것이다. 우리의 뇌는 우리 몸의 감각기관을 통해 입력된 정보를 갖고 세상을 인식하기 때문이다. 심리학자들이 그동안 사회불안장애나 폐소공포증, 운전공포증, 고소공포증, 비행공포증 등의 다양한 불안장애를 치료하는 데 MDMA(일명 엑스터시)와 같은 사이키델릭 환각제와 더불어 가상현실 노출치료를 활용해온 것도 그런 이유에서다. 이 같은 노출치료는 PTSD에 시달리는 참전용사들이 물리적으로 안전한 환경에서 과거 힘들었던 정서 반응을 다시 경험하고, 트라우마를 이제 더는 위협적이지 않은 과거의 기억으로 통합할 수 있도록 가상의 전쟁터에 노출시키는 데도 쓰이고 있다. 건강에 긍정적 영향을 주는 뇌 활동 상태를 유도하거나, 반대로 악영향을 끼칠 수 있는 뇌 활동을 억제하는 방식의 가상현실 활용은 앞으로도 더욱 확대될 전망이다. 2022년에 손 수술을 받은 환자 서른네 명을 대상으로 한 소규모 실험 결과를 보면, 수술이 진행되는 한 시간 동안 가상현실 장치를 착용하고 산중턱에서 안내에 따라 명상을 하거나 신록의 숲속을 거닐었던 환자 열일곱 명은 가상현실 장치를 착용하지 않은 나머지 열일곱 명보다 마취제 요구량이 훨씬 적었을뿐더러 수술 후 회복도 매우 빨랐다.[61] 이처럼 뇌의 반응에 영향을 미치는 가상현실 기술을 외로움 문제 해결에 적용하면 특히 현재 가장 취약한 환경에 놓인 이들에게 도움을 줄 수도 있지 않을까? 나는 이제 이 또한 시간문제이리라 생각한다.

   모든 사람이 에베레스트 산에 오르거나, 곤돌라에 탑승해 베니스를 유람하거나, 아마존 정글을 누비거나, 화성에서 산책을 하거나, 우주비행선을 탈 수 있는 것은 아니다. 하지만 머지않아 모두가 집에서 혹은 어떤 상업공간에서 이 같은 경험을 할 수 있게 될 것이다. 기술은 이미 개발되어 있으니, 곧 상용화되어 (감히 단언하건대) 스마트폰처럼 누구나 누리게 되리라. 액체 현대와 그에 따른 온갖 기술 발달이 계속해서 사람과 사람 사이를 멀어지게 만드는 원심력으로 작용하는 가운데, 외로움 속에서 우리가 해야 할 일은 새로운 사회로부터 얻을 수 있는 득실의 균형을 찾으려 끊임없이 노력하며, 어떻게 하면 마법 같은 현대의 기술들을 활용해 다른 사람들과 유대하고 경외심을 바탕으로 모두와 하나 되는 경험을 할 수 있을지 탐구하는 것이다.

허공을 떠도는 먼지처럼 자그마한 지구에서 광대한 우주를 바라보노라면 이 거대한 체계 안에서 우리가 품고 있는 작은 불안은 그저 바다의 잔물결에 지나지 않는다는 사실을 되새기게 된다. 비록 은하는 무無처럼 외로운 곳이지만, 수십억의 뜨거운 심장이 뛰고 창의적 영혼들과 무궁무진한 꿈이 함께하는 우리의 지구는 이 우주에서 가장 덜 외로운 장소라는 것도.

9장

외로움 그리고 유대

이 대단원의 장을 펼친 시점에서, 내가 여러분이 마음속에 품게 되었기를 바라는 점은 다섯 가지다.

1) 외로움을 느끼고 있다면 그건 여러분의 잘못이 아니다.
2) 외로움은 인간이 인간답기 위해 반드시 필요한 요소로, 목마름이나 추위처럼 우리 내면의 채워지지 않은 욕구를 나타내는 신호다. 또 두려움이나 고통처럼 외로움은 무언가 상황이 개선되어야 한다는 사실을 알린다는 점에서 유용할 수 있다.
3) 외로움은 주관적이다. 얼마만큼 친밀한 유대감을 필요로 하는지는 오직 자신만이 알 수 있다. 사회적 관계의 폭을 넓히고 깊이를 더하는 것은 외로움에 대처하는 여러 방법 가운데 하나일 뿐이다. 그 외에도 사회적 관계에 대해 자신이 어떤 것들을 기대하고 예상하는지 되돌아보는 것도 도움이 될 수 있다. 어쩌면 그렇게 되돌아봄으로써 특정 유형의 관계는 생각보다 자신에게 덜 필요하다는 사실을 깨닫게 될지도 모른다.

4) 창의적 표현활동과 예술작품 감상은 외로움을 가라앉히는 데 효과적이다. 심지어는 혼자서 행하더라도 도움이 되는데, 아마도 이는 예술과 사회적 유대에 관여하는 뇌 영역이 겹치기 때문인 것으로 추정된다.
5) 현대 사회는 우리의 몸과 마음 그리고 영혼의 건강에 쉴 새 없이 시련을 가한다. 현대성은 우리가 서로 멀어질 수밖에 없게끔 다방면으로 유도하지만, 동시에 우리가 뇌와 영혼의 주도권을 되찾는 데 활용할 수 있는 창의성 및 유대를 북돋는 훌륭한 도구들을 제공하기도 한다.

외로움에 효과적으로 대처하려면 먼저 외로움에 대한 취약성 피라미드 모형에서 자신이 어느 칸에 위치하는지 고민해보길 바란다. 혹여 극도의 외로움에 시달리며 이로 인해 생명의 위협까지 느끼는 상태라면 반드시 전문가의 도움을 받기를 권한다. 자신의 상태를 평가할 때에는 인간이 외로움을 느끼면 사회인지가 왜곡되는 경우가 많다는 사실을 유념하자. 이 때문에 괜히 다른 사람들을 믿지 못하고 꼭 필요한 때에조차 도움 청하기를 주저하게 될 수 있다. 이성적 사고 능력이 마비되어, 외로움의 덫에서 벗어나려면 다른 사람의 도움이 필요하다는 사실을 미처 인식하지 못하는 것이다. 여러분의 이성은 외로움이 자신의 잘못이 아님을 받아들일 능력을 이미 갖추고 있다. 그러니 주변으로부터 적절한 도움을 받기만 한다면 여러분도 외로움의 하강나선에서 충분히 벗어날 수 있다.

스스로가 피라미드의 중간층에 위치해 있다고 평가하는 독자 여러분도 있을 것이다. 외로움을 자주 느끼지만 파괴적 외로움의 하강나선에 빠져들지 않을 만큼의 유대 관계는 대체로 유지하고 있는 상태다. 다만 최근 일어난 일들로 부쩍 외로움을 느끼게 된 것일지 모른다. 가령 연인과 안 좋게 이별을 했다든지, 중증질환을 앓게 되었다든지, 부모 혹은 배우자를 먼저 떠나보낸 슬픔에 괴로운 상황일 수 있다. 외로움을 구성하는 다섯 구역에 관해 읽을 때 자신이 그중 몇 군데에나 해당된다고 느꼈는지 생각해보기 바란다. 그간 지나온 구역은 어디어디이며, 떠나지 못하고 지금까지도 계속 머물고 있는 구역은 어디인가? 해소되지 않은 어린 시절 트라우마나 만성질환 혹은 지금도 지속되고 있는 직장 내 괴롭힘 탓에 특별히 존재감이 두드러진 구역이 있었는가? 혹시 이런 상황들 속에서 외로움을 느끼는 스스로에게 너무 엄격한 잣대를 들이밀어 문제가 악화된 것은 아닌가? 외로움에 따라붙은 부정적 낙인 때문에 가장 괴로운 문제들을 애써 외면했던 것은 아닌가?

만약 이러한 생각들로 외로움에 시달리고 있는 것이라면 여러분도 자신만의 외로움 벗어나기 프로젝트를 시도해보라고 권하고 싶다. 먼저 자신에게 가장 깊은 외로움과 단절감을 유발하는 구역에서 새로운 사회적 관계를 구축해보자. 그 구역이 트라우마든, 질병이든, 노화든, 다름이든, 여러분이 겪은 것과 같은 풍파를 거쳐 여러분처럼 유대를 갈망하는 사람들이 모인 공동체가 있을 것이다. 해당 구역의 지지집단 모임에서 여러분의 이야기를 털어놓고 비슷한 경험을 한 사람들과 대화를 나누다 보면 혼자라는 느낌이 한결 줄어들 뿐만 아니라 자신 또한 공동체 내 다른 사람들에게 도움이 되면서 '헬퍼스 하이helper's high'(타인에게 베풂으로써 느끼는 행복감―옮긴이)도 경험할 수 있다.

꼭 집어 외로움만을 위해 결성된 지지집단이 없는 이유는, 종류를 막론하고 모든 지지집단은 유대를 갈망하는 인간의 기본 욕구에 기반해서 만들어졌기 때문이다. 그렇기에 열두 단계 프로그램, 웨이트 워처스를 비롯한 수많은 지지집단 프로그램이 같은 문제로 힘들어하며 유대를 필요로 하는 사람이 있는 곳이라면 어디로든 확산되는 것이다. 어느 지지집단 모임이든 한 공간 내의 모두가 부분적으로라도 자신에게 공감해주는 곳에서 자신의 경험에 대해 터놓고 이야기할 수 있다는 것은 누군가 나에게 관심을 기울여주고, 이야기를 들어주며, 있는 그대로를 인정해주면 좋겠다는 가장 인간적인 욕구를 충족해준다.

이는 여러분이 겪는 외로움의 고통이 별것 아니라는 말이 절대 아니라, 그저 그 고통이 일종의 신호 역할을 한다는 사실을 여러분이 알아차릴 수만 있다면 외로움도 나름의 가치를 지닐 수 있다는 뜻이다. 요컨대 외로움은 여러분과 비슷한 역경을 경험하고 여러분의 이야기에 기꺼이 귀 기울여줄 사람들과 소중한 유대를 쌓을 수 있게 이끌어주는 계기가 될 수 있다. 외로움의 다섯 가지 구역 모두에는 새로이 유대를 쌓아나갈 수 있는 광활한 기회의 땅이 있다. 각 구역의 가장자리를 따라 드넓게 펼쳐진 이 미개척지에 새로운 사람들이 유입되어 터 잡고 유대를 구축할 수 있는 무한한 가능성이 있는 것이다.

외로움의 다섯 번째 구역인 현대성에 따른 문제는 우리 모두가 겪고 있다. 이와 관련해 나는 회색곰에 대한 열정을 좇아 알래스카까지

간 나오미 보크의 사례가 주는 교훈을 자신만의 외로움 벗어나기 프로젝트를 실천함에 적용해보라고 모든 이에게 권하고 싶다. 인생에서 자신이 가장 큰 열정을 품고 있으며 마음이 이끌려 저절로 활동에 나서게 되는 주제를 찾아 그 분야에서 친밀한 유대를 쌓아보자. 상대가 진정한 자신의 모습을 봐주고 인정해주는 느낌은 이처럼 같은 분야에 열정을 품은 사람들과 대화를 나눌 때에야 비로소 경험할 가능성이 높다. 나는 현대성이 주는 스트레스와 긴장 속에서 우리의 정신과 정서 그리고 신체의 건강을 지키기 위해서는 이러한 유의 대화가 절대적으로 필요하다고 진심으로 믿는다.

이를 실천하는 한편으로 매일 시간을 정해 어떤 식으로든 마음챙김 활동을 해보자. 아침에 명상을 하고, 컴퓨터와 스마트폰을 들여다보는 시간을 제한하며, 잠자리에 들기 전 소셜미디어를 들여다보지 말아보자. 끝없이 이어지는 해야 할 일 목록에서 잠시 눈을 떼고 산책을 하며 멍 때리는 소중한 순간을 마련해보자. 일상에서 의식적으로 혼자만의 시간과 다른 사람들과 어울리는 시간 사이의 균형을 찾으려 노력해나가다 보면, 현대성의 손아귀에서 자신의 뇌와 영혼을 되찾는 일이 그렇게 어렵지만은 않다는 사실을 깨달을 수 있을 것이다.

앞서 나열한 것들은 모든 사람이 몸에 익히고 발전시켜야 할 긍정적이고 건강한 습관들이다. 여러분이 만약 취약성 피라미드 맨 아래층에 위치해 있어 대부분의 사람들처럼 가끔씩만 외로움을 느끼는 상태라면 여기에 더해 자신이 느끼는 외로움의 본질적 성질을 알아차리는 것이 도움이 될 수 있다. 스스로 생각하기에 심리적 외로움이 차지하는 비중은 얼마나 되는가? 사회적 외로움은? 실존적 외로움은 어떠한가? 감지되는 신호를 무시하지 말고 귀를 기울여 정확히 해석하려 노력해보자. 잠시 시간을 들여 호기심의 눈으로 이 외로움 신호를 뜯어보면 어떨까? 근원이 무엇인지 밝혀낼 수 있겠는가? 그렇다면 마음 내키는 도구를 활용해 이를 창의적으로 표현함으로써 더욱 깊이 탐구해보지 않겠는가? 자신의 감정을 그림으로 그려도 좋고 글로 표현해봐도 좋다. 그런 다음 믿을 수 있는 사람에게 전화를 걸어 이 감정에 대한 이야기를 나눠보면 어떨까? 자신이 느끼는 외로움에 이름을 붙이고 그에 따라 적절한 조치를 취한다면 여러분도 외로움의 숨은 가치를 체험하는, 몇 안 되는 행운의 주인공이 될 수 있다.

그렇지만 무엇보다 이 책을 읽고 여러분이 반드시 마음에 새겨야 할 것 딱 한 가지만 꼽자면 창의적 표현활동이 식습관·운동·수면만큼이나 몸과 마음의 건강에 중요한 역할을 한다는 사실이다. 예술은 처방전이 필요 없는 약이다. 창작하고 대화를 나누는 데는 비용을 지불할 필요도 없다. 창의적 표현활동이란 언제든 얼마든 마셔도 아무런 부작용이 없는 보약이며, 그저 여러분이 이 세상 모든 사람과 똑같이 갖고 있는 인간다움을 통해 다른 이들과 더 깊은 유대를 쌓을 수 있게 해줄 뿐이다.

내가 창의활동 모임 프로그램을 진행하면서 참가자들의 후기를 듣고 인상 깊게 느낀 한 가지는 프로그램 참가 이후 전보다 더 외로워진 사람이 사실상 전무했다는 점이다. 물론 프로그램을 통해 영향을 받은 정도에는 참가자마다 개인차가 있었지만, 분명한 것은 프로그램 참가 자체로 얻은 것은 많은 반면 잃은 것은 거의 없었다는 사실이다. 그러므로 창작활동을 하고 대화를 나누는 일이 여러분이 안고 있는 외로움 문제를 콕 집어 해결해주리라 장담할 수는 없지만 그렇다고 더 나빠질 일은 없을 것이라고 단언할 수 있다. 그리고 일단 그 시간은 무척 즐겁고 유익할 것이다.

'헬퍼스 하이'를 찾아서

만약 외로움이라는 주제가 진심으로 마음에 와닿아서 이 책에서 전하고자 하는 바를 다른 사람들과도 나누고 싶다면 여러분에게도 지역사회 내에서 외로움에 대한 인식을 높이고, 유대를 구축하고, 그 과정에서 즐거움을 찾을 방법이 얼마든지 있다. 쉬운 예를 들자면 외로움 벗어나기 영화제에서 소개한 작품 한 편을 선택해 단체 관람을 진행하고 참가자들과 영화에 대한 감상을 함께 나눠볼 수 있다. 말하자면 독서모임과 유사한 활동이지만 거기에다 여러 사람이 동시에 다 함께 창작물을 감상할 때의 이점을 더하는 셈이다.

다른 사람들과 함께 의미 있게 시간을 보내며 유대감을 쌓고 꾸준히 관계를 이어가기 위한 기술과 자신감 획득의 기회를 제공하는 다양한 지역사회 프로그램에 참여해보는 방법도 있다. 대부분의 지역사회에서는 사회적 고립의 위험이 가장 높은 노인과 장애인 들을 돕는 자원봉사 프로그램을 여럿 운영하고 있다. 점점 심각해지는 청소년 외로움 문제에 대응하기 위한 방과 후 프로그램에서 필요로 하는 재능 기부를 할 수도 있을 것이다. 인간의 유대감이 지닌 힘은 대단히 강력하기 때문에 아주 약간만으로도 깊은 외로움에 사로잡혀 있는 누군가의 삶에 크나큰 변화를 이루어낼 수 있다. 아울러 어쩌면 당연한 말이겠지만, 도움이 필요한 이들에게 먼저 손을 내밀어줌으로써 자연히 우리 스스로도 소속감과 유대감을 충족하게 된다.

우리 재단에서 기획한 외로움 벗어나기 프로젝트 가운데 '색 그리고 유대감'을 비롯한 몇몇 프로그램은 정식으로 미술 교육을 받은 전문가나 심리치료사의 도움 없이도 충분히 운영이 가능하게끔 고안되었다. 여러분도 artandhealing.org 홈페이지에 가입해 진행에 필요한 자료만 다운로드하면 간단히 친구 혹은 지인 들과 '색 그리고 유대감' 프로그램을 시도해볼 수 있다. 이런 유의 모임을 이끌어본 경험이 부족해서 자신 없는 사람들을 위해 지금까지 프로그램을 운영해오며 가장 효과적이었던 진행 요령들을 알려주는 동영상도 준비되어 있으니 활용해보기 바란다.

'색 그리고 유대감' 모임은 마치 파티에서의 게임처럼 모두가 즐겁게 참여할 수 있다. 어쩌면 여러분 주변에도 외로움에 시달리고 있지만 다른 사람들에게 다가가기를 꺼리는 이들이 있을지 모른다. 그런 사람에게는 그냥 저녁식사에 초대하는 것보다 '색 그리고 유대감' 모임에 함께하자고 권하는 것이 훨씬 접근성 좋은 방법이 될 수 있다. 외로움을 겪고 있으면서 사회불안 수준이 높은 사람들은 정해진 틀이 없는 파티에서 사람들과 어울리는 것은 불편해해도, 창의적 표현 활동을 매개로 남들과 유대를 쌓을 수 있는 기회가 주어지면 전혀 다르게 반응할 수 있다. 이미 어느 정도 친분이 있고 안전감을 느낄 수 있는 사람들과 함께하는 자리라면 더더욱 그러하다.

이 같은 프로그램을 운영함으로써 참가자들의 기분이 나아지는 만큼 여러분도 정서적으로 보람을 느낄 수 있다. 프로그램의 단계 단계마다 함께하는 모두는 일상에서 한 걸음 뒤로 물러나 순수하게 재미만을 생각하며 창의적 표현과 관련된 뇌 영역을 자극하게 된다. 무언가를 만드는 일은 본래 그 자체로 재미있기 때문에 어린아이들이 그토록 종일 붙들고 있는 것이다. 어느 누구도 어린아이에게 그림을 그리고 손도장을 찍으며 놀라고 억지로 시킨 적 없지 않은가. 도구와 여건이 갖춰지기만 하면 아이들은 자연스럽게 달려들어 즐겁게 그림을 그리며 논다.

'외로움 벗어나기'라는 대의를 위해 여러분이 할 수 있는 또 다른 일은 이미 우리 재단에서 노인, 만성질환 환자, 정신건강에 어려움을 겪는 사람, 가족간병인 등 취약집단을 대상으로 진행하고 있는 프로그램의 참여 기회 및 긍정적 효과를 지역사회 구성원들에게 알리는 것이다. 이를테면 여러분이 거주하는 지역의 대학교에 개인적으로 연락을 취해 외로움 벗어나기 프로젝트 및 관련 프로그램들에 대해 학생건강증진센터가 관심을 가지게끔 도울 수 있다. 여러분의 이 한 걸음은 외로움의 고통을 가장 심하게 겪고 있는 취약집단 중 하나에게 크나큰 힘이 될 것이다.

외로움 벗어나기 프로젝트에 문의해 직접 홍보대사로 활동하는 것도 고려해보자. 워크숍 진행에 들이는 짧은 시간 이상으로 여러분은 그와 비교할 수 없을 만큼 큰 보탬이 될 것이며, 어쩌면 그 과정에서 여러분에게서 영향을 받은 또 다른 홍보대사들이 생겨날 수도 있다.

공중보건이 마주한 과제와 해결법

2016년에 외로움 벗어나기 프로젝트를 처음 시작했을 당시 우리 팀은 외로움에 대한 인식 고취시키기, 부정적 낙인 벗겨내기, 대규모 진행이 가능한 치료 프로그램 개발하기 등 크게 세 가지를 주요 목표로 삼았다. 이는 공중보건 사업에서 흔히 취하는 것과 같은 세 갈래 접근법이다. 일례로 200개의 푸드뱅크food bank(기부받은 식품을 각 지역 무료 급식소에 공급하는 관리처─옮긴이)와 6만 개의 무료 급식소를 통해 매년 660만 끼의 식사를 필요한 사람들에게 나누어주는 비영리단체 피딩아메리카Feeding America도 기아라는 공중보건 문제의 대처에 이와 동일한 세 갈래 접근법을 활용한다. 피딩아메리카의 지부들은 '미국 내에 굶주리는 사람이 단 한 명도 없게 하자'라는 목표하에 매년 4300만 명의 식사를 보조해주고 있는데 이는 미국 국민 일곱 명당 한 명꼴에 해당하는 숫자이며, 이 가운데 아동의 수도 1200만 명에 달한다.

그렇다면 외로움 문제에 대해서도 이렇게 각 시市들로 구성된 전국가적 네트워크를 동원해 '미국 내에 외로움에 시달리는 사람이 단 한 명도 없게 하자'라는 구호 아래 모두가 힘을 모은다면 어떨까? 나아가 전 세계적인 네트워크를 구성해 외로움에 시달리는 사람이 단 한 명도 없는 세상을 만들기 위해 노력한다면? 더불어 이 같은 네트워크 덕분에 외로움 또한 배고픔과 마찬가지로 그저 인간의 기본적 욕구를 나타내는 생리 신호의 하나로 대하는 것이 상식으로 자리 잡는 세상이 온다고 한번 상상해보자. 외로움의 고통은 단지 우리를 고문하기 위해서가 아니라 보호하기 위해서임을, 외로움이란 인간다움의 핵심이므로 목마를 때 목구멍이 타들어가는 느낌을 겪는 것과 마찬가지로 부끄러워할 이유가 전혀 없음을 깨닫는 세상 말이다.

이 얼마나 멋지고 외롭지 않은 세상인가.

1단계: 의식 고취 및 부정적 낙인 제거

외로움을 주제로 하는 공중보건학 수업에서 나는 수강생들에게 외로움 문제를 해결할 혁신적인 공중보건 중재법을 마련해보라는 조별과제를 내준다. 다만 대부분의 학생들이 듣고 놀라듯, 이들이 과제로 제출한 프로그램의 참신함과 세심함 점수는 총점의 20퍼센트 비중밖에 되지 않는다. 나머지 80퍼센트는 프로그램 참가자들을 모집할 때 마주할 어려움, 그리고 프로그램의 효과를 저해하는 온갖 잠재적 장애물들을 얼마나 잘 예측했는지에 따라 주어진다.

공중보건 프로그램들은 아무리 잘 만들어진 것이라 해도 대중의 반응이 예상대로 흘러가지 않을 경우에 대처할 준비가 제대로 되어 있지 않으면 실패하고 만다. 팬데믹이 발발한 첫해, 그렇게나 효과적이라고 알려진 사회적 거리두기와 마스크 착용하기 조치를 시행했음에도 코로나19가 급속도로 퍼져나갔던 것을 떠올려보자. 이후 백신 접종을 시행한 지 만 1년이 되도록 미국 성인 가운데 3분의 1 이상은 백신을 맞지 않고 버텼으며 병원 중환자실은 계속해서 코로나19 환자들로 미어터졌다는 것도. 백신을 맞은 사람은 코로나19로 사망할 확률이 90퍼센트가량 낮다는 연구 결과가 발표되었음에도 여전히 수많은 사람들은 다양한 사회적·정치적·종교적 이유로 접종을 거부했다.

외로움과 관련된 공익 캠페인들도 대중을 설득하는 과정에서 이와 유사한 장벽과 마주한다. 언뜻 생각하기에 '살면서 한 번씩 외로움을 느끼는 건 지극히 당연한 일입니다'라는 캠페인 문구는 외로움에 대한 부정적 낙인을 약화시키는 데 도움을 줄 것 같다. 하지만 이런 메시지는 일반 대중에겐 쉽게 다가갈 수 있을지 몰라도 가장 취약한 상태에 있는 사람들은 오히려 더욱 외로워지게 만들 위험이 있다. 이처럼 정서적으로 예민한 주제를 다룰 때에는 안전띠 착용처럼 상대적으로 정서적 면이 덜한 공중보건 문제에 대한 의식 고취 캠페인을 제작할 때보다 훨씬 복합적인 고려를 해야 한다. 극심한 외로움에 시달리는 사람들은 보통 스스로를 탓하며 자신이 처한 상황에서 벗어날 수 없다고 믿기 때문에 외로움과 관련된 공익 캠페인에서 전하는 메시지에 거부감을 느끼곤 한다. 그렇다 보니 도움이 되리라 여기며 홍보한 캠페인 문구가 실제 외로움으로 힘들어 하는 이들에게는 고통과 무능감만 상기시키는 꼴이 될 수 있다. 또 어떤 사람들은 외로움이 너무 심한 트라우마를 남긴 탓에 해결 방법이 있을 것이라는 말만 들어도 화부터 내곤 한다. 따라서 외로움과 관련된 공익사업을 진행할 때에는 이 같은 캠페인을 가장 필요로 하는 대상이 실은 그 핵심 메시지를 받아들임에 있어 가장 거부감이 심한 사람들일 수밖에 없는 이유에 공감과 측은지심으로 접근해야 한다.

나는 외로움에 대한 의식을 고취하는 캠페인이 효과적이려면 일단 이 주제를 향한 사람들의 흥미와 호기심을 이끌어내는 것을 목표로 삼아야 한다고 생각한다. 외로움에 대한 편견을 없애고 스스로 헤쳐 나가는 힘을 길러줄 수 있는 이야기들을 중심으로 구성해야 한다. 캠페인의 최종 목표는 사람들이 문제의 핵심을 들여다보고 상황을 바꿀 가능성을 볼 수 있게 북돋아주는 것이다. 그런 의미에서 이를테면 산책 동호회처럼 긍정적 주제들을 바탕으로 여러 사람이 함께 참여해 목표 지향적 활동을 하게끔 유도하는 방식으로 캠페인을 운영해볼 수도 있을 터다.

예술을 매개로 유대의 즐거움을 받아들이도록 북돋는 방식에는 창의력에 불을 지필 수 있다는 이점까지 있다. 우리 내면에 잠들어 있는 유대 욕구를 불러일으키는 창의적 그림과 글, 음악은 무엇보다 수치심이나 부정적 낙인에 따른 심리적 저항을 가라앉힐 가능성이 높다. 창의적 표현활동은 우리 뇌가 더 이상 외면하지 않고 문제를 똑바로 바라볼 수 있게 도와준다.

이미 예술과 보건 부문에서 국제적 선도자로 자리 잡은 WHO 등과 협력해 범세계적 캠페인을 진행한다면 창의활동을 통해 유대를 형성하자는 국제 캠페인에 공연·시각·언어 예술 분야의 수천 개 조직들이 참여하게끔 이끌 수 있다.[1] 현재 우리 사회는 유명인의 영향을 많이 받는 문화이며 유명인은 대부분이 아주 창의적이라는 점도 주목할 만하다. 이러한 유명인들 가운데 다수는 유대 형성에 있어 무엇보다 중요한 것이 창의활동임을 주창하는 공익 캠페인에 기꺼이 동참해줄 터다. 음악·영화·방송계의 거물급 스타들 모두는 엔터 업계에 만연한 외로움과 단절감을 뼈저리게 겪어본 사람들이니까. 자신이 겪은 외로움, 창의활동을 통해 유대를 구축한 경험담을 들려주는 운동에 수십 명의 초대형 스타들이 함께한다면 그 영향력은 정말이지 굉장하리라.

디지털 기술이 지닌 힘을 활용해 건강한 유대를 구축할 수 있도록 실리콘 밸리의 협조도 구한다면 좋을 것이다. 대규모로 적용 가능한 외로움 해결방안을 마련하는 혁신기업과 투자자 들에게 디지털 시장이 보상을 주는 환경으로 바뀌려면 어떻게 해야 할까? 빅테크 기업들을 압박해 혐오 발언을 부추기고 사람들의 마음을 교묘하게 이용하는 순환고리를 끊는 한편 사람과 사람의 유대를 극대화하는 알고리즘을 개발하게끔 요구해야 한다. 미국 식품의약국은 음식과 의약품에 해로운 물질이 포함되지 않도록 엄격하게 관리한다. 어쩌면 이와 마찬가지로, 해로운 알고리즘이 수많은 젊은이의 마음과 영혼을 병들게 하지 않도록 막아주는 관리 기관이 필요할지도 모른다.

　이대로 방치한다면 그 위험성은 상상을 초월할 것이다. 소셜미디어 알고리즘이 점점 정교해지다 보니 이제는 '뇌와 영혼의 주도권을 되찾자'는 개념마저도 이윤만을 추구하는 기업들이 우리의 소중한 주의력을 독점하는 데 써먹을 훌륭한 소재로 전락할 위험에 처해 있다. 취약한 상태에 놓인 사람들의 마음속을 소셜미디어가 어떻게 파고들어 사회인지를 왜곡시키고 외로움·우울감·자살 충동·폭력성을 증대시키는지 이미 확인하지 않았던가. 그러니 단순히 스마트폰 사용시간을 제한하라고 촉구하는 공중보건 캠페인으로는 이윤만을 보고 달리는 소셜미디어 기업의 힘을 뛰어넘기가 어렵다. 이렇게 고삐 풀린 빅테크 중심의 시장에 우리 뇌와 영혼의 주도권을 넘기는 상황을 사회 차원에서 묵과하면, 문화 수준은 퇴보하고 경제적으로는 생산성이 저하되며 연쇄적 위기를 맞이하다 종국에는 민주주의의 기본 덕목을 영원히 상실하게 될지도 모른다.

2단계: 실생활의 변화를 이루어낸 사례 모방

2016년, 몬트리올 미술관은 세계 최초로 미술치료사를 정식 직원으로 채용해 의료상담실이 딸린 미술치료용 스튜디오 혹은 아틀리에를 운영하기 시작했다.[2] 이를 기점으로 퀘벡의 일차의료 의사들은 예술 활동을 통해 유대를 쌓는 것이 치료에 도움이 되리라 판단되는 환자들에게 미술관을 방문하도록 처방하는 것이 가능해졌다. 몬트리올 미술관은 시의 '치료와 회복 그리고 치유를 담당하는 시설'로서 새롭게 자리매김했다.

예술인 사회는 창의성과 유대 사이의 연결고리를 널리 알리는 데 대단히 중요한 역할을 한다. 예술 및 건강 분야의 선도자들과 더불어 예술가·미술치료사·미술관·공연장·아트갤러리·예술후원인·아트 컬렉터는 모두 힘을 모아 사람들이 고립감과 소외감을 느끼는 이 사회에서 예술이 유대 구축에 큰 역할을 한다는 사실을 깨우치고 이를 실제로 보여주기 위해 행동에 나서야 한다. 그도 그럴 것이, 예술이 심신의 건강에 미치는 이로운 효과를 예술에 가장 깊이 관여하고 있는 종사자들부터가 믿고 실천하지 않는다면 의약계(혹은 나아가 사회 전체)가 이를 믿을 이유도 없지 않겠는가?

젊은 층에 외로움이 만연하다는 점을 고려하면 초중고 및 대학교 내 시각·언어·공연 예술 담당 부서의 적극적 참여가 특히나 더 중요하다. 나는 외로움 문제에 대응할 새로운 공중보건 전략을 시험해볼 실험 환경으로는 대학이 안성맞춤이라고 생각한다. 대학들은 교직원과 학생, 졸업생 등으로 구성되어 단일 공동체 치고는 인구밀도가 높다는 특성이 있기 때문이다.

하버드대학교 학장을 맡고 있는 라케시 쿠라나는 "우리는 상호의존적인 세상에 살고 있다"고 말했다. "어떻게 하면 상호의존성을 두려움의 원천이 아닌, 편안함과 강인함의 원천으로 만들 수 있을까요?" 그는 학생들이 강의실을 벗어나 우리 사회가 지닌 다양하고 복합적인 성질을 있는 그대로 마주하고 사회의 모든 구성원이 상호의존적 관계에 있으며 운명 공동체라는 관점을 받아들일 수 있는 참여 학습의 기회를 대학 차원에서 마련해준다면 이러한 방향으로 나아갈 수 있으리라고 본다. "이런 요소들을 교육에 접목하면 정말 좋을 것 같아요."

자살 사고에 빠지는 경향성은 외로움과 깊은 관련이 있다는 점, 그리고 오늘날 20대 초반 성인의 사망원인 2위가 바로 자살이라는 사실을 고려한다면 고등교육에서는 더더욱 외로움 문제에 많은 관심을 기울여야 한다. 지금의 청년 세대가 외로움은 지극히 당연한 정서이며 부끄러워할 필요가 전혀 없다고 당당하게 나설 수 있게만 된다면 이는 다음 세대를 위해서도 긍정적 선례로 남을 희망찬 변화의 신호가 될 것이다.

물론 이 중 어느 것도 만만한 일은 아니다. 아직까지 몬트리올 미술관 외에는 어디에서도 그렇게 운영하는 곳이 없는 이유 역시 아마도 시행하기가 까다롭기 때문일 터다. 실제로 미술관 방문을 의학적으로 처방할 수 있도록 제도가 자리 잡는 데만도 5년이 넘게 걸렸다. 그럼에도 몬트리올 미술관에서는 이 같은 성공을 발판 삼아 자체적으로 예술과 치유의 관계에 대한 연구를 진행하기 위해 의학 전문가 및 미술치료사 들을 모아 위원회도 꾸렸다. 이 위원회에서는 현재 섭식장애·유방암·뇌전증·정신질환·알츠하이머병 환자들을 대상으로 예술의 효과를 관찰하는 임상시험을 열 건 이상 진행 중이다.[3] 만약 모든 주요 도시의 유명 미술관들이 이 같은 연구에 동참한다면 창의적 표현활동과 예술 감상 그리고 공중보건 사이의 모든 관계성을 이해함에 있어 쾌속한 성장을 이루어낼 수 있지 않을까.

3단계: 대망의 외로움 벗어나기 프로젝트

미국 정부에서 달에 우주비행사들을 파견하는 프로젝트를 중점적으로 진행하던 시기에는 거의 모든 사회 분야에 산재해 있는 광대한 자원들을 취합해 적재적소에 배치하는 작업이 수반되었다. 외로움 벗어나기 프로젝트에도 이와 유사한 과정이 필요할 것이다. 만성질환에 시달리고 절망 속에서 사망하는 인구의 수가 미국인의 기대수명을 25년 만의 최저치까지 끌어내린 지금이야말로 행동에 나설 때다.

외로움 문제의 해결을 위해서는 다방면의 인력이 조직적으로 참여하는 전 국가적 공중보건 캠페인이 진행되어야 한다. 보건의료 기구·대기업·대학 등 3대 사회기관이 국민의 안녕감을 책임지고 동시에 각자의 실리도 챙길 수 있게끔 앞장서며, 여기에 정부 보조금이 힘을 실어주고 시장에서 받는 보상이 더해짐으로써 말이다.

이 세 기관은 모두 공중보건 제도의 시행에 필요한 교육·진단·중재·지속적 개선이라는 네 가지 축에서 주도적 역할을 담당한다. 이처럼 전반적 사회 제도 중심의 접근 방식이 이루어질 때, 외로움 벗어나기 프로젝트는 이 네 영역에서 외로움 문제에 대응해 기존부터 시행 중이었던 훌륭한 활동들에 날개를 달아줄 것이다.

다만 이 기관들 모두는 가장 취약한 상황에 있는 사람들을 오히려 고립시키고 외로움을 심화시킬 위험이 있는 절차와 과정 들로부터 자유롭기가 힘들다는 사실을 반드시 염두에 두어야 한다. 실제로 통계에 따른 일반론적 시행방식이나 절차에 잘 들어맞지 않는 예외적인 사람들에게 있어 보건의료와 교육 제도는 득보다 실이 더 큰 경우가 많다. 마땅한 질병분류코드가 없던 롱코비드 환자들, 교내에서 마음 붙일 곳을 찾지 못하고 자살로 생을 마감한 대학생들의 사례를 우리도 이미 보지 않았던가. 폴 르블랑Paul LeBlanc이 자신의 저서 《브로큰Broken》에서 지적했듯, 우리 사회의 제도들은 처음 수립되던 당시에 바탕이 되었던 인간의 가치를 되새기고, 무엇보다 인도주의와 배려를 의사결정의 중심에 두어야 한다. 외로움 문제의 해결에 초점을 맞추다 보면 이 같은 기관들도 본래의 목적을 되찾을 수 있을 것이다.

1) 교육

현재 큰 걸림돌이 되는 문제는 외로움에 대한 무지다. 외로움에 내재된 위험성은 고사하고 외로움이 어떤 정서인지 알아차리는 것조차 어려워하는 사람이 많다. 보건의료 전문가들은 자신이 담당하는 환자들에게 외로움의 위험성을 알리는 한편, 만성 및 중증 질환 환자들에게는 외로움 또한 스트레스·흡연 습관·과체중처럼 자신이 경험할 가능성이 높은 문제로 인지하고 치료 단계를 밟을 수 있게끔 이끌어줘야 한다. 기업에서는 직원들과 일선 경영진을 대상으로 건강에 외로움이 미치는 위험성과 유대 및 소속감이 주는 이로움을 교육하는 동시에, 직장 내 유대감과 공동체 의식을 키우고 이어가는 데 도움이 될 다양한 프로그램을 제공해주는 것이 좋다. 대학에서는 학생과 교직원(특히 보직인력) 들을 대상으로, 외로움과 고립을 알리는 위험 신호를 예민하게 알아차리게끔 교육하는 것에 지속적으로 공을 들여야 한다. 도움을 필요로 하는 이들이 제때 적절한 조치를 받는 환경은 이를 통해 조성될 것이다.

2) 진단

정확한 현황 파악 없이 문제를 다스릴 수는 없다. 따라서 누가 얼마나 외로운지 파악하는 것부터 시작해야 한다. 만성 외로움에 빠질 위험이 있는 사람들을 가려내는 개념적 차원의 모형으로는 여러 가지가 있지만 어느 것 하나 보편적으로 활용되고 있지 않을뿐더러, 그러한 모형들은 인구집단별 특성에 맞게 변형되어 쓰일 때 가장 효과적일 가능성이 높음에도 실제로는 거의 그렇지 못하다. 기업에서는 매년 직원들의 건강검진 때 외로움과 사회적 고립 여부에 대한 검사도 진행해봐야 한다. 보건의료 전문가들은 입원뿐만 아니라 외래 진료를 받는 환자들에게도 이 같은 진단검사를 기본으로 시행해야 한다. 더불어 환자들이 외로움과 고립감에 취약해지기 쉬운 행동이라든지 질병 상태, 부정적 아동기 경험과 같은 환경적 조건을 갖추고 있지는 않은지 확인해야 한다. 그런가 하면 보험회사에서는 보험청구 기록을 바탕으로 고객들의 외로움과 사회적 고립 정도를 수치화할 수 있는 간접적인 측정 방법을 개발하고, 사례 관리라든지 국민건강 보조 프로그램을 통해 직접 고객과 소통할 때에도 외로움 여부를 살필 수 있는 진단검사를 곁들일 수 있을 것이다.

메디케어 사업에서 신규 고객을 대상으로 최초 1회에 한해 제공하는 건강검진 혜택, 일명 '웰컴 투 메디케어Welcome to Medicare'에 외로움 상태를 판별할 수 있는 간단한 진단검사를 포함하도록 의무화한다면 어떨까. 이에 더해 매년 시행하는 정기검진에서도 외로움 진단검사를 권고할 수 있지 않을까. 정기검진은 고객들의 정신건강을 살피고 건강을 위협할 수 있는 생활습관들을 가려내는 것이 목적이므로 여기에 외로움 진단검사를 포함하는 것은 어렵지 않을 것이다. 아울러 교육기관에서도 이와 비슷한 방식으로 학생들의 외로움 상태를 진단할 수 있는 수단을 마련하는 한편, 교직원에게는 외로움 문제의 심각성을 일깨워 이 같은 진단 절차가 성공적인 교육 환경에 반드시 필요한 요소로서 받아들여질 수 있게 해야 한다.

보험사는 고객들의 외로움 검사 자료를 수집하고 이를 바탕으로 일선에서 고객을 살피는 직원들에게 고객의 외로움 상태에 대한 진단과 분석의 방향성을 제시할 수 있다는 점에서도 중요한 위치에 있다. 주요 보건의료 서비스 제공자들, 그중에서도 카이저퍼머넌트나 미국 보훈부처럼 대규모 예산을 종합적으로 지원받는 기관에서는 외로움 문제를 보다 정확하게 진단할 수 있는 검사와 혁신적인 중재법들을 계속해서 시도해봐야 한다. 보건의료 부문의 핵심 기관들에서 이 같은 흐름을 주도하고 여기에 국가 차원의 보조금까지 더해진다면 나머지 작은 보험사들도 자연스레 그 뒤를 따를 것이다. 뿐만 아니라 사회적으로 이제 외로움은 더 이상 무시할 수 없을 만큼 건강에 큰 위협이 된다고 여기는 분위기가 되어가면서 이러한 문제 해결에 동참하는 데는 도덕적 유인도 작용하게 된다. 이로 인한 효과는 공공

장소 흡연율과 음주운전 사망률 감소를 통해 이미 검증된 바 있다. 지역사회에 기반을 둔 집단이나 종교단체 들은 건강과 관련된 사실상 거의 모든 예방교육과 진단 부문에서 보건의료 전문가가 세운 행동지침을 준수하며, 이를 널리 전파하여 참여율과 이로움을 극대화하기에도 용이한 위치에 있다.

외로움 진단이 지닌 가치를 최대한 활용하기 위해서는 우울증 진단검사인 PHQ-9나 불안장애 진단검사인 GAD-7처럼 국가 공인의 표준화된 질문지형 검사가 필요하다. 기존의 외로움 진단 도구들도 면밀히 재검토해 즉각적 도움이 필요한 고위험군을 가려내는 데 적극 활용되어야 한다. 내가 개발 프로젝트에 참여했던 펜실베이니아 주립대학교의 '다차원적 외로움 및 사회적 연결성 척도 Multidimensional Loneliness and Social Connection Scale, MLASC Scale' 또한 외로움 및 사회적 유대 유형을 최대 열 가지 차원에 걸쳐 유연하게 평가할 수 있다는 점에서 아주 유용할 것이다. 각기 네 문항으로 구성된 질문지 열 세트는 개별적으로 또는 다른 외로움 진단 도구와 결합되어 쓰일 수 있으며, 특정 유형의 외로움 문제에 집중적으로 대처할 수 있게끔 이를테면 임신 검사, 정신건강 검사, 정기적인 직장 내 번아웃 검사 등의 일부로 포함될 수도 있다.

외로움이 질병 발생 위험을 높인다는 사실은 일반적으로 알려져 있지만, 이와 관련된 양질의 데이터를 많이 모을수록 고위험군에 속하는 사람들을 가려내고 이들이 처한 위험을 보다 효과적으로 줄일 수 있는 전략을 수립할 가능성이 높아질 것이다. 보험사와 기업, 교육자 들은 여기에서 중요한 역할을 한다. 보험사에서는 정기검진, 건강 위험성 평가를 비롯해 어떤 경로로든 고객의 건강 정보를 수집할 때 외로움 검사의 결과도 포함하게끔 수집범위를 확장할 필요가 있다. 기업에서는 직원의 질병 상태, 병원치료 기록, 장애 여부, 업무수행 능력, 고용유지율 등의 자료와 더불어 외로움 진단평가의 결과 자료도 함께 관리해야 한다. 교육 기관에서도 마찬가지로 학생들의 다양한 학업성취도 기록(성적이나 중퇴율)뿐만 아니라 기존의 다른 보건 기록 및 장애 여부에 더해 외로움 검사 기록도 종합적으로 관리해야 한다.

큰 규모의 기업과 대학은 보다 효과적인 진단과 혁신적인 중재법을 고안하는 데 앞장서야 한다. 이 같은 대형 기관들은 자체 보험을 운영하고 있어 구성원들의 건강증진이 기관의 손익에 직결될 수 있기 때문이다. 이런 기관들은 어떤 식으로 문제를 진단하고 지원하는 것이 가장 적절한지 판단할 수 있는 기반 체계와 능력을 이미 갖추고 있으니, 그 결과에 따라 다른 곳에서도 그것을 모방하는 식으로 변화를 이루어낼 수 있을 것이다. 이 모두는 우선 양질의 데이터 수집이 선행되어야 가능한 과정으로, 대형 기관들에서는 이렇게 모은 데이터를 바탕으로 누가 도움의 손길을 필요로 하고 있는지, 개선된 중재법과 자원을 어떻게 활용해야 각 구성원이 겪는 괴로움과 심각한 건강 문제를 완화할 수 있는지 판단하게 된다. 더불어 이와 같은 데이터를 최근 들어 빠르게 성장하고 있는 신경생리학·심리학·보건 서비스 분야의 연구에서도 활용할 수 있게끔 제공한다면 외로움과 그에 따른 문제들에 더욱 효과적으로 대처할 프로그램 및 공중보건 사업의 개발에 도움이 되는 새로운 아이디어를 탄생시킬 밑거름이 될 것이다.

3) 중재

언젠가 인터뷰에서 FAH가 성공한다면 어떤 변화가 일어날지 질문을 받은 적이 있다. 그때 나는 이렇게 답했다. 병원에 가면 요즘 열중하는 창의적 표현활동이 있는지 의사가 물을 거라고. 그리고 만약 일상적으로 꾸준히 창의적 표현활동을 하고 있지 않다면 커피를 끊으라거나 매일 운동을 좀 하라고 조언하듯 주치의가 이와 관련된 처방을 내리게 될 거라고 말이다.

앞서 잠깐 언급했지만 영국에서는 이미 이러한 '사회적 처방'이 통용되고 있으며, 의사가 공식적으로 처방했을 때 환자들이 이 같은 활동을 실천에 옮길 가능성이 높다는 연구 결과도 있다. 관건은 지금도 업무부담이 과중한 미국의 일차의료 종사자들이 이런 추가적 일거리를 맡아줄 것인가의 여부다. 그런 의미에서 보훈부와 메디케어, 메이케이드 같은 공공 의료보험이(더불어 미국 총 보건의료 비용 가운데 3분의 1을 차지하는 민간 보험사도) 예방의학과 건강증진 수단의 일부로서 일선에서 외로움을 진단하고 중재법을 시행하게끔 적절한 보수 체계를 마련해야 한다. 요컨대 사회적 처방의 장기적 비용편익을 반영하도록 일차의료의 수가 체계를 개편할 필요가 있다는 것이다. 비영리단체인 스캔헬스플랜에서 노인들을 대상으로 운영하는 유대감 형성 프로그램은 사려 깊은 중재를 시행한다면 의료비용을 지속적으로 줄일 수 있음을 증명한 한 가지 사례에 불과하다. 이 같은 사례는 앞으로 더욱 많아져야 한다.

4) 지속적 개선

내 공중보건 수업을 듣는 학생들에게도 계속 상기시키는 말이지만 모든 공중보건 프로그램은 반드시 측정·분석·수정 과정을 끊임없이 되풀이하도록 설계되어야 한다. 외로움 문제에 대처하는 공중보건 프로그램을 만들 때에도 기존에 갖고 있던 지식을 기반으로 접근하되, 앞으로 프로그램을 시행하면서 새롭게 알아가야 할 것이 더 많음을 항시 염두에 두고 있어야 한다. 주요 사회 체계 및 기관 들이 방관자의 자세에서 벗어나 직접적 이해당사자로서 적극적으로 뛰어들어야만 외로움에 대처하는 대규모 프로그램이 지속적으로 발전해나갈 수 있다.

팬데믹이 불붙인 외로움 문제의 심각성에 미국 정부에서는 처음으로 외로움 완화를 위한 실질적 투자를 결정했다. 그 일환으로 미국 보건복지부 지역생활실은 개인의 필요와 관심사와 능력에 따라 누구든 지역사회에서 제공하는 프로그램에 가입하거나 도움을 받을 수 있도록 연결해주는 사용자 친화적 온라인 시스템 '유대 보장Commit to Connect' 서비스를 시작했다.[4] 아마도 미국 내 모든 행정구역의 관련 프로그램 정보 및 연락처를 제공하는 최초의 온라인 서비스일 것이다. "최대 1000만 명에 달하는 사회적으로 고립된 노인, 장애인, 참전용사"[5]에게 줄 것이라고 보건복지부가 약속한 민관 협력 캠페인의 첫걸음인 셈이다. 이로써 마침내 역사상 처음으로 외로움 문제와 관련된 모든 조직이 하나 될 수 있는 장이 마련되었다. 이 대단한 기회를 발판 삼아 앞으로 어떤 일을 이루어낼 수 있을지 귀추가 주목된다.

점점 단절되고 분열되어가는 사회를 치유하는 중대 과업에 본격적으로 착수하기까지는 앞으로 얼마나 더 긴 시간이 걸릴까? 그리 오래 걸리진 않을 것이다. 우리에게는 시간이 많지 않다. 외로움이 급속하게 확산되어가는 작금의 현상은 곧 정상적 발달과 안녕이 더는 지속될 수 없는 상황으로 사회가 치닫고 있다는 신호임을 마음에 새기고 주의해야 한다. 그러니 뚜렷한 목적의식과 용기 그리고 확신을 갖고 개인으로서, 또 사회로서 모두가 적극적으로 변화의 움직임에 동참할 필요가 있다.

외로움이라는 문제 앞의 과학자와 시인

우리는 정말로 이 모든 것들을 이루어낼 수 있을까? 정말로 유대가 한층 돈독해진 세상을 만들 수 있을까?

내 머릿속 과학자의 자아는 "당연하지!"라고 말한다. 공중보건의 관점에서 볼 때 시스템 사고systems thinking(부분들의 개별적 특성이 아닌, 이들이 이루는 관계와 전체 모습을 이해하려는 사고방식—옮긴이)에 기대어 계획을 세우고, 가능성 여부를 확인하고, 결과를 분석하고, 본격적으로 실행에 옮기는 네 단계의 접근법을 제대로 따르기만 한다면 해수면 상승에서부터 세계의 기아에 이르기까지 그 어떤 골치 아픈 문제도 해결할 수 있다. 시스템 사고는 분석격자grid, 프레임워크, 확장된 피시본 다이어그램fish-bone diagram, 다층 의존성 표multilayered dependency table 등과 같은 도구들을 사용해, 우리가 달성하고자 하는 목표를 구체화하고 실현 가능한 것으로 정의하게 해준다. 또한 몬테카를로 시뮬레이션Monte Carlo computer simulations(무작위 샘플링의 반복을 통해 여러 다양한 결과가 발생할 가능성을 구하는 시뮬레이션 기법—옮긴이)과 고급 AI 기술을 통해 다양한 가능성들을 시험해볼 수도 있다. 내 머릿속 과학자의 자아는 이 모든 도구를 활용하면 이론적으로 가능한 모형들을 만들고 평가를 거쳐 인간 건강에 위협이 되는 외로움 문제를 해결하는 데 최적화된 방법을 도출해낼 수 있음을 알고 있다. 게다가 우리 모두가 이 문제에 '함께' 임하고 있다는 공동체 의식에서 비롯된 새로운 유대감이 있는 이상, 공중보건은 계속해서 더 나은 방향으로 나아갈 것이다. 이 유대감만 있다면 기후변화, 기아, 불평등과 같은 다른 세계적 문제들에도 적극적으로 대처할 동기와 힘을 얻게 되리라.

그때 내 머릿속 시인의 자아는 픽 웃으며 말한다. "정신 차려."

복잡한 계산과 분석을 거쳐 방법을 고안해내더라도 이것만으로는 외로움이 없는 세상을 결코 만들 수 없다. 이런 방법은 문제 해결에 필요조건이 될 수야 있을지 몰라도 충분조건이 되기엔 한참 모자란다. 우리의 정신과 영혼을 움켜잡은 외로움의 손아귀는 너무나도 강고해서, 단순히 '건강 문제의 하나'라는 시각으로만 접근한다면 아무리 이성적으로 분석하고 정교하게 조직된 프로그램 활동을 진행해도 도저히 그 마수를 이겨낼 수 없다. 외로움과 유대의 영역은 이 지구상에 존재하는 사람의 수만큼이나 다양한 현실을 아우른다. 이토록 심오하고 골치 아프게 미묘한 차이들이 만들어낸 다양한 현실 전부를 단 몇 줄의 수식數式만으로 설명한다는 것은 말도 안 될뿐더러, 설사 가능하다고 한들 얼마나 신뢰하며 사용할 수 있을지도 의문이다.

외로움이 없는 세상을 만들기 위해서는 앞서 이야기한 것과 같은 분석적 사고에 더해 상상력이 반드시 필요하다. 우리는 외로움 없는 세상이 현실이 될 수 있다고 상상해야 한다. "상상할 수 있는 모든 것은 현실이 된다"라는 피카소Picasso의 말처럼 말이다.[6] 아인슈타인Einstein 또한 상상력이 지닌 힘에 마땅한 경의를 표하며 다음과 같은 말을 남겼다. "논리는 우리를 A지점에서 B지점으로 가게 해주지만 상상력은 우리가 어디로든 갈 수 있게 해준다."[7]

내 머릿속 시인의 자아가 그리는 세상은 지금과 다른, 유대와 창의성의 세상이다. 아이들이 금속탐지기를 통과하는 대신 미술 도구를 집어 들고 학교 건물로 들어가는 세상. 아이들이 매일 아침 학교에 도착하면 20분간 마음챙김 명상 후 20분 동안 두꺼운 색지, 크레용, 반짝이, 풀, 잡지에서 오려낸 사진 등 무엇이든 상상력을 불러일으켜 창작의 기회를 마주할 수 있게 해주는 재료를 통해 자신의 생각을 들여다보고는 다시 20분 동안 친구들과 각자의 작품을 주제로 이야기를 나누는 세상. 아이들에게 이 한 시간은 하루 한 번 소셜미디어로부터 벗어나 마음의 휴식을 취하고 자신의 내면에서 쉬지 않고 빠르게 흐르는 경험·생각·감정의 물결을 차분히 바라보고 이해할 수 있는 기회를 마련해줄 것이다.

꼭 학생들만 마음챙김과 창작활동과 이야기 나눔으로 하루 일과를 시작하라는 법 있을까. 우리 모두 이처럼 시간 내어 마음챙김을 하고 창작활동을 하고 다른 사람들과 유대를 쌓는 소중한 기회를 자신에게 선물해보면 어떨까? 우선은 잠들기 전 베개 옆에 노트를 놓아두는 것부터 시작해보자. 그 옆에는 펜이나 연필, 그리고 꿈결이었다가 잠깐 깼을 때 노트에 뭐라도 적을 수 있게끔 언제든 켤 수 있는 조명을 두자. 처음에는 단어들, 다음에는 문장들, 나아가 문장들을 연결해 자신이 어떤 사람인지 이해하고 남들에게 보여줄 수 있는 문단 혹은 시를 만들어보자. 그러다 보면 여러분도 화가 폴 고갱Paul Gauguin이 1897년 완성한 역작〈우리는 어디에서 왔고, 우리는 무엇이며, 우리는 어디로 가는가Where Do We Come From? What Are We? Where Are We Going?〉로 던진 물음에 대한 답을 찾을 수 있을 것이다. 그렇게 호기심 어린 탐구를 통해 우리 자신에게 진정으로 중요한 것은 무엇인지 깨닫고 세상을 나름대로 이해할 수 있으리라. 그렇다면 이를 어떤 식으로 다른 사람들과 나누면 좋을까? 순식간에 흩어지고 마는 생각들, 때로는 불편한 마음이 들기도 하고 또 때로는 새로운 영감을 얻게 되는 이 감정들을 어떻게 담아낼까? 쪽지가 담긴 병을 다른 사람들과 함께 공유하는 경험이라는 바다에 띄우면 바닷가의 누군가에게 발견됨으로써 유대의 전기회로가 연결되고 두 사람이 하나로 이어질 수 있는 걸까?

　이런 방법은 어떨까? 매주 자신이 사는 동네나 조금 멀리 떨어진, 자연의 아름다움을 만끽할 수 있는 장소를 산책해보는 것이다. 이때만큼은 다른 모든 의무감에서 벗어나 온전히 그 순간에만 집중하자. 그리고 그 순간을 사진으로 찍어 남겨보자. 이후 집에 돌아와 테이블 위에 늘어놓고 그 가운데서 왠지는 잘 모르겠지만 형용할 수 없는 묘한 울림을 불러일으키는 사진을 두어 장 골라보자. 그런 다음 이 특별한 사진들을 '유대를 위한 선물'로서 다른 사람들과 나누고, 또 상대에게도 이런 사진을 찍으면 보여달라고 해보자.

　유대를 쌓기 위한 나눔의 장소와 수단은 이미 우리 자신이 갖고 있는 것들을 활용하면 된다. 일부러 새로 소셜미디어 계정을 만들거나 지역문화회관, 예배당, 시내 광장 같은 곳에 장소를 마련할 필요는 없다. 자신에게 익숙한 방식을 활용하되 다만 조금 더 목적의식을 담아, 타인과 마음을 나누는 대신 개인의 성취를 강조하는 분위기만 쉴 새 없이 몰아치는 현대성의 악영향에서 벗어날 수 있는 방법을 생각해보자. 진심으로 다른 누군가와 유대를 쌓고 싶다는 마음에서 우러난 활동이라면 그것이야말로 자연스럽고 인간미 넘치는 법이니까. 우선은 그냥 가볍게 "이건 저에게 남다른 의미가 있는 사진과 글귀예요. 한번 보실래요? 저는 이걸 보면 이러이러한 감정이 느껴진답니다"라고 말해보면 어떨까. 시인 파블로 네루다가 옆집 남자아이에게 솔방울을 선물했던 에피소드를 떠올려보자. 만약 누군가 여러분에게 이렇게 솔방울을 건넸다면 여러분은 보답으로 상대에게 무엇을 나누어주겠는가?

상상의 나래를 조금 더 펼쳐보자! 이를테면 학교나 직장에서의 일과를 마친 뒤 타악기 동아리 활동을 진행해보는 건 어떨까? 무언가를 배우거나 생산해낸다는 공동의 목적하에 모인 사람들과 함께 매일 익히는 리듬이 쌓여 더 큰 추억을 이루게 된다면? 무릎 사이에 둔 작은 북이 만들어낸 마법 같은 공명이 나와 타인 사이를 가로막은 공기마저 진동시켜 서로를 이어주고 치유해주는 만인의 치료약이 되어준다면?

내 머릿속 시인의 자아가 그리는 세상에서는 동네마다 공용 정원이 있고 처음 보는 사람들과 그곳 벤치에 마주앉아 이야기를 나눈다. 대화는 정형화된 틀에 구애받지 않고 그저 '머릿속에 떠오르는 것'이나 '오늘 가장 즐거웠던 순간'에 대해 이야기하며 자유롭게 흘러간다. 유일한 규칙은 서로를 존중하고 이렇게 나누는 대화가 서로를, 나아가 이 세상을 보살피는 일임을 알아차리는 것이다. 정원과 공원은 지금도 많고, 공원 벤치는 그리 비싸지 않다. 이처럼 대화를 나눌 기회의 장을 여는 것이 실현하기 어려우리라고도 생각되지 않는다. 그러니 일단 시도를 해보자!

나는 의사다 보니 병원 방문객들의 경험을 개선할 수 있는 방안들도 자연스레 떠오른다. 이를테면 접수대에서 환자용 검진복과 플라스틱 인식팔찌를 건네줄 때 미술 도구도 함께 제공한다면 어떨까? 그러면서 환자에게 자신의 이야기를 미술로 표현해보도록 하고 완성된 작품을 진료실에 걸어두는 것이다. 또 가끔씩은 소통의 질을 높이고 번아웃 증상을 완화하며 치유를 도울 방법의 하나로서 오전 회진시간에 환자와 의료진이 협동해 하나의 미술작품을 만들어보는 활동을 진행해도 좋지 않을까?

여러 지역사회 단체들이 뜻을 모아 노인층과 젊은층이 주기적으로 교류하는 시간을 마련하는 건 어떨까? 줌을 활용하면 쉽게 모임을 조직할 수 있는데, 이런 모임은 참가자들이 자신의 생각과 감정 그리고 살아온 이야기들을 나눌 기회가 되어주리라. 때로는 대화와 더불어 모임시간 전에 완성한 미술작품이나 글을 공유할 수도 있을 것이다. 물론 가상현실에만 머무르지 않아도 좋다. 현실세계로 장소를 옮겨 참가자들이 둘러앉아 가볍게 대화할 수 있게 테이블들을 놓고, 원한다면 언제든 사용할 수 있게끔 관심 있는 미술 도구를 함께 제공하는 지역사회 '유대 카페'를 운영해볼 수도 있다. 만약 실제로 생긴다면 이제 우리 모두 외로움 대신 알찬 대화로 하루를 열 수 있는 공간을 얻게 될 것이다. 이처럼 사람과 사람 사이를 이어주는 대화는 공원, 지자체에서 관리하는 정원, 도서관, 박물관, 문화회관 등 두 사람 이상이 모여 앉아 즐겁게 서로의 과거와 현재 그리고 미래에 대한 희망을 공유할 수 있는 곳이라면 어디서든 가능하다.

대화는 짝을 지어 둘이서만 해도 좋지만 여럿이 함께 해도 좋다. 마치 미술관에서 관람객들을 안내해주는 도슨트처럼, 우리가 조우하는 이 세상의 모든 면면 앞에서 서로서로가 자기 자신과 타인의 내면을 탐구할 수 있게 격려하고, 필요한 것들을 알려주고 일깨워주며, 곁에서 지지해주는, 그리고 그렇게 함으로써 세상을 향한 자신의 관점을 타인과 나누고, 상대에게 받아들여지고 인정받는 경험을 할 수 있도록 이끌어주는 멋진 인도자들이 되어줄 것이다.

나아가 시각예술을 넘어 요리라는 또 다른 차원의 예술을 통해, 머나먼 옛날에 인류가 모닥불 가에 둘러앉아 하던 그대로 자신이 먹고 마시는 것들을 다른 사람들과 나누며 유대를 쌓는 방법도 있다. 음식을 통해 우리의 몸이 양분을 흡수하고 튼튼해지듯이 서로의 이야기가 우리 내면을 강하게 만들어주는 기회가 될 것이다.

때로는 가까운 사람을 잃었다든지 새로운 생명이 태어났거나 결혼을 하는 것과 같은 특별한 상황을 다른 사람들과 나누게 될 수 있다. 이처럼 큰 전환점이 되는 순간들에는 자신의 정체성을 이루던 생활환경 가운데 하나가 완전히 달라지다 보니 많은 심경의 변화를 겪는다. 그럴 때 만약 '유대 카페'에서 과거와 미래 모두가 우리의 뼈와 근육, 심장과 혈관, 내장기관만큼이나 우리 자신을 구성하는 일부임을 인식하고 과거의 기억을 떠올리며 다른 사람들과 터놓고 이야기함과 동시에 미래에 다가올 가능성들을 그려볼 수 있다면 어떨까? 자신을 돌아보는 이 귀중한 시간 동안 몇 가지 중요한 물음들을 던지고 그에 대해 스스로 찾은 답을 다른 사람들과 나누어보는 것도 좋으리라. 내가 잃은 그 소중한 사람은 어떤 사람이었는가? 나는 그 사람의 어떤 면을 가장 아끼고 감탄했던가? 그 사람의 어떤 면이 나에게 의욕을 심어주고, 북돋아주고, 지지해주었던가? 그 사람이 곁에 없는 고통은 어떤 모습, 어떤 느낌인가? 이런 감정을 어떻게 표현할 수 있을까? 어떻게 하면 그 그립고 보고 싶은 존재를 대신해 빈자리를 채울 수 있을까? 어떻게 하면 내 안에 이렇게 뻥 뚫린 공허가 있는데도 외로움을 느끼지 않을 수 있을까? 이 공허를 채워줄 수 있는 것은 무엇일까? 어떤 소리, 냄새, 맛을 지닌 존재일까? 만약 이 공허에도 이름이 있다면 어떤 이름일까? 이 공허를 밝은 분위기로 바꾸기 위해 꽃다발을 보내고 싶다면 주소를 어디로 쓰게 될까?

꽤나 광범위한 활동들을 다룬 것처럼 보이겠지만 내가 여기서 설명한 것들 대부분은 이미 이 세상 어딘가에서 어떤 형태로든 비슷하게 시도되고 있다. 이제 관건은 대담하고 기세 좋게 시작한 이 실험들을 어떻게 모두가 받아들일 수 있는 주류 문화로 편입시키느냐다. 어떻게 하면 제각각 흩어진 별난 호기심의 결과물들을 전 세계의 다채로운 문화와 사람들의 관계로 짜인 거대 직물의 일부로서 자연스럽게 섞여들게 할 수 있을까?

내 머릿속 과학자의 자아는 힘주어 말한다. 이 모든 기발한 발상들도 공공정책 주도하에 보편적으로 시행되려면 추후 엄밀한 연구를 거쳐 타당성이 입증된 데이터가 더 많이 쌓여야 한다고. 물론 이 말도 나름대로 일리는 있다. 하지만 연구와 데이터만으로는 충분하지 않다. 아니, 어쩌면 아예 필요조차 없을지도 모른다. 어쨌거나 문화의 발생이란 그에 대한 과학 연구보다도 수만 년은 선행하기 마련이다. 즉, 문화의 변혁은 과학이나 연구에 기대어 이루어지는 것이 아니다. 그러니 세세한 연구에 얽매이기보다는, 어떻게 하면 시작은 미약하지만 그 끝은 창대하도록 우리의 문화를 발전시킬 수 있을지 넓은 관점에서 고민하는 편이 더 올바른 방법 아닐까.

지금보다 강한 유대로 연결된 세상에서 살고 싶다면 끈기와 상냥한 마음씨 그리고 인내심을 갖고 목표를 향해 나아가야 한다. 꿈꾸고 실천하는 과정을 즐기고 함께 나누는 것이 결과 그 자체보다 중요하다. 우리 모두는 무한한 우주를 빙빙 돌며 떠다니는 이 작디작은 땅덩어리에서 고작 수십 년의 시간밖에 허락되지 않은 존재들이니까. 얼마 남지 않은 시간, 유대를 구축하기 위해 뚜렷한 목표의식을 갖고 열정과 노력을 쏟는 것보다 값진 일은 아마 없으리라.

감사의 글

시를 쓸 때에도 그랬지만, 내가 이 책을 쓰게 된 계기는 우리가 무언가 중요한 것을 놓치고 있으며 우리 사회에 난 커다란 구멍, 오랜 기간 지속되어온 균열을 메워야 한다는 기분 때문이었다. 그러려면 있는 능력, 없는 능력을 총동원해야 할지 모른다는 걱정이 들기는 했지만, 2020년 1월 당시만 해도 나는 얼른 이 프로젝트를 시작해보고 싶은 마음에 들떠 뒷일은 어떻게든 되겠지 싶었다. 그러나 그로부터 2개월 뒤, 온 세상이 멈췄고 외로움 벗어나기 프로젝트는 온라인 활동을 제외하고 전면 중단되어버렸다.

이처럼 코로나19 팬데믹으로 모든 것이 엉망이 되었음에도 나는 다행히 주변 사람들의 따뜻한 배려 덕분에 심적으로나 정신적으로 무너지지 않을 수 있었다. 이 책이 세상에 나오기까지는 피할 수 없는 부침 속에서 내 곁을 지키며 열정과 기술적 도움·지혜·위로·재치를 보태준 수많은 이들에 더해, 이미 오래전 세상을 떴지만 신비롭고도 심오한 방식으로 나를 지지해준 분들이 있었다. 그 모두에게 깊이 감사하는 마음이다.

코로나 시국의 혼란 와중에 이 책을 펴내며 신세를 진 인물들에게 이 자리에서 몇 마디 진심어린 감사의 말을 전하고자 한다. 먼저 예상치 못한 온갖 역경 앞에서도 이 책의 가능성을 믿고 완강하게 밀어붙여준 나의 에이전트, 에비타스Aevitas의 윌 리핀코트에게 멋진 장미꽃 한 다발을 건네고 싶다. 그야말로 출간이 실현되는 데 가장 애써준 인물이다. 책 한 권을 만들기까지의 과정이 일종의 팀 스포츠라는 점을 고려하면 이처럼 능력 있고 으쌰으쌰 해주는 팀원들이 잔뜩 곁에 있어줘 얼마나 행운이었지 모른다. 그 선두 지휘자였던 펭귄랜덤하우스Penguin Random House의 임프린트 에버리Avery의 내 담당 편집자 캐럴라인 서튼은 이 책의 잠재력을 굳건히 믿고 내게 따뜻하게 대해주며 지치지 않고 인내심 있게 나를 이끌어주었다. 아울러 이 책을 필요로 하는 독자들의 손까지 무사히 전달하기 위해 뛰어난 능력을 아낌없이 발휘해준 에버리의 메건 뉴먼, 린지 고든, 파린 슈러셀, 케이시 맬러니, 릴리언 볼, 비비아나 모레노, 사라 존슨, 로타 에린, 캐럴라인 존슨, 로라 콜레스에게도 감사를 전한다. 타의 추종을 불허하는 뛰어난 글 감각에 완성형 유머와 무한한 인내심까지 어우러진, 지칠 줄 모르는 언어의 마술사 노엘 웨이리치에게는 기립박수를 쳐주고 싶다. 또 섀넌 오닐, 브래들리 류, 콜린 우터스, 칼 스펙터, 존 츠바이크, 수지 베커, 제사 갬블 그리고 캐시 킬리를 비롯해 이 책의 한 쪽 한 쪽에 꼭 알맞은 단어들이 쓰일 수 있도록 성실하게 도와준 모든 이에게 고개 숙여 고마움을 표하는 바다.

상상만 하던 이 책이 마침내 세상에 나오기까지 팬데믹을 피해 내가 머문 곳은 메인주의 뉴메도스 강가에 자리한 작은 오두막이었다.

코로나19로 인해 힘든 시기를 견뎌낼 수 있도록 북돋아준 그곳 버치포인트의 주민들, 특히 옆집의 도나와 폴 맥콜 부부, 그들의 장성한 자녀 베카와 마크, 골목 끝 집의 빌과 샐리 해곗 부부, 그리고 옆 동네인 브런즈윅의 캐런 버드와 팀 스완에게는 말로 다 할 수 없는 신세를 졌다. 아울러 자전거 덕후이자 일차의료 의사인 마크 윌러를 알게 된 것도 내게는 크나큰 행운이었는데, 그는 단체 자전거 라이딩을 통해 얻을 수 있는 유대의 효과를 알리며 지역사회에 깊이 헌신하는 참으로 보석 같은 존재였다. 그리고 그 끝내주는 라이딩 모임에 나를 끼워준 로브 코프랜드, 주디 맥과이어, 재닛 왓킨슨, 린다 트랩, 로브 바니, 모 비슨, 팀 브로카, 메리제인 라일리에게도 고마웠다고 말하고 싶다. 그들만큼 멋진 라이딩 친구는 세상 어디에도 없으리라.

다시 매사추세츠주로 돌아와, 브루클린의 낡은 빅토리아풍 목조주택에서 나와 함께 생활하며 나를 가족처럼 여기고 근 40년 동안 사랑과 포용으로 대해준 '위층 식구' 패티 마허와 마이클 위즐스에게도 평생 지워지지 않을 뜨거운 마음을 전한다. 더불어 메인주의 피난처에 머물지 않는 기간에도 내가 팬데믹에 굴하지 않고 멘탈을 다잡을 수 있도록 매주 오붓한 식사를 함께 하고 이따금 나의 저술 프로젝트가 얼마나 힘든 일인지 공감해주며 레몬징거 차와 직접 만든 디저트를 가져다주던 나의 대학동기 칼 스펙터와 그의 아내 마릴루 스웨트에게도 무한한 감사를 표한다. 끝으로 지역에 얽매이지 않고 수십 년간 사랑과 배려로 나를 대해준, 임상의이자 창작자로서 늘 멋진 꿈을 꾸고 뛰어난 공감 능력을 발휘하며 어떤 문제든 척척 해결해내 어디서든 주변을 환하게 비추는 내 친구 머린 질도 한바탕 꽉 끌어안아주고 싶은 마음이다.

이런 유의 책은 독자가 주제에 관심을 가지고 두려움 없이 스스로 깊이 파고들 태세를 갖추게끔 이끌어야만 의미가 있다. 공중보건 관점에서 볼 때 외로움이라는 주제를 세상 밖으로 끄집어내는 데 중대한 공헌을 한 인물로는 제19대 및 21대 공중보건국장을 맡았던 비벡 H. 머시만 한 인물이 없다. 머시 박사는 2020년 4월에 외로움에 관한 책을 출간했는데, 집필 당시 나와 외로움을 주제로 의견을 나누면서 그는 나처럼 현장에 종사하는 사람들이 외로움 문제에 대처할 방안들을 실제로 적용하기 용이하도록 돕는 것이 목표라고 말했다. 과연 그의 책은 정확히 목표한 바를 이루었고, 그는 인간의 유대욕구에 지속적으로 관심을 갖고 지금도 계속해서 이를 위해 힘쓰고 있다.

한편 외로움에 관한 나의 연구는 과학적 기본 원리를 파헤치는 데서부터 시작되었다. 이 분야에서 가장 저명한 학자들과 직접 대화를 주고받으며 그들의 연구 설명을 듣고 지혜를 배울 수 있어서, 또 예술을 통해 사람과 사람 사이를 이을 수 있지 않을까 하는 내 생각을 들려주고 그에 대해 선입견 없는 호기심 어린 반응을 들을 수 있어서 나는 참 행운이었다. 이와 관련해 외로움의 사회신경과학계를 이끈 대담한 선구자 존 카시오포 그리고 그의 아내이자 연구 파트너인 스테파니 카시오포는 언제나 내 마음속에 소중한 인연으로 간직되어 있다. 아울러 기꺼이 자신의 지혜를 나누며 외로움 연구가 이만큼 성과를 거두는 데 있어 말할 수 없이 중대한 공헌을 한 위대한 학자 줄리안 홀트룬스타드와 루이스 호클리에게도 깊은 감사의 뜻을 표한다.

내가 이처럼 과학을 중시하는 성향과 그에 맞는 재능을 갖추도록 도와준 모든 이에게 진심으로 감사한다. 먼저 나의 부모님인 화학연구원 시드니와 디나. 부모님은 저녁식사 자리에 둘러앉아 연구실에서 진행하던 실험 이야기를 들려주고 큰누나 타마, 작은누나 나오미와 나를 데리고 데크가 깔린 산책로에서 아이스크림을 먹거나 상상 속 숨겨진 보물을 찾으러 애즈버리 공원의 물가에 나가곤 하면서 과학에 대한 열정이 가득한 가정환경을 만들어주었다. 숨겨진 보물을 실제로 찾은 적은 없지만 남동생인 나를 향한 누나들의 우애를 느낄 수 있었으니 그보다 더 값진 것을 얻었다고 생각한다. 사랑하는 누나들 없는 세상은 상상도 할 수 없다.

이후로도 프린스턴대학교 화학과에서 졸업 논문을 쓸 때 지도교수를 맡아주셨던 톰 스피로, 펜실베이니아대학교 의과대학 및 우즈홀에서 연을 맺은 다시 윌슨 등 훌륭하고 널리 칭송받는 과학자들로부터 지속적으로 영향을 받을 수 있어 행운이었다. 전공을 과학에서 의학으로 바꿀 때에는 양측 모두에서 거장인 펜실베이니아대학교 의과대학의 도널드 마틴이 그만의 점잖으면서도 유쾌한 방식으로 많이 격려해주었다. 보스턴베스이스라엘Boston's Beth Israel 병원에서 시작한 임상의로서의 첫 발걸음은 순탄치만은 않았다. 그럼에도 내가 끝까지 버티고 살아남을 수 있었던 것은 인정 많은 몇몇 사람들이 상냥하게 마음 써주고 배려해주고 가르쳐준 덕분이다. 특히 명석하고 공감 능력 뛰어난 의사이자, 환자 스스로가 치유 과정의 중심에 있게 해야 한다는 과감한 발상을 지닌 혁신가 매튜 버드의 도움이 컸다. 매튜 덕분에 나는 스스로 치유의 중심에 서는 법을 깨달았고, 이 책이 독자들에게도 같은 역할을 해주길 바란다.

내 전문 분야가 과학을 넘어 공중보건학을 비롯한 의학으로 확장되면서부터는 하버드대학교 공중보건학과의 리처드 몬슨, 낸시 케인, 낸시 턴불, 데이빗 헤먼웨이, 미셸 윌리엄스, 아니 엡스테인, 하워드 코, 제프 레빈-셰르츠, 타일러 밴더윌 등 훌륭한 교수님들의 지도와 영향을 받았다. 원격의료 분야의 선구자로서 이메일 한 통이면 언제 어디서든 디지털 헬스케어 기초 교육에 도움을 주었던 조 크베다도 빼놓을 수 없다. 하버드대학교 의과대학에서는 때맞춰 일차의료에서 외로움 문제를 다루어야 한다는 생각을 떠올릴 기회를 만들어준 나의 오랜 친구이자 '그 옛날' 레지던트 생활을 함께 한 하버드대학교 보건지원센터의 현 소장 러스 필립스에게 깊이 감사한다. 또 아낌없는 지지와 격려를 보내준 하버드대학교 세계보건 및 사회의학과의 동료 교수 데이빗 존스, 앨런 브랜트, 아서 클라인먼 덕분에 외로움에 대항할 창의적 표현활동의 힘을 탐구하는 과정이 외롭지 않을 수 있어 고마웠다고 말하고 싶다.

과학과 의학은 물론 공중보건학에 내가 기울인 노력은 예술이 없었다면 결국 반쪽짜리 성과에 그쳤으리라. 그런 의미에서 상상력과 창의력 그리고 예술이라는 왕국으로 향하는 문을 활짝 열고 내가 환영받는 기분을 만끽하게 해준 시인 골웨이 키넬과 사진작가 에멋 고윈에게 한없이 고마운 마음이다. 그들이 건넨 다정함과 예술적 영감은 대체로 어둡고 외롭던 나의 대학 생활에 한줄기 빛이 되어주었다.

골웨이의 영향을 받은 나는 시가 지닌 무한한 가능성에 강한 흥미를 느끼는 동시에 겸허해졌고, 도저히 가만히 있을 수가 없었다. 마침내 캘리포니아주 올림픽밸리에서 개최되는 작가친교회라든지 뉴욕대학교에서 제공하는 창의작문 프로그램 등에서 드니스 레버토프, 밥 해스, 브렌다 힐먼, 샤론 올즈, 에드워드 허시, 루시 브록 브로이도, 캐서린 바넷, 데버라 랜도, 클로디아 랭킨, 마크 도티, 테런스 헤이즈, 토이 데리코트, 매튜 재프루더, 나오미 쉬하브 나이, 라파엘 캄포, 마리 하우 그리고 제인 허시필드를 만나며 그들의 글을 공부하고 많은 영향을 받기에 이르렀다. 마지막으로 뉴욕대학교에서 시를 공부할 수 있는 행운을 누리던 당시 자신보다 곱절이나 나이가 많은 나를 스스럼없이 대해준 같은 과 학생들, 특히 음빌리아 미커스, 맬러리 임러 파월, 오션 브엉, 제시카 모디, 홀리 미첼에게 깊은 애정을 담아 감사를 전한다.

내가 사진에 관심을 가지게 된 것과 관련해서는 그 특유의 느긋한 버지니아 말투로 '아름답다'는 말을 건네어 마치 난생처음 그 단어를 듣기라도 한 듯 새삼스러운 감동을 준 에멋 고윈에게 진심으로 고맙다고 전하고 싶다. 더불어 로버트 프랭크, 워커 에반스, 프레더릭 소머, 다이앤 아버스, 신디 셔먼, 낸 골딘, 래리 핑크, 개리 위노그랜드, 리 프리들랜더 그리고 랠프 유진 미트야드를 내게 소개해주고, 졸업식을 몇 주 앞둔 시점에는 '의학을 공부했든 예술을 공부했든 결국은 같은 곳을 향한다'며 내 술렁이던 마음을 달래준 데 대해서도 몹시 감사하다. 그야말로 혜안이 아니었던가?

예술과 의학 둘 다를 향한 열정은 2003년, FAH 창립으로 결실을 맺었다. 창립위원인 조너선 코언과 레스 고슬이 없었다면 불가능한 일이었으리라. 2004년에 샌프란시스코에서 열린 예술건강학회에서 정식으로 재단의 창립을 알리는 역할을 맡아준 빌 T. 존스, 예술이야말로 사회의 단절 문제를 해소할 강력한 해결책이 될지 모른다는 생각을 떠올린 내가 2011년에 자문을 구했던 리처드 록펠러에게도 늦게나마 진심 어린 감사를 전한다. 당시 메인주의 포틀랜드에서 진한 커피를 마시며 리처드와 나는 예술과 사이키델릭 환각제 중에서 어느 쪽이 외로움을 완화하는 데 더 효과적일지를 두고 열띤 토론을 벌였다. 팽팽한 접전 끝에 결국 우리는 시간이 지나면 알게 되리라는 결론을 내렸다. 그 생각은 지금도 변함이 없다.

돈이 되지 않음에도 나와 동고동락해준 외로움 벗어나기 프로젝트의 모체, FAH의 전前 중역 데버라 오버릴, 마이클 먼슨, 로렐 피커링, 로즈 히긴스, 밥 가베이, 또 현재 재단을 이끌어가고 있는 로버트 머피, 존 츠바이크, 마크 리버스테인, 니옴 간디, 마이클 스터머, 마르코 디아즈, 아넬 힌켈, 데이빗 슐킨, 그리고 공동위원장인 머나 차오와 신디 엘킨스에게 아무리 시간이 흘러도 변치 않을 깊은 감사의 마음을 전한다. 아울러 재단을 위해 누구보다 더 애써준 우리 핵심 멤버이자 부동의 지원군 리 샤피로, 글렌 툴먼, 말리스와 샤르탄 젠슨, 레이철 퀼러, 알렉스와 더그 드레인, 줄리아 스파이서, 배리 바이스와 로리 앨퍼트, 조지 브라덴버그, 존 차오, 스티븐과 루스 라이에이브 그리고 노버트 골드필드에게도 특별히 감사를 표하는 바다. 마지막으로 으쌰으쌰 하며 열정적으로 헌신함으로써 외로움 벗어나기 프로젝트를 가능케 해준 비비안 제임스, 스테파니 프루이트 게인스, 케이티 도일, 브래들리 류, 브랜든 크리머, 제니퍼 바이스, 에이미 파워스, 브래들리 우디, 프랭크 스피로, 에이미 포이미로, 루이자 허드슨,

리 콜라루카, 제니퍼 마틴, 다나 오스털링, 홀리 무어, 펄린 히믹스, 제시카 리우 등 전·현 팀원들에게 무한한 존경심과 고마움을 전한다.

꿈에 머무르느냐 현실화되느냐의 기로에 서 있는 것이라면 으레 그렇듯 외로움 벗어나기 프로젝트가 이처럼 일사천리로 진행된 것은 모두 소중한 자문위원과 홍보대사·지지자·정신적 지주 들의 이바지 덕분이다. 이에 르네 플레밍, 신디 로퍼, 아일린 록펠러 그로월드, 조애나 "조조" 노엘 르베크, 케이트 스노우, 딘 오니시, 셰리 터클, 필 임페리얼, 베로니크 부아소나, 아툴 가완디, 톰 인셀, 폴라 파운드스톤, 마이클 폴런, 로라 앤더슨, 비요른 아멜란, 아리아나 허핑턴, 사친 제인, 패트릭 케네디, 라케시 쿠라나, 잭 콘필드, 수전 콘 록펠러, 조앤 슈나이더, 아시시 자, 마크 D. 스미스, 스티븐 사파이어, 앤드류 드레이퍼스, 마이클 바인트라우브, 앤 애비턴, 톰 모리슨, 아사프 모락, 로버트 호트, 제니퍼 헤이스팅스, 크리스티 블리시, 수전 워커, 잭 테일러, 데버라와 데릭 반 에크, 조시 스미스, 할란 크럼홀츠, 리타 레드버그, 로버트 미트먼, 질 로젠탈, 리사 마시 라이어슨, 에밀리 앨런, 파올로 나르시소, 켄 플럼리, 제이슨 몰로니, 수전 피버, 트루디 굿맨, 로렌 서모스, 토비 에이브럼슨, 베스 핀켈, 샬롯 예, 미첼 엘킨드, 레오 어센, 조앤 실버너, 하위 프럼킨, 캐서린 건서, 폴 셰일스, 린지 캣, 매리언 네슬, 릴리 쇼크니, 송혜승, 토머 벤 키키, 오퍼 라이드너, 브라이언 오닐, 톰 런드퀴스트, 크리스 존슨, 빌 루터, 맷 샌더스, 헨리 루베, 빅 스트레처, 이지, 로버트 린치, 마크 크레이머, 거스와 알레트 카야파스, 탤리 레녹스, 칼라 페리시노토, 크리스틴 러셀, 엘리 프리드먼, 리사 왕, 수전 포리스, 레아 케인, 토냐 홍서마이어, 토비 넬슨, 켄과 질

미힐슨, 아이린 S. 네스빗, 피터 클로소비치, 머린 시어, 리사 한, 더그와 셰일라 스미스, 레아 바인더, 미셸 프로버트, 피터 헤이스, 마크 맥도널드, 론 마크스, 로라 엡슈타인 슐러터, 조지 몬텔레오네, 펠리체 드블론, 조셉 베헌, 드류 홀잡펠, 마크 메러디, 브리아나 힐퍼, 이라 내시, 닐 소피언, 웬디 에버렛, 레이첼 워런, 크리스 챔벌린, 로라 투파리엘로, 캔디스 셔먼, 퍼트리샤 플린, 캐서린 해스랭어, 그렉 네볼라, 바버라 루이스, 메리 시노펜, 매튜 홀트, 아미르와 로닛 키숀, 케리 트러메인과 바버라 램지, 엘런 프리드먼, 제인 스태퍼드, 마티 월시, 데브라 찰스워스, 클레어 레빗, 개런, 샤리, 브랜든 스태글린, 노엘 서퍼, 폴 르블랑, 프레드 폴크스, 르네 팬더, 캐럴 르바인, 빌 레이놀즈, 메리 애벗 헤스, 테리 풀머, 미리엄 프라이머, 바버라 미틀먼, 줄리 피칭거, 마샬 보타, 스티브 코언, 제임스 코언, 얼 스타인버그, 제러미 브로디, 제인 브로디, 워런 브라우너, 류 샌디, 스티브 에이커스, 밥 갤빈, 제퍼리 플라이어, 로빈 스트롱인, 조 톨먼과 리즈 스노든, 루이스 드레이펀, 퍼트리샤 리치, 루시카 퍼난도풀레, 앤디 엘너, 데이빗 블러멘털, 줄리 머친슨, 마거릿 로스, 헬렌과 랠프 엘리슨, 하비 파인버그, 브래드 플뤼겔, 노먼 슈타인, 소피 파우즈, 크리스틴 길, 조 코플린, 마이클 캔터, 마크 베너커, 데이빗 하우스, 스티브 어멘도, 조너선 하비, 티그 모리스, 탬린 코넬 키넌, 덱스터 셔니, 비키 셰퍼드, 케이트 커닝엄, 톰 윌리엄스, 스티브 커하네, 케빈과 넬라 오그래디, 에린 화이트, 이도와 로이 쇤베르크, 잭 로우, 도나 힐리, 테드 라이벡, 도나토 트라무토, 매트 스토버, 조엘 비치, 조 앤과 제이미 라운디, 케이트 월시, 메리 마이클, 데이빗 브레일러, 제리 로젠버그, 리사 스웨넌, 파멜라 카슨에게 감사를 전한다.

예술과 의학 사이를 잇는 가교가 되기 위한 재단의 활동은 본질적으로 다양한 예술가·치료사·연구자·지역사회 지도자를 비롯해 예술이 몸과 마음의 건강을 증진시켜줄 강력한 힘을 지니고 있다는 발상을 오롯이 이해하고 받아들여준 이들의 비전과 노력 그리고 놀라운 성취에 기반한다. 이미 각자의 분야에서 이루어낸 성공으로 더 잘 알려진 이 훌륭한 인물들과 함께 일할 수 있어 나로서는 몹시도 크나큰 영광이었다. 존 츠바이크, 데버라 오버릴, 모이라 맥과이어, 질 숀케, 펑 호, 기리자 카이말, 로비 맥컬리, 이디스 휴즈, 메리 햄블턴, 마르코 도너, 미아 앨런, 아그니에시카 미테르, 닐 슬라빈, 앨리슨 마이어 로쿠타, 마저리 팝스트 슈타인메즈, 제이슨과 질리언 쉴러, 찰스 마마, 해리스 앨런, 루이스 카지스, 빌 오브라이언, 수닐 아엥가, 멜리사 워커, 조엘 카츠, 수전 코븐, 마에트 웨스터, 그렉 바인트라우브, 에반 호르비츠, 샘 프레슬러, 마라 워커, 수전 매그새먼, 애니 브루스터, 마이크 패서넥, 제르몰 반스, 크리스 베일리, 로먼 바카, 테드 채핀, 앨런 지걸, 비비안 마르코 스파이저, 필 스파이저, 나이 위코프, 샐리 테일러, 브리나 블룸필드, 대니얼 오프리, 알렉산드라 벨러, 캐서린 카빈, 조앤 슈나이더, 매튜 설리번, 질 메드베도프, 블러섬 베네딕트, 조이 보에스, 미 소더그렌, 라샤운 데일, 클레어 펜터코스트, 알렉스 스타크, 알렌 워네틱, 샤나 루겐베르크, 스테파니 패서넥, 메건 오루크, 존 애들러, 던 맥과이어, 로빈 파, 데이빗 엘러트, 멕 스태퍼드, 할레라이자 가포리, 대브니 헤일리, 헤더 스터키, 에리카 커티스 그리고 데이브 슈뢰더까지, 여러분이 최고예요!

끝으로, 인터뷰나 대화를 통해 이 책에 실린 내용들에 직접적으로 기여한 많은 이에게 이루 말할 수 없이 고마운 마음이다. 이들이 내게 나누어준 통찰에 담긴 지혜와 대담함에 진심으로 고개 숙여 존경을 표하는 바다. 그 귀중한 통찰들을 책으로 옮겨 담는 과정에서 어떤 식으로든 부족한 부분이 발생했다면 그건 온전히 내 책임임을 밝힌다.

주

1장

1   M. É. Czeisler et al., "Mental Health, Substance Use, and Suicidal Ideation During the COVID-19 Pandemic—United States, June 24 – 30, 2020," *Morbidity and Mortality Weekly Report* 69, no. 32 (2020):1049 – 57, http://dx.doi.org/10.15585/mmwr.mm6932a1.

2   Julianne Holt-Lunstad, Timothy B. Smith, and J. Bradley Layton, "Social Relationships and Mortality Risk: A Meta-analytic Review," *PLoS Medicine* 7, no. 7 (2010): e1000316, https://doi.org/10.1371/journal.pmed.1000316.

3   Holt-Lunstad, Smith, and Layton, "Social Relationships and Mortality Risk"; Sarvada Chandra Tiwari, "Loneliness: A Disease?," *Indian Journal of Psychiatry* 55, no. 4 (October – December 2013), https://www.ncbi.nlm.nih.gov/pmc/articles/PMC3890922.

4   Daniel L. Surkalim et al., "The Prevalence of Loneliness Across 113 Countries: Systematic Review and Meta-analysis," *BMJ* 376 (2022): e067068, https://doi.org/10.1136/bmj-021-67068.

5   Deidre McPhillips, "US Life Expectancy Lowest in Decades After Dropping Nearly a Full Year in 2021," CNN, August 31, 2022, https://www.cnn.com/2022/08/31/health/life-expectancy-declines-2021/index.html.

6   William E. Copeland et al., "Associations of Despair with Suicidality and

Substance Misuse Among Young Adults," *JAMA Network Open* 3, no. 6 (2020): e208627, https://doi.org/10.1001/jamanetworkopen.2020.8627.

7   Alexa Lardieri, "Study: Many Americans Report Feeling Lonely, Younger Generations More So," *U.S. News*, May 1, 2018, https://www.usnews.com/news/health-care-news/articles/2018-05-01/study-many-americans-report-feeling-lonely-younger-generations-more-so.

8   Thomas J. Saporito, "It's Time to Acknowledge CEO Loneliness," *Harvard Business Review*, February 15, 2012, https://hbr.org/2012/02/its-time-to-acknowledge-ceo-lo.; Lauren Vogel, "Medicine Is One of the Loneliest Professions," *Canadian Medical Association Journal* 190, no. 31 (2018): E946, https://doi.org/10.1503/cmaj.109-640.

9   John T. Cacioppo, Stephanie Cacioppo, and Dorret I. Boomsma, "Evolutionary Mechanisms for Loneliness," *Cognition and Emotion* 28, no. 1 (2013): 3–21, https://doi.org/10.1080/02699931.2013.837379.

10 Gavin de Becker, *The Gift of Fear: Survival Signals That Protect Us from Violence* (Boston: Little, Brown & Co., 1997).

11 Kendall Palladino, "Mother Teresa Saw Loneliness as Leprosy of the West," *News-Times*, April 17, 2004, https://www.newstimes.com/news/article/Mother-Teresa-saw-loneliness-as-leprosy-of-the-250607.php.

12 Karen Hao, "Troll Farms Reached 140 Million Americans a Month on Facebook before 2020 Election, Internal Report Shows," *MIT Technology Review*, September 16, 2021, https://www.technologyreview.com/2021/09/16/1035851/facebook-troll-farms-report-us-2020-election.

13 Kelsey Vlamis, "Facebook Executive Blames 'Individual Humans' for the Spread of Misinformation, Saying They Choose What to Believe and What to Share," *Business Insider*, December 12, 2021, https://www.businessinsider.com/facebook-executive-blames-people-for-the-spread-of-misinfor

mation-2021-12.

2장

1. Robin F. Goodman, Andrea Henderson Fahnestock, and Debbie Almontaser, *The Day Our World Changed: Children's Art of 9/11* (New York: Harry N. Abrams, 2002).
2. Nadine van Westrhenen and Elzette Fritz, "Creative Arts Therapy as Treatment for Child Trauma: An Overview," *Arts in Psychotherapy* 41, no. 5 (2014): 527-34, https://doi.org/10.1016/j.aip.2014.10.004.
3. Julianne Holt-Lunstad et al., "Loneliness and Social Isolation as Risk Factors for Mortality: A Meta-analytic Review." *Perspectiveson Psychological Science* 10, no. 2 (2015): 227-37, https://doi.org/10.1177/1745691614568352.
4. Pablo Neruda, "Childhood and Poetry," in *Neruda and Vallejo: Selected Poems*, trans. Robert Bly, John Knoepfle, and James Wright (Boston: Beacon Press, 1993).
5. Janneke E. P. van Leeuwen et al., "More Than Meets the Eye: Art Engages the Social Brain." *Frontiers in Neuroscience* 16 (February 25, 2022): 738865, https://doi.org/10.3389/fnins.2022.738865.
6. Goodman, Fahnestock, and Almontaser, *The Day Our World Changed*.

3장

1. Henry David Thoreau, *Walden*, (1854; Project Gutenberg, 2021), https://www.gutenberg.org/files/205/205-h/205-h.htm.

2   A. A. Milne and Ernest H. Shepard, *Winnie-the-Pooh* (New York: Alfred A. Knopf, 2022).

3   "Carl Sagan Quote," LibQuotes, accessed January 5, 2023, https://libquotes.com/carl-sagan/quote/lbm2k1q.

4   Friedrich Wilhelm Nietzsche, "Maxims and Arrows," in *Twilight of the Idols; and, the Anti-Christ*, trans. R. J. Hollingdale (London: Penguin Books, 2003).

5   John T. Cacioppo, Stephanie Cacioppo, and Dorret I. Boomsma, "Evolutionary Mechanisms for Loneliness," *Cognition and Emotion* 28, no. 1 (2013): 3–21, https://doi.org/10.1080/02699931.2013.837379.

6   Alexandra Rosati, "Food for Thought: Was Cooking a Pivotal Step in Human Evolution?," *Scientific American*, February 26, 2018, https://www.scientificamerican.com/article/food-for-thought-was-cooking-a-pivotal-step-in-human-evolution.

7   John T. Cacioppo and William Patrick, *Loneliness: Human Nature and the Need for Social Connection* (New York: W. W. Norton & Company, 2009).

8   Cacioppo and Patrick, *Loneliness*, 48–49.

9   John T. Cacioppo, James H. Fowler, and Nicholas A. Christakis, "Alone in the Crowd: The Structure and Spread of Loneliness in a Large Social Network," *Journal of Personality and Social Psychology* 97, no. 6 (2009): 977–91, https://doi.org/10.1037/a0016076.

10 Alexis de Tocqueville, "Of Individualism in Democratic Countries," in *Democracy in America*, vol. 2 (1835; Project Gutenberg, 2013), https://www.gutenberg.org/files/816/816-h/816-h.htm.

11 Émile Durkheim, *Suicide: A Study in Sociology* (Oxford: Routledge, 2002).

12 Anne Case and Angus Deaton, *Deaths of Despair and the Future of Capitalism* (Princeton, NJ: Princeton University Press, 2020).

13 David Mikkelson, "Did Ernest Hemingway Write a Six-Word Story to Win a Bet?" Snopes.com, October 29, 2008, https://www.snopes.com/fact-check/hemingway-baby-shoes.

14 George Loewenstein, "The Psychology of Curiosity: A Review and Reinterpretation," *Psychological Bulletin* 116, no. 1 (1994): 75 – 98, https://doi.org/10.1037/0033-2909.116.1.75.

15 Daniel Kahneman, *Thinking, Fast and Slow* (New York: Farrar, Straus and Giroux, 2011).

16 Daniel Jones, "The 36 Questions That Lead to Love," *New York Times*, January 9, 2015, https://www.nytimes.com/01/09/style/no-37-big-wedding-or-small.html.

4장

1 Phil Klay, *Redeployment* (New York: Penguin Group US, 2014).

2 Leon N. Cooper and Sorin Instrail, "Mental Experience and the Turing Test: This Double Face Is the Face of Mathematics," Brown University, accessed January 5, 2023, https://www.brown.edu/Research/Istrail_Lab/resources/Cooper-Istrail012912FINAL.pdf.

3 Bessel van der Kolk, *The Body Keeps the Score: Brain, Mind, and Body in the Healing of Trauma* (New York: Penguin Books, 2015).

4 van der Kolk, *The Body Keeps the Score*.

5 Zac E. Imel et al., "Meta-analysis of Dropout in Treatments for Posttraumatic Stress Disorder," *Journal of Consulting and Clinical Psychology* 81, no. 3 (2013): 394 – 404, https://doi.org/10.1037/a0031474.

6 Allison A. Feduccia et al., "Break-through for Trauma Treatment: Safety and

Efficacy of MDMA-Assisted Psychotherapy Compared to Paroxetine and Sertraline," *Frontiers in Psychiatry* 10 (2019): 650, https://www.ncbi.nlm. nih.gov/pmc/articles/PMC6751381/.

7   Melissa Walker, "Unmasking the Invisible Wounds of War," filmed November 2015 in Palm Springs, CA, TEDMED video, 10:06, https:// www.tedmed.com/talks/show?id=526823.

8   Walker, "Unmasking the Invisible Wounds of War."

9   "About the CDC-Kaiser ACE Sudy," Centers for Disease Control and Prevention, last updated April 6, 2021, https://www.cdc.gov/violencep revention/aces/about.html.

10   Judith Herman, *Trauma and Recovery: The Aftermath of Violence—from Domestic Abuse to Political Terror* (New York: Basic Books, 1997).

11   A. P. DePrince, A. T. Chu, and A. S. Pineda, "Links Between Specific Posttrauma Appraisals and Three Forms of Trauma-Related Distress," *Psychological Trauma: Theory, Research, Practice, and Policy* 3, no. 4 (2011): 430 – 41, https://doi.org/10.1037/a0021576.

12   Yael Dagan and Joel Yager, "Addressing Loneliness in Complex PTSD," *Journal of Nervous and Mental Disease* 207, no. 6 (2019): 433 – 39, https://doi.org/10.1097/nmd.0000000000000992.

13   Dagan and Yager, "Addressing Loneliness in Complex PTSD."

14   Richard Weissbourd et al., "Loneliness in America: How the Pandemic Has Deepened an Epidemic of Loneliness and What We Can Do About It," Making Caring Common Project, February 2021, https://mcc.gse.harvard. edu/reports/loneliness-in-america.

15   Katie Camero, "Loneliness vs. Solitude: Study Finds Early COVID Isolation Was Positive for Many," McClatchy DC, last updated November 2, 2021, https://www.mcclatchydc.com/news/coronavirus/article255455446.

html.

5장

1 Linda Noble Topf and Hal Zina Bennett, *You Are Not Your Illness: Seven Principles for Meeting the Challenge* (New York: Simon & Schuster, 1995).
2 Susan Sontag, *Illness as Metaphor: AIDS and Its Metaphors* (New York: Penguin Books, 1991).
3 "Anselm Kiefer Quotes," BrainyQuote, accessed October 18, 2022, https://www.brainyquote.com/quotes/anselm_kiefer_505220.
4 National Center for Chronic Disease Prevention and Health Promotion, "Health and Economic Costs of Chronic Diseases," Centers for Disease Control and Prevention, last updated September 8, 2022, https://www.cdc.gov/chronicdisease/about/costs/index.htm.
5 "National Health Expen-diture Data: Historical," Centers for Medicare and Medicaid Services, last updated December 15, 2022, https://www.cms.gov/Research-Statistics-Data-and-Systems/Statistics-Trends-and-Reports/NationalHealthExpendData/NationalHealthAccountsHistorical.
6 "Cardiovascular Diseases," World Health Organization, accessed October 20, 2022, https://www.who.int/health-topics/cardiovascular-diseases#tab=tab_1.
7 Christian Hakulinen et al., "Social Isolation and Loneliness as Risk Factors for Myocardial Infarction, Stroke and Mortality: UK Biobank Cohort Study of 479,054 Men and Women," *Heart* 104, no. 18 (September 2018): 1536–42, https://pubmed.ncbi.nlm.nih.gov/29588329.
8 Steven W. Cole et al., "Myeloid Differentiation Architecture of Leukocyte

Transcriptome Dynamics in Perceived Social Isolation," *Proceedings of the National Academy of Sciences* 112, no. 49 (2015): 15142–47, https://doi.org/10.1073/pnas.1514249112.

9   Sheila M. Manemann et al., "Perceived Social Isolation and Outcomes in Patients with Heart Failure,"" *Journal of the American Heart Association* 7, no. 11 (2018): e008069, https://doi.org/10.1161/jaha.117.008069.

10 American Heart Association, "Social Isolation and Loneliness Increase the Risk of Death from Heart Attack, Stroke," *ScienceDaily*, August 4, 2022, https://www.sciencedaily.com/releases/2022/08/220804102547.htm.

11 "Patient-Reported Outcomes Measurement Information System (PROMIS)," National Institute on Aging, accessed January 5, 2023, https://www.nia.nih.gov/research/resource/patient-reported-outcomes-measurement-information-system-promis.

12 "PROMIS Short Form—Social Isolation 4a—Version 2.0," LOINC, accessed January 5, 2023, https://loinc.org/76801-0.

13 "The Dangers of a Lonely Heart," American Heart Association News, May 23, 2018, https://www.heart.org/en/news/2018/05/29/the-dangers-of-a-lonely-heart.

14 "The Universal Regard for Money Is the One Hopeful Fact in Our Civilization," Quotefancy, accessed October 18, 2022, https://quotefancy.com/quote/812397/george-bernard-shaw-the-universal-regard-for-money-is-the-one-hopeful-fact-in-our.

15 David Frank, "The High Price of Social Isolation," AARP, November 29, 2017, https://www.aarp.org/health/medicare-insurance/info-2017/isolation-higher-medicare-fd.html.

16 "CareMore Health Announces New Outcomes Data from First-of-its-kind Togetherness Program," Business Wire, December 18, 2018, https://www.

businesswire.com/news/home/2018 1218005059/en/CareMore-Health-Announces-New-Outcomes-Data-from-First-of-its-Kind-Togetherness-Program.

17 Alisa Robinson, *The Loneliness Cure: How to Gain Connection and Fulfillment in a World of Isolation* (Los Gatos, CA: Smashwords, 2013).

18 미국정신건강협회에 관한 이 같은 사실들은 2021년 미국정신건강협회 동료지원 부서의 부부서장을 지냈던 패트릭 헨드리를 통해 알게 되었다. 그가 참가한 우리 재단의 영화제 관련 온라인 세미나는 다음을 참조하자: Stefanie Abel Horowitz, Katy Wright-Mead, Patrick Hendry, and Jeremy Nobel, "Filmmaker Connect Series: Sometimes I Think About Dying," Project UnLonely and the Foundation for Art & Healing, webinar, streamed live on March 5, 2021, 56:29, https://www.artandhealing.org/filmmaker-connect-series-sometimes-i-think-about-dying.

19 매튜는 내가 오랫동안 알고 지낸 동료 연구자다. 이 주제에 더욱 자세히 알고 싶다면 그의 책을 읽어보길 추천한다: Matthew Budd and Larry Rothstein, *You Are What You Say: A Harvard Doctor's Six-Step Proven Program for Transforming Stress Through the Power of Language* (New York: Crown, 2000).

20 Thomas R. Insel, *Healing: Our Path from Mental Illness to Mental Health* (New York: Penguin Press, 2022).

21 US Department of Health and Human Services, "Measuring Healthy Days," Centers for Disease Control and Prevention, November 2000, https://www.cdc.gov/hrqol/pdfs/mhd.pdf.

22 Helen Furnas, "'I've Got the Lonesomest Disease!,'" *Saturday Evening Post*, November 21, 1953.

23 "Rare Diseases at FDA," US Food and Drug Administration, last modified September 21, 2022, https://www-diseases-fda.

24 Yitzi Weiner, "Social Impact Heroes: Why & How Patrick James Lynch of 'Believe Limited' Decided to Change Our World," *Authority Magazine*, October 21, 2020, https://medium.com/authority-magazine/social-impact-heroes-why-how-patrick-james-lynch-of-believe-limited-decided-to-change-our-862bb52d703a.

25 Mary Chapman, "'Hemophilia: The Musical' Lets Teens Confront Their Illness, and Educate Others, via Song," *Hemophilia News Today*, November 21, 2018, https://hemophilianewstoday.com/2018/11/21/hemophilia-the-musical-lets-teens-confront-illness-educate-others-via-song.

26 "Nearly One in Five American Adults Who Have Had COVID-19 Still Have 'Long Covid,'" Centers for Disease Control and Prevention, June 22, 2022, https://www.cdc.gov/nchs/pressroom/nchs_press_releases/2022/20220622.htm.

27 "Nearly One in Five American Adults Who Have Had COVID-19.'"

28 Leah J. McGrath et al., "Use of the Postacute Sequelae of COVID-19 Diagnosis Code in Routine Clinical Practice in the US," *JAMA Network Open* 5, no. 10 (2022): e2235089, https://jamanetwork.com/journals/jamanetworkopen/fullarticle/2797042.

6장

1 Clément Vérité, "An Italian Woman, 70, Found Dead at Home 2 Years Later," Newsendip, February 8, 2022, https://www.newsendip.com/marinella-beretta-an-italian-woman-found-at-home-2-years-after-her-death.

2 Hada Messia, Sharon Braithwaite, and Hannah Ryan, "Body of

70-Year-Old Italian Woman Found Sitting in Chair, Two Years after Her Death," CNN, February 9, 2022, https://www.cnn.com/2022/02/09/europe/italian-woman-two-years-dead-intl-scli/index.html.

3   Richard C. Keller, *Fatal Isolation: The Devastating Paris Heat Wave of 2003* (Chicago: University of Chicago Press, 2015).

4   Keller, *Fatal Isolation*.

5   "The Epidemic of Loneliness," Aspen Ideas, June 25, 2017, https://www.aspenideas.org/sessions/the-epidemic-of-loneliness.

6   "Everyman Quotes," Goodreads, accessed October 20, 2022, https://www.goodreads.com/work/quotes/14069-everyman.

7   Carla M. Perissinotto, Irena Stijacic Cenzer, and Kenneth E. Covinsky, "Loneliness in Older Persons: A Predictor of Functional Decline and Death," *Archives of Internal Medicine* 172, no. 14 (2012): 1078–84, https://jamanetwork.com/journals/jamainternalmedicine/fullarticle/1188033.

8   A. Sutin et al., "Loneliness and Risk of Dementia," *Innovation in Aging* 2, suppl. 1 (2018): 966–97, https://doi.org/10.1093/geroni/igy031.3581.

9   Jan C. Semenza et al., "Heat-Related Deaths During the July 1995 Heat Wave in Chicago," *New England Journal of Medicine* 335, no. 2 (1996): 84–90, https://doi.org/10.1056/nejm199607113350203.

10 "Dying Alone: An Interview with Eric Klinenberg," University of Chicago, 2002, https://press.uchicago.edu/Misc/Chicago/443213in.html.

11 Eric Klinenberg, *Heat Wave: A Social Autopsy of Disaster in Chicago* (Chicago: University of Chicago Press, 2015).

12 "Dying Alone."

13 "Dying Alone."

14 "Reflecting on Chicago's 1995 Heat Wave, COVID-19, and Housing Inequity," Elevate, July 14, 2020, https://www.elevatenp.org/climate/blog-

chicago-1995-heat-wave.

15 Kate Jopling, *Promising Approaches Revisited: Effective Action on Loneliness in Later Life*, Campaign to End Loneliness, October 2020, https://www.campaigntoendloneliness.org/wp-content/uploads/Promising_Approaches_Revisited_FULL_REPORT.pdf.

16 Robin Caruso, "CareMore's Togetherness Program Addresses a Symptom of Living with Chronic Illness: Loneliness," *American Journal of Managed Care* (August 15, 2018), https://www.ajmc.com/view/caremores-togetherness-program-addresses-a-symptom-of-living-with-chronic-illness-loneliness.

17 Sumathi Reddy, "The Goal: Longer Life with Less Lone-liness," *Wall Street Journal*, April 28, 2018, https://www.wsj.com/articles/the-goal-longer-life-with-less-loneliness-1524913200.

18 Anuja Vaidya, "SCAN Health's New Program to Tackle Senior Isolation Focuses on Connections with Peers," *MedCity News*, June 3, 2021, https://medcitynews.com/2021/06/scan-healths-new-program-to-tackle-senior-isolation-focuses-on-connections-with-peers.

19 "SCAN's National ResearchUncovers Solutions for Seniors Battling Isolation and Loneliness," Scan Health Plan, accessed October 20, 2022, https://medcitynews.com/2021/06/scan-healths-new-program-to-tackle-senior-isolation-focuses-on-connections-with-peers.

20 Semenza et al., "Heat-Related Deaths During the July 1995 Heat Wave in Chicago."

21 "Forever Young: Music and Aging." Hearing Before the Special Committee on Aging, 102nd Cong. 102-9 (1991), https://www.aging.senate.gov/imo/media/doc/publications/811991.pdf.

22 *Forever Young*.

23 "The MoMA Alzheimer's Project," Museum of Modern Art, accessed October 20, 2022, https://www.moma.org/visit/accessibility/meetme.

24 "Our Mission," TimeSlips, accessed October 20, 2022, https://www.timeslips.org.

25 "What's the Latest on Why and How Creativity Works?," TimeSlips, accessed October 20, 2022, https://www.timeslips.org/impact/research.

26 Andrea Loizeau, Yvonne Kündig, and Sandra Oppikofer, "'Awakened Art Stories'—Rediscovering Pictures by Persons Living with Dementia Utilising TimeSlips: A Pilot Study," *Geriatric Mental Health Care* 3, no. 2 (2015): 13–20, https://doi.org/10.1016/j.gmhc.2015.10.001.

27 Christina R. Victor et al., "The Prevalence and Predictors of Loneliness in Caregivers of People with Dementia: Findings from the IDEAL Programme," *Aging & Mental Health* 25, no. 7 (2020): 1232–8, https://doi.org/10.1080/13607863.2020.1753014.

28 Christina M. Marini et al., "Marital Quality, Loneliness, and Depressive Symptoms Later in Life: The Moderating Role of Own and Spousal Functional Limitations," *Research in Human Development* 17, no. 4 (2020): 211–34, https://www.ncbi.nlm.nih.gov/pmc/articles/PMC8261617.

29 Sherri L. Lavela and Nazneen Ather, "Psychological Health in Older Adult Spousal Caregivers of Older Adults," *Chronic Illness* 6, no. 1 (March 2010): 67–80, https://pubmed.ncbi.nlm.nih.gov/20308352.

30 Arthur Kleinman, *The Soul of Care: The Moral Education of a Husband and a Doctor* (New York: Penguin Books, 2020).

31 "Maurice Sendak: On Life, Death and Children's Lit," interview by Terry Gross, *Fresh Air*, NPR, December 29, 2011, https://www.npr.org/transcripts/144077273.

32 Ellen Barry, "How Long Should It Take to Grieve? Psychiatry Has Come

Up with an Answer," *New York Times*, March 18, 2022, https://www.nytimes.com/2022/03/18/health/prolonged-grief-disorder.html.

33 "APA Offers Tips for Understanding Pro-longed Grief Disorder," American Psychiatric Association, accessed October 20, 2022, https://psychiatry.org/news-room/news-releases/apa-offers-tips-for-understanding-prolonged-grief.

34 Kristin L Szuhany et al., "Pro-longed Grief Disorder: Course, Diagnosis, Assessment, and Treatment," *Focus* 19, no. 2 (2021): 161 – 72, https://doi.org/10.1176/appi.focus.20200052.

35 Alison McCook, "Why Scientists Think the COVID Era Could Cause More Prolonged Grief," PBS, April 7, 2022, https:// www.pbs.org/newshour/health/why-scientists-think-the-covid-era-could-cause-more-prolonged-grief.

36 Lucy Lloyd, "A Silent Epidemic of Grief," University of Cambridge, accessed October 20, 2022, https://www.cam.ac.uk/stories/bereavement.

37 Naomi M. Simon, Glenn N. Saxe, and Charles R. Marmar, "Mental Health Disorders Related to COVID-19-Related Deaths," *JAMA* 324, no. 15 (2020): 1493 – 94, https://doi.org/10.1001/jama.2020.19632.

38 Sharon Tregaskis, "When Time Doesn't Heal," *Columbia Medicine*, December 15, 2016, https://www.columbia medicinemagazine.org/features/fall-2016/when-time-doesnt-heal.

39 "Maurice Sendak: On Life, Death and Children's Lit."

7장

1 Claudia Rankine, *Don't Let Me Be Lonely: An American Lyric* (Minneapolis:

Graywolf Press, 2004).

2　Claudia Rankine, *Citizen: An American Lyric* (Minneapolis: Graywolf Press, 2014).

3　Peggy McIntosh, "White Privilege: Unpacking the Invisible Knapsack," *Peace and Freedom*, July/August 1989, https://psychology.umbc.edu/wp-content/uploads/sites/57/2016/10/White-Privilege_McIntosh-1989.pdf.

4　Elizabeth Foster, "Claudia Rankine's Play *Help* at the Shed," Front Row Center, March 25, 2022, https://thefrontrowcenter.com/2022/03/claudia-rankines-play-help-at-the-shed.

5　Meg James and Amy Kaufman, "Concerns About Bruce Willis' Declining Cognitive State Swirled Around Sets in Recent Years," *Los Angeles Times*, March 30, 2022, https://www.latimes.com/entertainment-arts/movies/story/2022-03-30/bruce-willis-aphasia-memory-loss-cognitive-disorder.

6　Laura J. Nelson, Thomas Curwen, and Emily Baumgaertner, "Bruce Willis' Aphasia Battle: Living in a Country Where You Don't Speak the Language," *Los Angeles Times*, April 1, 2022, https://www.latimes.com/california/story/2022-04-01/bruce-willis-what-is-aphasia-symptoms-diagnosis-severity-treatment-caregivers.

7　Robin Florzak, "Scholar Studies Weight-Based Bullying at Work," Driehaus College of Business, DePaul University, March 5, 2018, https://business.depaul.edu/news-events/Pages/201803/jaclyn-jensen-workplace-harassment-research-depaul.aspx.

8　Florzak, "Scholar Studies Weight-Based Bullying at Work."

9　Curtis Bunn, "Why Most Black Office Workers Are Dreading the Return to Offices," *NBC News*, July 29, 2021, https://www.nbcnews.com/news/nbcblk/black-office-workers-are-dreading-return-offices-rcna1539.

10　Bunn, "Why Most Black Office Workers."

11 "Winning the 'War for Talent' in the Post-andemic World," Future Forum by Slack, June 2021, https://futureforum.com/wp-content/uploads/2021/06/Future-Forum-Pulse-Whitepaper-June-2021-1.pdf.

12 Monica Torres, "Office Culture Is So Unwelcoming to Black Employees, They Don't Want to Go Back," *HuffPost*, June 17, 2021, https://www.huffpost.com/entry/black-workers-prefer-remote-work-racist-office_l_60c8f805e4b0f7e7ccf59fa1.

13 Vox First Person, "The Loneliness of Being Mixed Race in America," Vox, January 18, 2021, https://www.vox.com/first-person/21734156/kamala-harris-mixed-race-biracial-multiracial.

14 "Loneliness and Social Isolation Linked to Serious Health Conditions," Centers for Disease Control and Prevention, last modified September 7, 2022, https://tools.cdc.gov/medialibrary/index.aspx?mediaType=eCard&displayName=eCards#/media/id/406617.

15 Vox First Person, "The Loneliness of Being Mixed Race in America."

16 Tim Chau, "Filmmaker Connect Series: *Share*," Foundation for Art & Healing, https://www.artandhealing.org/filmmaker-connect-series-share.

17 Kimberlé Crenshaw, "Mapping the Margins: Intersectionality, Identity Politics, and Violence Against Women of Color," *Stanford Law Review* 43, no. 6 (1991): 1241–99, https://doi.org/10.2307/1229039.

18 "Kimberlé Crenshaw on Intersectionality, More than Two Decades Later," Columbia Law School, June 8, 2017, https://www.law.columbia.edu/news/archive/kimberle-crenshaw-intersectionality-more-two-decades-later.

19 Encyclopædia Britannica, s.v. "excommunication," last modified May 25, 2022, https://www.britannica.com/topic/excommunication.

20 "Why Do the Amish Practice Shunning?," Amish America, accessed October 20, 2022, https://amishamerica.com/why-do-the-amish-practice-shunning.

21 Jodi Kantor and Megan Twohey, "How to Measure the Impact of #MeToo?," *New York Times*, October 3, 2022, https://www.nytimes.com/interactive/2022/10/03/us/me-too-five-years.html.

22 Audrey Carlsen et al., "#MeToo Brought down 201 Powerful Men. Nearly Half of Their Replacements Are Women," *New York Times*, October 29, 2018, https://www.nytimes.com/interactive/2018/10/23/us/metoo-replacements.html.

23 Natasha Turak, "Goodbye, American Soft Power: McDonald's Exiting Russia After 32 Years Is the End of an Era," CNBC, May 25, 2022, https://www.cnbc.com/2022/05/20/mcdonalds-exiting-russia-after-32-years-is-the-end-of-an-era.html.

24 Christopher Luu, "The 'Harry Potter' Fandom Officially Canceled J. K. Rowling," InStyle, July 2, 2020, https://www.instyle.com/celebrity/harry-potter-fansites-no-longer-support-jk-rowling.

25 Christie D'Zurilla, "Nick Cannon Wants 'Counsel Culture,' Not Cancel Culture, After Anti-Semitic Remarks," *Los Angeles Times*, March 16, 2021, https://www.latimes.com/entertainment-arts/tv/story/2021-03-16/nick-cannon-antisemitism-apology.

26 "Calling Out vs. Calling In: Loretta Ross Offers a Different Response to Campus Cancel Culture," Center on Religion and Culture, posted April 12, 2021, YouTube video, 1:31:31, https://www.youtube.com/watch?v=jKCXCpVYiww.

27 Loretta J. Ross, "Don't Call People Out—Call Them In," filmed August 2021 in Monterey, California, TED video, 14:05, https://www.ted.com/talks/loretta_j_ross_don_t_call_people_out_call_them_in/transcript.

8장

1 Mark Kaufman, "The Fat Bear Week Winner Is the Champion We All Needed," Mashable, October 5, 2021, https://mashable.com/article/fat-bear-week-2021-champion-otis.
2 Yereth Rosen, "Ahead of Winter Hibernation, Alaska Celebrates Fat Bear Week," Reuters, September 28, 2021, https://www.reuters.com/lifestyle/ahead-winter-hibernation-alaska-celebrates-fat-bear-week-2021-09-28.
3 David Gilbert, "Inside the QAnon Cult That Believes JFK Is About to Return," Vice, November 12, 2021, https://www.vice.com/en/article/m7vaw4/qanon-jfk-dallas-protzman.
4 David Gilbert, "Meet the Antisemitic QAnon Leader Who Led Followers to Dallas to Meet JFK," Vice, November 5, 2021, https://www.vice.com/en/article/g5qpe7/qanon-dallas-jfk-michael-brian-protzman-negative48.
5 Gilbert, "Inside the QAnon Cult."
6 Giles Slade, *The Big Disconnect: The Story of Technology and Loneliness* (Amherst, NY: Prometheus Books, 2012).
7 Ricardo de Querol, "Zygmunt Bauman: 'Social Media Are a Trap,'" *El País*, January 25, 2016, https://english.elpais.com /01/19/inenglish/1453208692_424660.html.
8 Matthew Hutson, "People Prefer Electric Shocks to Being Alone with Their Thoughts," *Atlantic*, July 3, 2014, https://www.theatlantic.com/health/archive/2014/07/people-prefer-electric-shocks-to-being-alone-with-their-thoughts/373936.
9 Timothy D. Wilson et al., "Just Think: The Challenges of the Disengaged Mind," *Science* 345, no. 6192 (July 2014): 75–77, https://www.ncbi.nlm.nih.gov/pmc/articles/PMC4330241.

10 "In Praise of Wasting Time with MIT Professor Alan Lightman," April 14, 2019, in Slice of MIT, podcast, 32:56, transcript, https://alum.mit.edu/sites/default/files/2019-04/Slice_of_MIT_Podcast_Lightman_Transcript.pdf.

11 Carrie M. King, "Alan Lightman: Outside The Book—Transcript," *Blinkist Magazine*, March 21, 2019, https://www.blinkist.com/magazine/posts/alan-lightman-outside-the-book-transcript.

12 Kyung Hee Kim, "The Creativity Crisis: The Decrease in Creative Thinking Scores on the Torrance Tests of Creative Thinking," *Creativity Research Journal* 23, no. 4 (2011): 285–95, https://doi.org/10.1080/10400419.2011.627805.

13 Rachael Rettner, "Not Your Imagination: Kids Today Really Are Less Creative, Study Says," *Today*, August 12, 2011, https://www.today.com/parents/not-your-imagination-kids-today-really-are-less-creative-study-wbna44122383.

14 Jean M. Twenge, "Have Smartphones Destroyed a Generation?," *Atlantic*, September 2017, https://www.theatlantic.com/magazine/archive/2017/09/has-the-smartphone-destroyed-a-generation/534198.

15 Twenge, "Have Smartphones Destroyed a Generation?"

16 Melissa G. Hunt et al., "No More FOMO: Limiting Social Media Decreases Loneliness and Depression," *Journal of Social and Clinical Psychology* 37, no. 10 (2018): 751–68, https://doi.org/10.1521/jscp.2018.37.10.751.

17 Samantha Murphy Kelly, "Their Teenage Children Died by Suicide. Now These Families Want to Hold Social Media Companies Accountable," CNN, April 19, 2022, https://www.cnn.com/2022/04/19/tech/social-media-lawsuits-teen-suicide/index.html.

18 Malathi Nayak, "Meta Hit with Eight Suits Claiming Its Algorithms Hook

Youth and Ruin Their Lives," *Spokesman-Review*, June 8, 2022, https://www.spokesman.com/stories/2022/jun/08/meta-hit-with-eight-suits-claiming-its-algorithms-.

19 Georgia Wells, Jeff Horwitz, and Deepa Seetharaman, "Facebook Knows Instagram Is Toxic for Teen Girls, Company Documents Show," *Wall Street Journal*, September 14, 2021, https://www.wsj.com/articles/facebook-knows-instagram-is-toxic-for-teen-girls-company-documents-show-11631620739.

20 Wells, Horwitz, and Seetharaman, "Facebook Knows Instagram Is Toxic."

21 Amy Orben et al., "Windows of Developmental Sensitivity to Social Media," *Nature Communications* 13, no. 1 (2022): 1649, https://www.nature.com/articles/s41467-022-29296-3.

22 Julie Halpert, "A New Student Movement Wants You to Log Off," *New York Times*, June 15, 2022, https://www.nytimes.com/2022/06/14/style/log-off-movement-emma-lembke.html.

23 Anita Balakrishnan, "Facebook Should Be Regulated like a Cigarette Company, Says Salesforce CEO," CNBC, January 23, 2018, https://www.cnbc.com/2018/01/23/salesforce-ceo-marc-benioff-says-regulate-facebook-like-tobacco.html.

24 "The 19-Year-Old Helping Gen Z Log Off," July 2, 2022, in *Offline with Jon Favreau*, Crooked Media podcast, 42:32, https://crooked.com/podcast/the-19-year-old-helping-gen-z-log-off.

25 Emily K. Lindsay et al., "Mindfulness Training Reduces Loneliness and Increases Social Contact in a Randomized Controlled Trial," *Proceedings of the National Academy of Sciences* 116, no. 9 (2019): 3488–93, https://doi.org/10.1073/pnas.1813588116.

26 Arthur C. Brooks, "How Social Distancing Could Ultimately Teach Us How to Be Less Lonely," *Washington Post*, March 20, 2020, https://www.washingtonpost.com/opinions/how-social-distancing-could-ultimately-teach-us-how-to-be-less-lonely/2020/03/20/ca459804-694e-11ea-9923-57073adce27c_story.html.

27 Brooks, "How Social Distancing Could Ultimately Teach Us."

28 "When Forced to Work Within a Strict Framework, the Imagination Is Taxed to Its Utmost and Will Produce Its Richest Ideas," Quotefancy, accessed October 18, 2022, https://quotefancy.com/quote/914665/T-S-Eliot-When-forced-to-work-within-a-strict-framework-the-imagination-is-taxed-to-its.

29 "Sigmund Freud Quotes," BrainyQuote, accessed October 18, 2022, https://www.brainyquote.com/quotes/sigmund_freud_165464.

30 Monica Anderson, Emily A. Vogels, and Erica Turner, "The Virtues and Downsides of Online Dating," Pew Research Center, February 6, 2020, https://www.pewresearch.org/internet/2020/02/06/the-virtues-and-downsides-of-online-dating.

31 Emily A. Vogels, "10 Facts About Ameri-cans and Online Dating," Pew Research Center, February 6, 2020, https://www.pewresearch.org/fact-tank/2020/02/06/10-facts-about-americans-and-online-dating.

32 Monica Anderson and Emily A. Vogels, "Young Women Often Face Sexual Harassment Online—Including on Dating Sites and Apps," Pew Research Center, March 6, 2020, https://www.pewresearch.org/fact-tank/2020/03/06/young-women-often-face-sexual-harassment-online-including-on-dating-sites-and-apps.

33 Mike Brown, "Is Tinder a Match for Millennials?," LendEDU, April 6, 2020, https://lendedu.com/blog/tinder-match-millennials.

34 Nancy Jo Sales, "Swipe Right for Loneliness: On the Gamification of Dating Apps," Lit Hub, June 1, 2021, https://lithub.com/swipe-right-for-loneliness-on-the-gamification-of-dating-apps.

35 Sales, "Swipe Right for Loneliness."

36 Christina Majaski, "1 in 4 People Use Dating Apps to Cheat, Says Study," AskMen, July 24, 2019, https://www.askmen-in-4-people-use-dating-apps-to-cheat-says-study.html.

37 Caroline Colvin, "If Dating Apps Make You Feel Lonelier Than Ever, Do This," *Elite Daily*, June 17, 2020, https://www.elitedaily.com/p/if-dating-apps-make-you-feel-lonely-heres-what-experts-suggest-22882814#:~:text=One%20small%20way%20to%20begin, amount%20of%20time%20for%20swiping.

38 James Bloodworth, "How Dating Apps Are Reshaping Our Desires for the Worse," *New Statesman*, April 27, 2021, https://www.newstatesman.com/science-tech/2021/04/how-dating-apps-are-reshaping-our-desires-worse.

39 Bloodworth, "How Dating Apps Are Reshaping Our Desires."

40 Monica Anderson et al., "The State of Gig Work in 2021," Pew Research Center, December 8, 2021, https://www.pewresearch.org/internet/2021/12/08/the-state-of-gig-work-in-2021.

41 Kayla Preston, Michael Halpin, and Finlay Maguire, "The Black Pill: New Technology and the Male Supremacy of Involuntarily Celibate Men," Men and Masculinities 24, no. 5 (2021): 823–41, https://doi.org/10.1177/1097184x211017954.

42 Preston, Halpin, and Maguire, "The Black Pill."

43 Bethan Kapur, "How I Stopped Being an Incel and Started Loving Myself," *Vice*, January 4, 2021, https://www.vice.com/en/article/5dpyaa/how-to-stop-being-an-incel.

44 Kapur, "How I Stopped Being an Incel."

45 Rick Rojas and Kristin Hussey, "Newly Released Documents Detail SandyHook Shooter's Troubled State of Mind," *New York Times*, December 10, 2018, https://www.nytimes.com/2018/12/10/nyregion/documents-sandy-hook-shooter.html.

46 Josh Kovner and Dave Altimari, "Courant Exclusive: More Than 1,000 Pages of Documents Reveal Sandy Hook Shooter Adam Lanza's Dark Descent into Depravity," *Hartford Courant*, December 9, 2018, https://www.courant.com/news/connecticut/hc-news-sandy-hook-lanza-new-documents-20181204-story.html.

47 Melanie Warner, "Two Professors Found What Creates a Mass Shooter. Will Politicians Pay Attention?," *Politico*, May 27, 2022, https://www.politico.com/news/magazine/2022/05/27/stopping-mass-shooters-q-a-00035762.

48 Sarah Gray, "'I Was Almost a School Shooter': Man Pens Heartfelt Letter About Mental Health and Guns," *Time*, February 20, 2018, https://time.com/5167365/i-was-almost-a-school-shooter-man-pens-heartfelt-letter-about-mental-health-and-guns.

49 "Man Who Said He Was 'Almost a School Shooter' Reveals What Stopped Him," CNN video, 4:48, July 9, 2022, https://www.cnn.com/videos/us/2022/07/09/aaron-stark-mass-shooter-mindset-mental-health-advocate-brown-nr-vpx.cnn.

50 Aaron Stark, "I Was Almost a School Shooter: Aaron Stark: TEDxBoulder," filmed June 2018 in Boulder, CO, TED video, 7:29, https://www.ted.com/talks/aaron_stark_i_was_almost_a_school_shooter.

51 Aaron Stark, "CNN Newsroom Inter-view 7/9/22," posted July 9, 2022, YouTube video, 11:07, https://www.youtube.com/watch?v=BocNShTui3I.

52 Michael Sheetz, "William Shatner Emotionally Describes Spaceflight to Jeff Bezos: 'The Most Profound Experience,'" CNBC, October 13, 2021, https://www.cnbc.com/2021/10/13/william-shatner-speech-to-jeff-bezos-after-blue-origin-launch.html.

53 William James, "The Varieties of Religious Experience II," Authorama, accessed October 18, 2022, http://www.authorama.com/varieties-of-religious-experience-ii-1.html.

54 Helen De Cruz, "The Necessity of Awe," Aeon, July 10, 2020, https://aeon.co/essays/how-awe-drives-scientists-to-make-a-leap-into-the-unknown.

55 "Muhammad Ali > Quotes," Goodreads, accessed January 6, 2023, https://www.goodreads.com/author/quotes/46261.Muhammad_Ali.

56 Paul Piff and Dacher Keltner, "Why Do We Experience Awe?," *New York Times*, May 22, 2015, https://www.nytimes.com/2015/05/24/opinion/sunday/why-do-we-experience-awe.html.

57 Jeff Lunden, "Oliver Jeffers' Out-of-This-World Art Installation Takes You Far from Earth," NPR, January 27, 2019, https://www.npr.org/2019/01/27/689121264/oliver-jeffers-out-of-this-world-art-installation-takes-you-far-from-earth.

58 Manoush Zomorodi, "Oliver Jeffers: An Ode to Living on Earth," NPR, May 22, 2020, https://www.npr.org/transcripts/860144962.

59 "William Shatner Speech After Blue Origin Space Flight Transcript," Rev, October 13, 2021, https://www.rev.com/blog/transcripts/william-shatner-speech-after-blue-origin-space-flight-transcript.

60 Phil Hayton, "Oculus Quest 2 Sales Jump Ahead of Xbox Series X and Series S," *PCGamesN*, June 8, 2022, https://www.pcgamesn.com/oculus/quest-2-meta-sales-xbox-series-x-s.

61 Rhiannon Williams, "Patients Immersed in Virtual Reality During Surgery

May Need Less Anesthetic," *MIT Technology Review*, September 21, 2022, https://www.technologyreview.com/2022/09/21/1059869/patients-virtual-reality-surgery-anesthetic.

9장

1 "Arts and Health," World Health Organization, accessed January 6, 2023, https://www.who.int/initiatives/arts-and-health.

2 Alexia Jacques-Casanova, "Museum Therapy," LinkedIn, March 20, 2019, https://www.linkedin.com/pulse/museum-therapy-alexia-jacques-casanova.

3 "MMFA Museum Visits to Be Pre-scribed by Doctors," *Suburban*, October 15, 2018, https://www.thesuburban.com/arts_and_entertainment/arts/mmfa-museum-visits-to-be-prescribed-by-doctors/article_faf20186-cfd0-11e8-be31-a7674e5fed0e.html.

4 "Commit to Connect," Administration for Community Living, last modified December 6, 2021, https://acl.gov/committoconnect.

5 Administration for Community Living, "ACL Seeks Solutions to Match People to Resources for Staying Connected and Engaged," news release, last modified October 28, 2020, https://acl.gov/mental.

6 "Pablo Picasso Quotes," BrainyQuote, accessed October 18, 2022, https://www.brainyquote.com/quotes/pablo_picasso_107497.

7 "Albert Einstein Quotes," BrainyQuote, accessed October 18, 2022, https://www.brainyquote.com/quotes/albert_einstein_121643.